שיח ישעי

תפילת שמונה עשרה ויסודות האמונה

עזרא ביק

שיח ישעי

תפילת שמונה עשרה ויסודות האמונה

מגיד

Yeshivat Har Etzion ישיבת הר עציון

Ezra Bick

The Eighteen Blessings and Jewish Faith

שיח ישעי – תפילת שמונה עשרה ויסודות האמונה

עורך אחראי: ראובן ציגלר

עריכה: עתירה ביק

עריכת לשון: שרה המר

הגהה: אברהם שפירא

עימוד: רינה בן גל

עיצוב העטיפה: אליהו משגב

ספרי מגיד, הוצאת קורן

ת"ד 4044 ירושלים 91040

טל': 02-6330530 פקס: 02-6330534

maggid@korenpub.com

www.korenpub.com

מסת"ב ISBN 978-965-526-161-5

נדפס בישראל Printed in Israel 2014

לעילוי נשמתו ולזכרו המבורך של

חיים קהן ע״ה

נלב״ע בכ״ד בכסלו תשנ״ו

איש ״תורה עם דרך ארץ״

באישיותו ובכל מסכת חייו,

יועץ ומנהיג,

עמד לימינם של מוסדות

תורה, חכמה וחסד

שפעלו וחינכו בדרך אבותינו זו

יהי זכרו ברוך

חיים קהן נולד בעיר דרמשטט שבגרמניה בכ"ג באדר תרפ"ו (9 במרץ 1926). בשנת 1936, בהיותו בן עשר, עלתה משפחתו לירושלים, שם התחנך בבית הספר היסודי ובתיכון חורב. לאחר שסיים את חוק לימודיו המשיך ללמוד בישיבת קול תורה, בישיבת חברון ובישיבת לומז'ה בפתח תקווה.

לאחר לימודיו בישיבה למד באוניברסיטה העברית פילוסופיה, היסטוריה ופסיכולוגיה. בשנים שלפני הקמת המדינה היה חבר ב"הגנה". בהשפעת מורו ורבו הרב ד"ר יצחק ברויאר החליט להיות משפטן, ובאמצע שנות הארבעים נסע ללונדון ולמד לתואר שני במשפטים ב־LSE.

עם קום המדינה שב ארצה כדי להתגייס לצה"ל. לאחר קורס קצינים שירת בפרקליטות הצבאית. השתחרר משירות מילואים בדרגת סא"ל לאחר שכיהן שנים רבות כאב בית דין צבאי, תפקיד שהמשיך למלא בהתנדבות שנים רבות.

לאחר שירותו הצבאי החל לעבוד בפרקליטות מחוז ירושלים. הוא סיים את עבודתו בשירות הציבורי בתפקיד סגן פרקליט המחוז, ואז פנה לשוק הפרטי והקים משרד לעריכת דין שבו פעל עד לפטירתו.

בתשי"ד נשא לאישה את עליזה לבית גליקשטדט והקים אתה את ביתו בירושלים. הוא היה איש משפחה מסור, אב וסב למופת.

חיים קהן ז"ל היה בעל תחושת מחויבות עמוקה לזולת: למשפחה, לחברים, לקהילה, לעם ישראל ולמדינת ישראל. רגש עמוק זה התבטא בחייו האישיים והמקצועיים ובפעילותו הציבורית הענפה.

הודות ליושרו ולהגינותו היה מקובל על אישים מכל החוגים: חרדים וחילונים, ספרדים ואשכנזים, אנשי ימין ושמאל, בני ארץ ישראל ויהודי התפוצות. הוא ניחן בשילוב נדיר של חכמת חיים, ידע עצום, יושרה ונקיון כפיים, ובשל כך היה איש עצה לאנשי ציבור רבי מעלה ולפשוטי עם גם יחד.

חיים קהן היה איש אשכולות, יודע ספר, בעל השכלה תורנית וכללית רחבה ומרצה מוכשר. כל רעיון שהגה הפך למשימה לביצוע. הוא הקדיש ממרצו, מכישרונותיו ומתושייתו להגשמת רעיונותיו, ולא הרפה אף כשאחרים הרימו ידיים.

זכה להערכה ולהוקרה מצד רבנים מכל הזרמים, ובזכות זאת שימש לעתים קרובות מתווך, מפשר ומגשר בין אישים וציבורים. היה קרוב בחייו הציבוריים ובידידות אישית לגדולי ירושלים: הרב בצלאל ז'ולטי זצ"ל, הרב קלמן כהנא זצ"ל, הרב אליעזר גולדשמיט זצ"ל, הרב זאב גוסטמן זצ"ל. מעל כולם היה ידיד נפש ומבאי ביתו של מרן הגרש"ז אויערבך זצ"ל.

היה בעל צדקה וחסד – תרם לארגונים, לישיבות ולמוסדות בתחום החינוכי והסוציאלי, הן מהונו, הן במתן שירות מקצועי חינם אין כסף והן בפעילות ציבורית. בחפץ לב ייעץ וסייע לכל אדם, העניק שירותים משפטיים חינם למעוטי יכולת וסייע לקליטת עולים.

לצד עבודתו כמשפטן עסק בפעילות ציבורית ענפה. היה חבר במזכירות פועלי אגודת ישראל. היה חבר מרכזי בהנהלת ישיבת שעלבים שאותה ליווה מיום הקמתה. כנאמן ביתם של גדולי ישראל היה חבר מרכזי בהנהלת מכון ירושלים מיום היווסדו. לאחר נפילת חתנו כבנו שלמה אומן הי"ד במלחמת שלום הגליל, יזם את הקמת מכון שלמה אומן ליד ישיבת שעלבים.

בשנים תשכ"ח–תשכ"ט נטל חלק, בהתנדבות, בוועדה הציבורית הראשונה שהוקמה לאיתור ילדי תימן האבודים, ושימש בה נציג ועד העדה התימנית. פעל במקצועיות, ברגישות, ביסודיות ובמסירות, וסייע לאתר למעלה מ־300 ילדים (כ־95% מהילדים שנחשבו אז נעדרים).

היה ממלא מקום יו"ר הוועד המנהל של המרכז הרפואי שערי צדק. כיהן כיו"ר בית הספר לסיעוד של בית החולים, ופעל לקידומו ולהשגת הכרה אקדמית בו. כמו כן יזם את הקמת מכון שלזינגר לחקר הרפואה על פי ההלכה, והיה חבר במערכת כתב העת אסיא.

היה חבר הנהלת המכון לחקר החקלאות על פי התורה ומעורב בבית המדרש הגבוה להלכה בהתיישבות החקלאית, שלאחר פטירתו נקרא על שמו. כתלמיד ובוגר של בית הספר חורב היה סגן יו"ר הוועד הפועל המנהל את מוסדות חורב. היה מעורב מאוד בתנועת הנוער עזרא מאז הקמתה ולאורך שנים, תחילה כחניך פעיל ובהמשך כחבר ההנהלה הארצית וכחבר המועצה המרכזית של התנועה.

היה חבר במליאת רשות השידור, שם יזם את פתיחת שידורי הבוקר של הרדיו בתפילת שמע ישראל. היה חבר הקונגרס היהודי העולמי, חבר בחבר הנאמנים של קרן הזיכרון לתרבות יהודית וחבר הוועד הפועל של הארגון הבין־לאומי של עורכי דין ומשפטנים יהודים. כן פעל במכון לטכנולוגיה על פי ההלכה, בבית הספר הגבוה לטכנולוגיה בירושלים ועוד.

בכל עמדה ציבורית שהחזיק בה או מוסד ציבורי שהיה מעורב בהכוונתו הקדיש את כל כוחו ומרצו, באמונה וללא תמורה. בכל אורחות חייו ובפעילותו הענפה פעל להגשמת חזון "תורה עם דרך ארץ ישראל".

נפטר בירושלים בכ"ד בכסלו תשנ"ו (17 בדצמבר 1995) בשיא כוחו, לאחר מאבק עיקש במחלה, בשנת שבעים לחייו.

יהי זכרו ברוך

תוכן העניינים

מבוא

תפילת העמידה, היא "שמונה עשרה" הברכות, שגורה על פיהם של יהודים עובדי ה' משחר ילדותם. חז"ל קבעו שנוסח התפילה חובר על ידי אנשי כנסת הגדולה – "מאה ועשרים זקנים ובהם כמה נביאים תיקנו שמונה עשרה ברכות על הסדר" (מגילה יז ע"ב). מאמר זה קובע שנוסח התפילה הוא יצירה של חכמים – ובהם כמה נביאים – מעת ייסוד בית שני. בתקופה מאוחרת יותר הסדיר שמעון הפקולי י"ח ברכות לפני רבן גמליאל ביבנה, ומסבירה הגמרא (מגילה יח ע"א) ששכחום וחזר וסידרום. ניסוח זה מדגיש את החשיבות של הנוסח המדויק של התפילה. שתי ועידות של גדולי הדור התקיימו כדי לנסח את התפילה, אחת בייסוד בית שני ואחת לאחר החורבן. נדמה שפשר התופעה של "שכחום וחזר וסידרום" נעוץ בחורבן הבית לא רק מצד הזעזוע שעלול לגרום לשכחה, אלא גם מצד השינוי העמוק שחל במבנה יחס המתפלל לאלוקיו. אנשי כנסת הגדולה חיברו תפילה שליוותה את עבודת בית המקדש המתחדש בימיהם. לאחר מאות שנים, בזמן החורבן, כל מערכת

היחסים בין עובד ה׳ לאלוקיו מוטלת בספק, ובוודאי עוברת מהפכה של ממש. **שכחום** – הלב התקשה למצוא את המילים, הן לא נשמרו בזיכרון או בתודעה, עד שבא רבן גמליאל ותיקן את הנוסח מחדש, ופתח שערי תפילה לפני היהודי שעומד עתה בודד, בגבולין, בלי כוהן ובלי מזבח, ומקיים את הצורך האנושי והמצווה האלוקית להיות עובד את בוראו.

השיעורים הכלולים בספר זה יסודם בשיחות שהועברו במשך כעשרים שנה לקבוצות תלמידים בישיבת הר עציון אשר בצלה אני חוסה. ביסוד ההחלטה לנסות לעיין בעומק נוסח התפילה עמדה ההנחה שבתוך הטקסט משוקעת חכמת חז״ל, ובתוך הי״ח נוכל למצוא את יסודות האמונה והעבודה. קבלה היא בידינו מגאוני אשכנז הראשונים שלא רק הנושאים הכלליים של תפילת הי״ח הם פרי מחשבה וחכמה, אלא שכל מילה ואות ועצם מניין התיבות בכל ברכה, טומנים בתוכם משמעות ומחשבה עמוקה (עיין טור או״ח סי׳ קיג בשם ״דורשי רשומות הם חסידי אשכנז״ בעניין מניין התיבות של כל ברכה). ביסוד השיעורים לא עמד רצון לנתח את סוגיית מצוות התפילה, כי אם שאיפה ללמוד מקור של חז״ל בנושאי אמונה ועבודה, מקור אשר מצד אחד הוא סמכותי יותר מכלל ספרות האגדה, בהיותו טקסט של הלכה שנתקנה לאמירה על ידי כלל האומה, ומצד שני מקור שברור שהושקע בו מרב עומק המחשבה של המוסדות המרכזיים של חז״ל, מניחי יסודות החיים ההלכתיים המעשיים. הגישה הבסיסית הייתה **ללמוד**, כמו שלומדים בישיבות מקורות חז״ל אחרים, בניתוח עיוני ובהתמדה להגיע להבנה העמוקה. הסידור – לפחות החלק של השמונה עשרה – הוא ספר יסוד של חז״ל, ועלינו להעמיק בו כפי שמעמיקים בסוגיות הגמרא בכל הש״ס.

כדי לרדת לעומק ההבנה בתפילה הסתמכתי על כמה מקורות. ראשית כול, כידוע וכפי שברור לכל מעיין, נוסח התפילה מבוסס על לשון המקרא. באופן ברור ומכוון השתמשו חז״ל בלשון הנביאים כדי לחבר את תפילת שמונה עשרה. ייתכן מאוד שתופעה זאת נובעת מהרצון של חז״ל להימנע מנוסח עצמי ככל האפשר. מו״ר הגרי״ד סולוביצ׳יק ז״ל הדגיש באוזנינו את המניעה הלוגית והמוסרית שעומדת לפני כל מתפלל – איך יֵדע האדם מה ראוי להגיד לפני קונו ומהו בכלל ההיתר לפנות במילים שלך למלך מלכי המלכים?! חז״ל לקחו את דברי הנביאים כמקור וכהיתר לניסוח התפילה ודבר זה לבדו מראה כמה מדויק וכמה מכוון הוא הניסוח. לכן בבואנו לנתח ברכה עלינו לבדוק את המקור המקראי, לראות באיזה הקשר נאמרו הדברים, מה משמעותם בהקשר המקורי, ולמה שאלו חז״ל מאותו מקור את הנוסח של הברכה. כדי לרדת לסוף דעתם של מנסחי הברכה לפעמים יש לנתח את הפרק המקורי ניתוח פרשני של ממש. יש לזכור שההקשר התנ״כי היה מוכר היטב לחז״ל ושגור על לשונם, ויש להניח שהם גם סמכו על כך שהוא מוכר למתפללים ומהווה את הרקע התרבותי והמחשבתי לשימושם בשפה.

שנית, יש לעתים מקורות מפורשים בדברי חז״ל השופכים אור על חלק מן הברכות. יש התייחסות לברכות מסוימות, ויש מפרשים שמפענחים בעבורנו את גישת חז״ל למושגים שונים שבאים לידי ביטוי בברכות.

שלישית, בניגוד לספרות הרחבה שיצרו הראשונים בפרשנות המקרא והתלמוד, לא קיימת ספרות רחבה שלהם בפרשנות התפילה. בכל זאת יש ספרי יסוד אחדים. ראש וראשון שבהם הוא ספר פירוש התפילות לר׳ יהודה ב״ר יקר, רבו של הרמב״ן, המלא וגדוש בהבנות,

ברמזים, במקורות וברעיונות בנוגע לנוסח התפילות. ספר זה, שאינו נפוץ בין הלומדים, ראוי למקום של כבוד בספרייתו של כל המבקש להבין את נוסח התפילה. לצד שימוש רצוף בספר זה, ניסיתי לעיין בכל שאר הפירושים שנאמרו בפשט לשון התפילה, ככל שהשיגה ידי.

עניין התפילה – הלכותיה, משמעותה, הבנת הנוסח שלה ובירור החוויה הכרוכה בה – היה עיסוק מרכזי ומיוחד אצל הגאון החסיד מו"ר הרי"ד סולוביצ'יק זצ"ל. בהזדמנויות רבות השתמש הרב ז"ל גם בנוסח של תפילה או פיוט כמקור להתעמקות רעיונית ביסודות היהדות, והוא התייחס אל התפילה כמקור תורני לכל דבר וכך דרש גם מאתנו. אין ספק שממנו למדתי להתייחס אל נוסח התפילה כמקור לעיון ולניתוח. קשה לי להגיד מה בדפים הבאים יונק ישירות מתורתו ז"ל, אך ברור שהשפעתו מפעמת בכל עמוד.

הבנת התפילה אינה רק תוצאה של ניתוח טקסטואלי. החוויה של המתפלל, במיוחד בשמונה עשרה שהיא התפילה היומית ובמידה רבה היא הסביבה הדתית של כל חיינו הרוחניים, מהווה עריסה שממנה צומחת הבנה אינטלקטואלית. זכיתי להתפלל רוב ימיי, תמידים כסדרם, ליד גדולי תפילה, גדולי הדור בתפילה, כולל מו"ר הגרי"ד ז"ל, מו"ר הרב אהרן ליכטנשטיין נר"ו, ומורי הרב יהודה עמיטל ז"ל, אשר גם היום אני שומע לפעמים את קולו בתוך תפילתי. בעיקר בבית אבא הייתה התפילה יסוד ממש בעבודה. מורי זקני הרב חיים יחיאל מיכל ביק זצ"ל, אשר דבקותו בתפילה כתיקונה התבטאה גם בכך שהתפלל כל ימיו מסידור בית אל דפוס ראשון שירש מזקנו הריעב"ץ, היה ידוע, לצד גדלותו בתורה, כשליח ציבור מיוחד במינו כבר בצעירותו בקהילת מעזיבוז'. לא זכיתי אלא במעט להתפלל לצדו, אך נשמת גישתו לתפילה המשיכה בבית אבא ז"ל, שהיה גם הוא שליח ציבור

לתפילות מיוחדות, בעיקר בימים נוראים. לצד המסורה של תורה שבעל־פה בהלכה, יש גם מסורה של תורה שבעל־פה בתפילה, ודווקא היא נשמרת כמסורה גם היום ולא עברה ברובה לספרים. זכיתי לקבל מאבי מורי, ר׳ ישעיהו ביק ז״ל, הרבה ממסורה זו, גם בחומר שלה, ועוד יותר, אני מקווה, בנפשה. אני יודע שהיא משפיעה עמוקות על הדברים בספר הזה.

אבא ז״ל נפטר בה׳ חנוכה תש״ע. ביום האחרון לא דיבר ולא אכל. כשלקחתי אותו להדלקת נר חנוכה והדלקתי את הנרות במקומו – וזו הפעם היחידה שלא הדליק בעצמו – כמעט שלא הגיב, עד שהתחלתי להגיד את הפרק "מזמור שיר חנוכת הבית לדוד" הנאמר אחרי ההדלקה, ואשר ניגַנו אותו במנגינה שקיבלנו מסבי הרב חיים ז״ל. אז פתח אבא את עיניו, וביחד אתי שר את כל הפרק, עד **למען יזמרך כבוד ולא ידום, ה׳ אלוקי לעולם אודך**. אז נדם, ולא יסף.

ספר זה הוא שיחי, ואין שיח אלא תפילה, אך במידה רבה גם שיחו של אבא ז״ל. הפכת מספדי למחול לי, פִּתחת שקי ותאזרני שמחה. ה׳ אלוקי לעולם אודך.

עזרא ביק

ערב חג הסוכות, תשע״ד

פרק א
סמיכת גאולה לתפילה

ספר זה יעסוק בנוסח של תפילת העמידה, היא תפילת "שמונה עשרה". מטרותינו הן ראשית לנתח את לשון הברכות כדי להבינן לעומק, ושנית, לגלות את הרעיונות הגלומים בברכות ולעמוד על כמה מעיקרי האמונה והמחשבה היהודית שחז"ל הטמיעו בתפילה. נוסח התפילה ישמש בעבורנו לא רק כתוכן פנייתנו לאלוקים, אלא גם כטקסט בסיסי לעיון וכמקור לדעות ולאמונות חז"ל באשר ליחסי אלוקים ואדם.

אין זה חיבור בנושא התפילה עצמה, מהותה, משמעותה, וייעודה בתוך החיים היהודיים. יש הרבה מה לחקור ולהסביר בנוגע למצוות התפילה וחווייתה, ואולם אין זו מטרתנו. לכן, מן הראוי להתחיל מיד בעיון בלשון הסידור. אך לא ניתן לפתוח בעיון ללא הקדמה קצרה המגדירה את סוג התפילה שבא לידי ביטוי בתפילת העמידה. הבנה זו תשמש מורה דרך במאמצינו העתידיים להבין כל ברכה וברכה. לצורך כך, וגם כדי לא לחרוג יתר על המידה מהמסגרת הטקסטואלית, אני רוצה לפתוח בעיון בטקסט שלפני העמידה, ובקשר שלו לתפילה.

נעיין בהלכה שדורשת לסמוך גאולה לתפילה, היינו לחבר בין ברכת הגאולה – "ברוך גאל ישראל" – לבין תפילת שמונה עשרה.

א. תפילה = עמידה

ראשית, יש לשים לב לתופעה מעניינת המודגמת בניסוח ההלכה של סמיכת גאולה לתפילה. חז"ל דורשים שאדם "יסמוך גאולה לתפילה". הביטוי "גאולה" מתייחס לברכת גאל ישראל. "תפילה" במאמר הזה היא תפילת העמידה. זוהי דוגמה טובה לתופעה נפוצה בספרות חז"ל. סתם "תפילה" פירושו תפילת העמידה, בת תשע עשרה ברכות בימות החול ושבע ברכות בשבת ובמועד. במילים אחרות, התפילה בה"א הידיעה, הדגם הראשי למושג התפילה, היא תפילת העמידה. בעיני חז"ל, שאר הקטעים שמהווים חלק מסדרי תפילה הם הקדמות, תוספות, או במקרים רבים לא קשורים כלל לתפילה עצמה. סתם תפילה, כמשהו בסיסי ואוטונומי, פירושו תפילת עמידה. כשחז"ל ביקשו לנסח את הטקסט שיכלול את תוכן מושג התפילה (שלפי הרמב"ם, בניגוד לדעת התוספות, היא חובה מן התורה), הם בחרו בנוסח של תפילה זו. לכן מחקרנו בנוסח תפילת העמידה הוא גם מחקר במהות התפילה בכלל.

ב. גאולה ותפילה

בשולחן ערוך (או"ח ס"ו, ח) נפסק ש"צריך לסמוך גאולה לתפילה". משמעות ההלכה היא שאסור להפסיק בין ברכת הגאולה לתחילת העמידה. לא רק הפסק רשות, כגון שיחה עם חבר, אסור בנקודה זאת, אלא גם עניה לחלקים אחרים של התפילה. לדוגמה, אם אדם מתפלל

וברגע שגמר לומר את ברכת גאולה שמע את שליח הציבור מתחיל באמירת קדושה או קדיש, אסור לו לענות לחזן. הפוסקים נחלקו אם מותר לו אפילו לענות אמן לברכת הגאולה של החזן, ומכאן המנהג לסיים את אמירת הברכה יחד עם החזן, כדי להימנע מן הצורך לענות אמן לברכתו.

בגמרא אין סמיכות זו מופיעה בלשון מחייבת אלא כהמלצה. "אמר ר' יוחנן איזהו בן העולם הבא זה הסומך גאולה לתפילה" (ברכות ד ע"ב).[1] כמו כן מביאה הגמרא: "העיד ר' יוסי בן אליקים משום קהלא קדישא דבירושלים כל הסומך גאולה לתפילה אינו ניזוק כל היום כולו" (שם ט ע"ב).[2] צורת ההמלצה הזאת, בלוויית ההבטחה הנדיבה לזכייה מובטחת בעולם הבא, עוררה תמיהה אצל המפרשים.

וכך שואל רבינו יונה החסיד מגירונה:

> יש לעיין, וכי מפני שסומך גאולה לתפילה יש לו שכר כל כך שיהיה בן עולם הבא?

וזו תשובתו:

> הטעם שזוכה לשכר גדול כזה מפני שהקב"ה כשגאלנו והוציאנו ממצרים היה להיותנו לו לעבדים, שנאמר, "כִּי עֲבָדַי הֵם אֲשֶׁר הוֹצֵאתִי אֹתָם מֵאֶרֶץ מִצְרָיִם" (ויקרא כה, מב). ובברכת גאל ישראל

1 בגמרא מסתיים משפט זה "לתפילה של ערבית", והכוונה לרבות אפילו של ערבית, וכל שכן שחרית.

2 התוספות שם טוענים שכוונת מאמר זה היא רק למי שסומך גאולה לתפילה ומתפלל תפילת ותיקין, היינו שמתפלל בזמן זריחת השמש.

> מזכיר בה החסד שעשה עמנו הבורא. והתפילה היא עבודה, כדאמרינן (ב"ק צב ע"ב): "וַעֲבַדְתֶּם אֵת ה' אֱ-לֹהֵיכֶם" (שמות כג, כה) – זו היא תפילה. וכשהוא מזכיר יציאת מצרים ומתפלל מיד, מראה שכמו שהעבד קונה אותו רבו כן הוא מכיר הטובה והגאולה שגאל אותו הבורא ושהוא עבדו ועובד אותו, וכיון שמכיר שהוא עבדו מפני שגאלו ועושה רצונו ומצותיו נמצא שבעבור זה זוכה לחיי העולם הבא. (תלמידי ר' יונה ברכות ב ע"ב בדפי הרי"ף)

רבינו יונה מבסס את הסברו לחשיבות של סמיכת גאולה לתפילה על הגדרת התפילה כ"עבודה". על פי חז"ל תפילה היא עבודה שבלב.[3] הרמב"ם מבסס את דעתו שתפילה היא מצווה דאורייתא על כך שחז"ל הגדירו אותה כעבודה. דומה שהשוואה זאת, תפילה = עבודה, שגורה למדי ומובנת כהקבלה של התפילה (עבודה שבלב) לקרבנות, היינו עבודת בית המקדש. ואולם דברי ר' יונה מעמידים אותנו על התוכן הפנימי של מושג העבודה, משמעות שנראה שאינה תמיד נתפסת. עבודה היא סוג של עבדות. לדעת ר' יונה, המצווה לעבוד את ה' נובעת מכך שהאלוקים גאל אותנו מעבדות מצרים ובזה "קנה" אותנו לעבדות, פשוטו כמשמעו. הרעיון שגאולה מעבדות מצרים משעבדת אותנו לגואל הוא רעיון מעניין מצד עצמו, אך אין זה ענייננו כעת. ר' יונה מסיים – וכל פירושו מדוע זוכים לעולם הבא בשל סמיכת גאולה לתפילה מבוסס על סיום זה – שהביטוי המרכזי להיות אדם עבד לרבו הוא בכך שהוא עושה את רצון רבו ומצוותיו. מהות העבדות

3 "וכן הוא אומר, 'וּלְעָבְדוֹ בְּכָל לְבַבְכֶם' (דברים יא, יג) – איזו היא עבודה שבלב? הוי אומר זו תפילה" (מכילתא דרשב"י כג, כה). וכן בירושלמי ברכות פ"ד מ"ו, ספרי דברים עקב פיסקא מא.

היא ציות וקבלת מרות. קיום מצוות הנובע מהפנמת יחס של עבדות כלפי הקב"ה הוא המביא לידי זכייה בשכר הנכסף, חיי העולם הבא. מי שסומך גאולה לתפילה, היינו מי שמקבל את מרותו של הקב"ה עליו מתוך הכרה שגאולת מצרים מהווה קניין של האלוקים עליו, זוכה לעולם הבא. זאת כיוון שבכך הוא מבטא את היותו מקיים מצוות התורה כעת ובעתיד.

אך דווקא הבנה זאת של עבודת התפילה מעוררת קושי. היכן רואים בתפילה, ובמיוחד בתפילת שמונה עשרה, קבלת מרות וציות? אם עבודה היא עבדות של עבד המקיים דברי רבו ושומר מצוותיו, היכן מתבטא תוכן זה בתפילה? אדרבה ואדרבה, התוכן המרכזי של שמונה עשרה הוא בקשת הצרכים שלנו ולא כניעתנו לצרכים של האדון. התוכן נראה מנוגד לחלוטין לרעיון שמפתח ר' יונה. אין אנו משרתים את הרב אלא מבקשים – בלשון עדינה, כמובן – שהוא ישרת אותנו! אם כך מדוע לכנות זאת עבודה, במובן של עשיית רצונו וציות למצוותיו, כמעשה עבד לרבו? אמירת שמע ישראל, שמוגדרת על ידי חז"ל כקבלת עול מלכות שמים, נראית מתאימה יותר להיות הכלי העיקרי לעבודה מאשר התפילה.

ג. עבדות ועבודה

התשובה, לדעתי, טמונה בהבנה נכונה של כניעת העבד בפני רבו. העבד מציית לרבו ומקבל ממנו הוראות התנהגות. אך זה איננו אלא ביטוי מעשי למה שבאמת הוא עמוק הרבה יותר ורחב משמעות. העבד מציית לרבו כי אין לעבד מטרות משל עצמו, כמו שאין לו רכוש משל עצמו. אין לו עתיד משל עצמו, ואין לו שאיפות פרטיות שמבוססות על הגשמה

של תכלית פרטית ומיוחדת לו. מטרותיו הן מטרות רבו, תכליתו היא תכלית רבו. כל מה שיש לו אינו אלא מרבו. במילים אחרות, העבד איננו עצמאי אלא בעל תלות מוחלטת באדון, וממנו הוא מקבל לא רק הוראות ולא רק מזון, אלא גם משמעות, תוכן, כיוון ותכלית. העבדות, במילה אחת, היא התלות, התלות המוחלטת שכוללת את הכול ואיננה משאירה דבר עצמאי לאוטונומיה של העבד.

אמנם יש הבדל אחד רב־משמעות בין עבדות מצרים, עבדות בשר ודם, לבין עבדות ה'. לאדון המצרי יש צרכים משל עצמו והעבד נדרש לספק אותם. לאדון יש מטרות אנוכיות, ועל העבד לשרת את אותן מטרות. אך לאדון כול ובורא כול אין צרכים אנוכיים, וממילא אין הוא דורש מעבדיו להשתעבד ולספק אותם. אדרבה, התלות באלוקים איננה מחייבת התבטלות המטרות העצמיות, אלא מספקת את המטרות האמתיות של האדם. מה שהאדון האנושי רוצה מעבדו הוא סיפוק צרכיו של האדון ובזה העבדות מרוקנת את העבד. מה שהאדון־אלוקים רוצה מהאדם הוא טובתו של האדם, את שלמותו ואת שלומו, ובזה העבדות האלוקית ממלאת את האדם ומשלימה אותו. אכן, האדם־העבד מחויב לנקודה שמחוץ לו ולא לעצמו, אך זה בדיוק מה שמעניק לו משמעות פנימית ערכית, מאחר שהאדון־האלוקים אינו גורם שהשתעבדות אליו תשלול מן האדם את ייעודו האמתי.

עבד אלוקים מקבל ממנו, כמו שכל עבד מקבל מאדונו, את מטרותיו. רק באדון ימצא העבד את אושרו. מאחר שהאדון לעבד היהודי הוא הטוב אשר רוצה רק בטובת ברואיו ואין לו דרישות לצורך עצמו, התלות הזאת מעניקה לאדם ערך עצמי. התלות הזאת מאפשרת לאדם הגשמת ערך שהוא מעבר לכל ערך אחר – מה שאנו מכנים

צלם אלוקים, להידמות לאלוקים ולהתפתח להיות כמוהו יתברך. האדם ה"חפשי" הוא בצלם האדם. האדם העובד את האלוקים הוא בצלם האלוקים, שהוא התכלית והייעוד שלו עצמו.

מדוע נחשבת התפילה, בקשת הצרכים, לשירות אלוקים? כשאדם מתפלל ומתחנן הוא מכריז שאין לו מקור לאושר ולערך אלא באלוקים. בדיוק כמו העבד הרגיל, הוא תולה את עיניו באדוניו ומצפה לקבל טוב רק ממנו. אין מקור אחר למשמעות חייו אלא אצל האדון ה'. "אין לנו אלא אבינו שבשמים", זהו יסוד מהות התפילה. בתפילה אנו תולים עצמנו באלוקים, ותלות זאת היא הפנימיות האמתית של העבדות והשירות. האם קיים מקור חלופי לאדם שממנו הוא יכול לספק את צרכיו ולשאוב משמעות לחייו? האדם המתפלל כעבד לפני רבו עונה בשלילה – "כי עינינו לך תלויות".

חז"ל קבעו שאין תפילה אלא תחנונים. לב לבה של תפילת העמידה היומית הוא רשימה של בקשות. גם ברכות אחרות, כמו תפילת שבת, מנוסחות כבקשות, וגם ברכת ההודאה ("מודים") מסתיימת בחתימה בנוסח בקשה – "וכל החיים יודוך סלה". יש דתות שהעבירו את מרכז הכובד של תקשורת אדם-אלוקים לשבח או לשירה, כיאה יותר לבשר ודם העומד לפני מלך מלכי המלכים. אך היהדות לא הסכימה לכך. התפילה אינה שירה אלא עבודת ה', ועבודה מתבטאת בתלות. אדם שהוא חומרי, בעל צרכים וחסרונות, חייב לזהות את שורש אושרו ואת מקור מילוי חסרונותיו. אם הוא ידמה שיכול הוא לספק את צרכיו בכוחות עצמו, הוא יהיה עצמאי, "בן-חורין", בלי תלות ובלי עבדות. אך האמת היא שרק מהאלוקים יבוא פתרון. הכרת עובדה זאת, היא התפילה והתחינה, היא הכרזת העבדות לאלוקים, והיא עבודה שבלב.

שירות המלאכים מתבטא בשירת שירי שבח. שירות האדם הוא להיות עבד. האדם העובד מכריז – בלעדיך אני כלום, פחות מעפר ואפר, ולכן אליך אני פונה בשביל... בשביל הכול, דהיינו בשביל דעת, סליחה, רפואה, גאולה, פרנסה, צדק, שכר, צרכים לאומיים ופרטיים – כל מה שחז"ל מנו בברכות השמונה עשרה. מהיכן למדנו להסתכל כך אל ה', לא רק כבעל אוצר פוטנציאלי המספק הטבות, אלא כמקור כול, כאדון גורלנו ומקור חיינו? ר' יונה עונה: מיציאת מצרים. ביציאת מצרים אלוקים גאל אותנו מעבדות מנצלת וקירבנו לעבודתו, לעבדות המעניקה את האפשרות להשיג את ערכיו ואת הטבותיו.

לסיכום: תוכן תפילת עמידה הוא בעיקר בקשות. משמעות פעילות זו היא עבדות, העמדת עצמנו לפני ה' כתלויים בו באופן מוחלט. הבקשות הן הקיום של עבודת ה', כי על ידי פנייתנו אליו לספק צרכינו אנו מכריזים שאין לנו מקור אחר לדבר, שכל מה שיש לנו בחיינו בא ממנו. לפי זה מובן שתמידות התפילה וחזרתה שלוש פעמים ביום איננה כדי להזכיר לאלוקים את צרכינו, אלא כדי לקיים את השירות, כדי להגדיר את כל חיינו כתלויים בו, בכל רגע, כהגדרה בסיסית של קיומנו.

ד. ביטחון

יש הסבר שני בדברי ר' יונה לחשיבותה של סמיכות גאולה לתפילה. תשובה זאת שונה, כמובן, מהתשובה הקודמת, אך מיד אפשר להבחין שהיא מבוססת על אותו רעיון בסיסי בנוגע להתמקדות באלוקים כמקור יחיד לסיפוק צרכינו. וכך הוא כותב:

טעם אחר, מפני שכשמזכיר גאולת מצרים ומתפלל מיד הוא מראה שבוטח בה׳ בתפילה כיוון שמבקש ממנו צרכיו, שמי שאינו בוטח בו לא יבקש ממנו כלום. וכן נראה באלה שמות רבה בפרשת בא אל פרעה שאומר לשם שכשראו ישראל הניסים והנפלאות שהיה עושה עמהם הבורא שלא כטבעו של עולם בטחו בו, ועל זה נאמר, ״וַיַּרְא יִשְׂרָאֵל אֶת הַיָּד הַגְּדֹלָה אֲשֶׁר עָשָׂה ה׳ בְּמִצְרַיִם וַיִּירְאוּ הָעָם אֶת ה׳ וַיַּאֲמִינוּ בַּה׳״ (שמות יד, לא). וכיוון שמזכיר עכשיו אותה גאולה שבטחו אבותינו בה׳ והצילם ומתפלל מיד, נמצא שגם הוא בוטח בו שיענה אותו כמו שענה לישראל בעבור שבטחו בו, ומפני זה מזכיר אותה הגאולה ומתפלל מיד. והבטחון הוא עיקר היראה והאמונה ולפיכך זוכה בסיבתו לחיי עולם הבא. (תלמידי ר׳ יונה ברכות ב ע״ב בדפי הרי״ף)

ר׳ יונה מציע שתי הצעות באשר למושג היסוד שנמצא בבסיס תפילת השמונה עשרה. בתירוץ הראשון זהו מושג העבודה, ובשני – הביטחון. לאור מה שראינו בנוגע לעבודה, ברור ששני המושגים קרובים מאוד. גם הביטחון וגם העבודה מבוססים על הפנייה לאלוקים כמקור כול.

ההבדל בין שני תירוצי ר׳ יונה איננו נוגע לנושא שלנו, מאחר ששניהם רואים בתפילה ביטוי לתלות באלוקים. ההבדל ביניהם אינו נוגע להגדרת התפילה, אלא להסבר הקשר בין תפילה – תפילה הסמוכה לגאולה – לבין זכייה בעולם הבא. הראשון מסביר שהתלות מולידה ציות, שמתבטא בקיום מצוות, שהן כמובן המפתח לעולם הבא. השני מבחין במידת הביטחון המושרשת בתלות, והביטחון ״הוא עיקר היראה והאמונה ולפיכך זוכה בסיבתו לחיי העולם הבא״. ההבדל בין התירוצים, אם כן, הוא שהראשון רואה את המפתח לעולם

הבא במעשים, בקיום המצוות, ואילו השני במידות הלב – "היראה והאמונה". הראשון רואה את התפילה כצעד ראשון המבשר על המשך עתידי של חיים מעשיים, השני רואה במתפלל בעל אישיות אמונית בהווה, כשאישיות זאת היא המתאימה לחיי עולם הבא. כמובן, חילוק זה הוא יסודי בכל המחשבה הדתית, אך אין זה המקום לדון בו.

פרק ב
פתיחת שפתיים

היחידה הבסיסית של התפילה היא הברכה. תפילת שמונה עשרה נקראת כך מפני שבמקורה הייתה מורכבת משמונה עשרה ברכות. ההלכה דורשת שברכה תפתח ב"ברוך", וכך גם הברכה הראשונה של תפילת העמידה, שפותחת במילים "ברוך אתה ה' אלוקינו ואלוקי אבותינו". מאחר שמבנה הברכה יסודי במערך התפילה, נעסוק בהמשך במידה רבה בניתוחה. אם כן, לכאורה איתרנו את נקודת ההתחלה של התפילה במילה "ברוך" אשר בה נפתחת הברכה הראשונה. אך לפני מילה זו מופיע פסוק, אמירה שאינה במבנה של ברכה, ובהבנת משמעות חריגה זו נתחיל את עיוננו.

א. ה' שפתי תפתח

לפני תחילת הברכה הראשונה של שמונה עשרה, מופיע בסידור פסוק הלקוח מספר תהילים (נא, יז): "ה' שְׂפָתַי תִּפְתָּח וּפִי יַגִּיד תְּהִלָּתֶךָ".

בתפילת מנחה ובמוסף מופיע בימינו בנוסח אשכנז פסוק נוסף – "כִּי שֵׁם ה' אֶקְרָא הָבוּ גֹדֶל לֵאלֹהֵינוּ" (דברים לב, ג), ובספרות ההלכה מוזכרים פסוקים אחרים, כדוגמת "שֹׁמֵעַ תְּפִלָּה עָדֶיךָ כָּל בָּשָׂר יָבֹאוּ" (תהילים סה, ג), ובנוסח הספרדים – "סוֹף דָּבָר הַכֹּל נִשְׁמָע" (קהלת יב, יג) או "תִּכּוֹן תְּפִלָּתִי קְטֹרֶת לְפָנֶיךָ" (תהילים קמא, ב). אך יש הבדל בין פסוק "ה' שפתי תפתח" לבין האחרים. הבדל זה בא לידי ביטוי מובהק בתפילות שחרית וערבית שבהן התנגדו הפוסקים לאמירת כל פסוק חוץ מ"ה' שפתי תפתח". ולמה? כפי שראינו בפרק הקודם, יש צורך להצמיד את ברכת גאל ישראל לתפילת העמידה, לסמוך גאולה לתפילה. לכן אין להוסיף כל דיבור בין ברכת הגאולה לבין תפילת שמונה עשרה. הלכה זאת נוהגת רק בתפילות שנאמרת בהן "גאולה". מאחר שקריאת שמע נוהגת "בשכבך ובקומך", כלומר בבוקר ובערב, כך גם "גאולה", אחת מברכות קריאת שמע, נוהגת רק בשחרית ובערבית. משום כך אין מניעה להוסיף כל מה שרוצים לפני העמידה במנחה. אך בשחרית ובערבית אסור להפסיק. ולכן אף שבמנחה או במוסף אפשר להוסיף פסוקים כגון: "כי שם ה' אקרא" ו"שומע תפילה", בשחרית ובערבית נחשבים פסוקים אלו להפסק בין גאולה לתפילה ולכן אין להוסיפם.

אך, כאמור, "ה' שפתי תפתח" נאמר גם בשחרית ובערבית. נראה שזה סותר את הכלל של סמיכות גאולה לתפילה. הגמרא עומדת על בעיה זאת.

שחרית היכי מצי סמיך (איך יכול הוא לסמוך גאולה לתפילה בשחרית)? והא אמר ר' יוחנן: בתחילה הוא אומר "ה' שפתי

> תפתח", ולבסוף הוא אומר "יהיו לרצון אמרי פי"? אלא התם כיון דתקינו רבנן למימר ה' שפתי תפתח כתפילה אריכתא דמיא (כיוון שתיקנו חכמים לומר ה' שפתי תפתח, דומה הדבר לתפילה ארוכה). (ברכות ד ע"ב)

אין לראות בפסוק זה קישוט לתפילה, מעין הקדמה, שאינה באמת חלק מהתפילה עצמה, שאם כן אי אפשר היה לאומרו בתפילת שחרית כיוון שהיה מהווה הפסק בין גאולה לתפילה. הגמרא מסבירה שפסוק זה הוא תקנת חכמים, ועל כן הוא נחשב לחלק אינטגרלי של התפילה עצמה, למרות שאיננו חלק מברכה. על אף הגדרת התפילה כמערך של ברכות, תוספת פסוק זה לפני הברכות מהווה "תפילה אריכתא". בכך נפתרה בעיית סמיכות גאולה לתפילה, מאחר שברכת הגאולה אכן סמוכה וצמודה להתחלה האמתית של התפילה, הפסוק "ה' שפתי תפתח". קביעה זו מחייבת אותנו להבין את משמעות אמירת הפסוק הזה ואת הסיבה לכך שחז"ל ראו צורך לתקן את אמירתו ולסנפו לתפילה עצמה. מה כל כך חשוב ונחוץ בפסוק זה?[1]

1 על בסיס הגמרא הזאת היה מורי הגרי"ד סולוביצ'יק זצ"ל מקפיד שגם בחזרת הש"ץ יחזור החזן ויאמר את הפסוק הזה. אם אמירת הפסוק הייתה בגדר הקדמה שנאמרה **לפני** התפילה, היה אפשר לסמוך על אמירתה לפני תפילת הלחש גם בעבור חזרת הש"ץ. אך מאחר שהפסוק איננו בגדר הקדמה, אלא חלק אינטגרלי מן התפילה עצמה, החזן החוזר על כל תפילת העמידה מחויב לומר – ובקול רם – גם פסוק זה לפני שיפתח ב"ברוך" (עיין שולחן ערוך קיא, ב ובמגן אברהם שם ס"ק ד).

ב. ההיתר להתפלל

ה׳ שְׂפָתַי תִּפְתָּח וּפִי יַגִּיד תְּהִלָּתֶךָ

לדעתי, אין כאן בקשת עזרה בפעולת התפילה. אין כוונתי שהאדם אינו זקוק לעזרה מהבורא כדי להפעיל את שפתיו – אך אין האדם זקוק לעזרה בתחום זה יותר מאשר הנעת רגליו או ידיו. גם כדי לנשום אנו זקוקים לעזרת הבורא, אדון כול. צורך כזה אינו מצדיק הקדמת פסוק זה לפתיחת התפילה עצמה. לכן אין כאן בקשת עזרה אלא בקשת רשות.

כשהאדם ניגש להתפלל, להוציא ולבטא בשפתיו תהילותיו של בורא עולם, להכריז ולקיים את מלכותו ורוממותו של מלך מלכי המלכים, עולה מעצמה ההכרה שעצם המחשבה הזאת אינה מתאימה. מי אני ואיך אני מעז שכבוד הדר מלכותו של האלוקים יינשא על שפתי הדלות, החוטאות? או – אם ננסח שאלה זאת במסגרת המושגים של הפרק הקודם, שבו הסברנו שהתפילה היא שירות ועבודת המלך – מי אני שאמנה בין עבדי המלך? עבדות נתפסת אצלנו כמובן כמשהו פחות ערך וכהשפלה, אך בנוגע לעבדי המלך אין הדבר כן. עבד ה׳ הוא תואר כבוד, וברור שאין אדם נושא תואר זה אלא אם כן יעניק לו אותו המלך. הבעיה כאן איננה היכולת הפיזית לדבר ולהגיד, אלא הרשות ליטול לעצמנו מעמד בעל משמעות קוסמית, להימנות עם עבדי מלך המלכים ואדון העולמים. לשורות עבדי המלך אדם צריך **להתקבל**. אדם שעומד לפני קונו הוא אילם, שפתותיו נעולות, עד שיושיט המלך את שרביט הזהב ויגע בראשו, ובכך יפתח את שפתיו כדי שיוכל להגיד את תהילות ה׳.

ה׳ שפתי תפתח – כלומר, ה׳ הענק לי הזכות לדבר לפניך, להגיד תהילותיך, להימנות עם עבדיך ומשרתיך, שאם לא כן אני נשאר דומם ואילם.

בכך אנו חוזרים לפרדוקס שתיארתי בפרק הקודם. לשרת ולעבוד את האלוקים משמעו לקבל ממנו תוכן של צלם אלוקים. ההתבטלות בפניו פירושה קיום והתעצמות. אין האדם העובד את ה׳ מפסיד מכבודו, אלא אדרבה, הוא זוכה להיות אדם במובן האמתי, בעל צלם אלוקים. כך גם בתפילה, העבודה שבלב. לעבוד את האלוקים בתפילה משמעו להתעצם ולקבל מעמד של עבד ה׳ – צלם אלוקים. לפני שאמרתי מילה, לפני שניסחתי אפילו בקשה אחת, עצם עמידתי לפניו כעבד מהווה בקשה עצומה לעיקר העיקרים, להיות עבד ה׳ ובכך להיות בעל משמעות, להיות מוכן לקבלת משמעות, תוכן, מצוות, הכול; שממנו בא הכול ואין מקור אחר. חז״ל בחרו במילותיו של דוד המלך לבטא את הבקשה הזאת, שקודמת לכל בקשה פרטית ולכל תפילה ספציפית. ה׳ שפתי תפתח – ורק אז אעֵז להגיד תהילתך.

ג. היכולת להתפלל

מה פירוש המילים ״שפתי תפתח״? פתיחת שפתיים היא כמובן מטפורה לדיבור, אך יש לנו להבין מה יש במטפורה הזאת ומה משמעותה. דומה שגלום במטפורה יסוד במשמעות הבסיסית של המושג ״צלם אלוקים״.

כשאני אומר ״ה׳ שפתי תפתח ופי יגיד תהילתך״, אני רומז כביכול שהתהילות כבר נמצאות, מוכנות אך סתומות בפנים, חתומות על ידי נעילת שערי השפתיים. אין צורך לנסח במילים ולחבר תפילות ארוכות ומסובכות, יש רק צורך לפתוח את השערים הנעולים וממילא

״פי יגיד תהילתך״. משמעות הדבר היא שיש פער עצום בין הערכים הצפונים בפנימיותי לבין הביטוי החיצוני שאני נותן להם. במעמקים, במעמקי הלב שגם תודעתי אולי לא מודעת להם, יש עולם שלם של קשר עם הקב״ה, יש ערכי קדושה וטהרה, יש חיבור ישיר עם האין־סוף. אך ברגע שאני מנסה להביע את כל זה, יוצא משהו דליל ושטחי, נטול הוד והדר. רק כוחו של האלוקים יכול לעזור לי לגשר על פער זה.

למה קיים פער זה? המושג ״צלם אלוקים״ שבו נברא האדם מתייחס לפוטנציאל. האדם נברא בצלם, כלומר אין תכנית, תיאור או דגם לאדם שיגביל אותו, אלא האלוקים. כל דבר נברא לפי תכנית שמפרטת את תכונותיו וסגולותיו. הכלב, לדוגמה, נברא לפי הדגם של ״כלב״, שבו נרשם מהן יכולותיו ותכונותיו של כלב. האדם נברא בדגם שנקרא ״אלוקים״. במציאות, בביטוי הממשי לצלם האלוקים, כל אדם ברגע נתון איננו יותר מאשר המצב המוגדר והמוגבל שאליו הגיע. המצלמה מקפיאה את מצב האדם באותו רגע. אבל הגדרת האדם אינה סופית ומוגבלת, תכנית וצלם האדם אינם להיות רק אדם. בהגדרה, האדם נברא מבראשית בצלם אלוקים, אין לו תקרה סופית שמגבילה את יכולתו. צו הבריאה היה שהאדם יהיה ״כזה!״ – כמו התכנית והדגם, לא פחות מאשר האלוקים.

אם כן, המשמעות הפנימית של האדם, מה שאנו מכנים צלם האלוקים, הוא להיות תמיד בשאיפה להתעלות על עצמו, להיות יותר ממה שהוא. כתוצאה מכך קיים פער מתמיד בין המשמעות הפנימית של האדם, הפוטנציאל להגיע עד האלוקים, לבין המציאות האובייקטיבית החיצונית. הפוטנציאל הפנימי ״כלוא״ בפנים, טמון ומוכמן במעמקים. האדם המוגבל במציאות החיצונית אינו יכול להגיד

תהילות ה׳. לא זו בלבד שאינו ראוי, אלא שאינו יכול, הוא בכלל איננו עומד ביחס כזה שמאפשר הבנה של האלוקים ותשבחותיו. אבל אם ייפתחו השפתיים, יימצאו בפנים המילים שטמונות בצלם אלוקים שבאדם. האדם אומר לפני הקב״ה: כל בקשתי היא שתפתח את שפתיי, תפתח את המנעולים, ופי יגיד תהילתך האצורה בתוכי.

מי שלא מתפלל, או מי שמתפלל לעצמו, יכול להיות שווה לעצמו, להיות בשר ודם, עפר ואפר. הוא יכול לבטא במילים מה שממילא הוא מבטא במעשים. מי שמתפלל למלך, מי שנכנס לשירות מלך מלכי המלכים ומשתעבד לו ועל ידי כך מכיר בו כמקור לכל ערכיו ולמשמעות חייו, נעשה בעל ערך אין־סופי. אדם כזה מתקרב בתנועה מתמדת לערך עליון ומבטא את אישיותו הפנימית והאמתית כהשתקפות של האמת הטמונה בבריאתו, של צלם האלוקים.

ד. הדעת להתפלל

יש להוסיף עוד נקודה אחת בנוגע לעזרה שאנו מבקשים מה׳ כדי שנוכל להתפלל. פרט להיתר לעמוד ולשרת, ופרט ליכולת לעמוד באופן כזה שהתפילות והתהילות שלי תהיינה משמעותיות, קיימת גם בעיה של ניסוח, בעיה של הדעת להתפלל בצורה הנכונה.

קיימות שתי צורות של תפילה. הראשונה היא ספונטנית, בוקעת מעמקי הלב, אמתית וכנה, בלי עריכה ובלי למדנות ופלפול. כשהאדם נמצא בצרה או מצוקה, אין תפילתו ביטוי לעבודת ה׳ אלא לצרכיו הקיומיים והמיידיים. במקרה כזה לא קיים סדר תפילה וסדר עבודה, אלא **זעקה**. תפילה נערכת בבית המלך, זעקה בוקעת ועולה מתוך המערה, מבין המצרים.

מַשְׂכִּיל לְדָוִד בִּהְיוֹתוֹ בַמְּעָרָה תְפִלָּה.
קוֹלִי אֶל ה׳ אֶזְעָק, קוֹלִי אֶל ה׳ אֶתְחַנָּן.
אֶשְׁפֹּךְ לְפָנָיו שִׂיחִי, צָרָתִי לְפָנָיו אַגִּיד.
בְּהִתְעַטֵּף עָלַי רוּחִי, וְאַתָּה יָדַעְתָּ נְתִיבָתִי
בְּאֹרַח זוּ אֲהַלֵּךְ טָמְנוּ פַח לִי.
הַבֵּיט יָמִין וּרְאֵה וְאֵין לִי מַכִּיר, אָבַד מָנוֹס מִמֶּנִּי אֵין דּוֹרֵשׁ לְנַפְשִׁי.
זָעַקְתִּי אֵלֶיךָ ה׳,
אָמַרְתִּי אַתָּה מַחְסִי, חֶלְקִי בְּאֶרֶץ הַחַיִּים. (תהילים קמב)

האדם בתוך המערה אינו מחפש את ארמון המלוכה כדי לשרת שם לפני המלך, אלא מחסה להתחבא שם מפני אויב. מתוך חשכת הנשמה אדם קורא וצועק אל האלוקים להצילו. במקרה כזה, אין צורך בהכנות ולא בניסוחים פורמליים המתאימים לפרוטוקול המלכותי. לא נדרש להיות חכם או מלומד, ולא לנסח תפילה מתאימה. בעצם, אין צורך "לנסח" את התפילה כלל במקרה כזה. אין מגבלה של זמנים נכונים או של מקומות מיוחדים, אין צורך במניין עשרה ואין חיוב להיצמד לתכתיבים מדויקים של הקדמות שבח או חתימות הודאה. ההצדקה לזעקה נמצאת בלבו של הזועק.

אך התפילה היומית, העבודה שבלב, אחרת היא. אין עבודת המלך בוקעת מבית בוער, אלא משתלבת בחצר המלך, כחלק מהעבודה והשירות. הרמב"ם מסביר (הלכות תפילה פ"א ה"ג) שחז"ל ניסחו את התפילה בגלל שהאדם הפשוט, עילג השפה, לא הצליח לנסח תפילה הגונה בכוחות עצמו. בעבודת המלך יש חוקים ונהלים – מה להקדים ומה לאחר, איך לעמוד ומתי להשתחוות, באיזו שעה ובאיזה מקום. ההיתר לתפילה הוא בהיותה עבודת המלך ולכן יש לעשותה בצורה

הנכונה והמתאימה למלך מלכי המלכים. לבית המלך יש פרוטוקול התנהגותי, וכל המבקר בו חייב לשמור על החוקים. בתפילה כזאת שקלו חז"ל כל מילה והתבססו על המקרא כדי לזכות בלגיטימיות לנוסח וכדי לנסח תפילה מושלמת. במקרה זה, התפילה היא "סדר", "סידור". אין זועקים אותה אלא עורכים אותה.

אין זה קל לדעת איך להתפלל בצורה מסודרת כזאת. איך אדע מה לומר? האם עליי לפנות לאלוקים כ"רחום" או כ"חנון"? כ"אב רחום" או כ"מלך גיבור"? בבקשת צרכיי, מה עליי להקדים ומה עליי לאחר, ובכלל, מה עליי לכלול? לרוב, חז"ל העמידו את נוסח התפילה על אדני הנבואה, על פסוקים מתוך המקרא. במילים אחרות, חז"ל הסתמכו על מקור אלוקי כדי לדעת מה לומר לפניו. גם לצורך כך יש לנו להקדים – ה' שפתי תפתח ופי יגיד תהילתך.

בהמשך עיוננו בנוסח השמונה עשרה נחקור את המקורות לכל ברכה. כפי שנראה, חז"ל תפרו בגד שלם מתוך המטבעות המקראיים. אחת הדרכים היסודיות שנשתמש בהן להבנת הברכות תהיה עיון במקורות הברכות כדי להאיר מן המקרא על התפילה. ההנחה שאין התפילה מביעה רק מה שמתאים למצוקת הנשמה ולצורכי האדם הדחופים, אלא מה שראוי להיאמר לפני המלך, מחייבת שנבקש ראשית שהמלך יפתח את שפתינו כדי שפינו יגיד את התהילות שלו, שמתאימות לו, ולא רק אלה שמתאימות לנו.

פרק ג

אבות

חז״ל כינו את הברכה הראשונה בתפילת העמידה ״ברכת אבות״. האבות, אברהם, יצחק ויעקב, מוזכרים פעמיים בברכה: פעם בהתחלה כחלק משם ה׳ – ״אלֹקי אבותינו אלֹקי אברהם אלֹקי יצחק ואלֹקי יעקב״, ופעם לקראת הסוף – ״וזוכר חסדי אבות״. עוד יותר משמעותית היא הזכרת שמו של אברהם אבינו בחתימת הברכה. החתימה מסכמת את הנושא העיקרי של כל ברכה. הברכה הראשונה נחתמת ב״ברוך... מגן אברהם״.

אך אין זה מסביר מדוע הברכה נקראת ברכת אבות. האם הנושא של הברכה הוא האבות? ודאי שלא – נושא הברכה הוא האלוקים! העובדה שחז״ל בחרו לכנות את האלוקים, בין השאר, בכינוי ״אלוקי אבותינו״, אינה מהווה סיבה לקריאת הברכה על שם האבות. אזכורי האבות בברכה אינם קובעים את מהות הברכה.

השאלה אינה מצטמצמת רק לשם שבו כינו חז״ל את הברכה. גם אילולא שם זה היינו תוהים על חתימת הברכה. מדוע בחרו חז״ל לחתום את הברכה בשמו של אברהם אבינו? החתימה צריכה לכלול

את נושא הברכה. באיזה מובן נוכל לומר שנושא הברכה קשור להיות האלוקים מגן אברהם דווקא? לאור שם הברכה, נראה שהחתימה בשמו של אברהם משקפת רעיון כללי יותר: באופן כללי הברכה היא ברכת האבות, אך באופן ספציפי היא ברכת אברהם. נקודה זאת אומרת דרשני.

המדרש מסביר זאת כך:

> אמר רשב"ל: "וְאֶעֶשְׂךָ לְגוֹי גָּדוֹל" (בראשית יב, ב) – זה שאומרים אלוקי אברהם. "וַאֲבָרֶכְךָ" – זה שאומרים אלוקי יצחק. "וַאֲגַדְּלָה שְׁמֶךָ" – זה שאומרים אלוקי יעקב. יכול יהיו חותמין בכולן, ת"ל "וֶהְיֵה בְּרָכָה" – בך חותמין ואומרים מגן אברהם ואין חותמין בכולן. (במדבר רבה יא, ב)[1]

המדרש כמובן אינו עונה על שאלתנו אלא מחזק את ההנחה העומדת ביסוד השאלה. הקשר בין הברכה לאבות איננו מקרי אלא מהותי, והוא הובטח בתחילת ימיו של העם היהודי. לאור המדרש אפשר לומר שבהבטחת ה' לאברהם "ואעשך לגוי גדול" מעורה מלכתחילה הבטחה שהוא, בנו ובן בנו, יונצחו בברכה הראשונה של שמונה עשרה. ואכן השאלה לא נפתרה אלא נתחזקה!

הבה נתחיל מעצם המושג אב. אין נקראים אבות אלא שלושה. אברהם הוא אב לבני ישראל. אין להבין את המושג הזה במובן הביולוגי בלבד, שאם כן לא ייתכנו שלושה אבות. אם משמעות אב היא הראשון, יצחק בנו חייב להיות הבן הראשון ולא האב השני. ברור שמושג האבות

1 עיין רש"י בראשית יב, ב.

אינו מתייחס לביולוגיה אלא להדגמה. המושג ישראל עומד על שלוש פרדיגמות, שלושה מקורות. יש שלושה דגמים של אישיות אשר מיזוגם הוא המקור המוליד של עם ישראל. כל אב היה בעל אישיות אחרת וכל אחד מהם תרם תרומה אחרת לאב־טיפוס של כל יהודי.

כשאנו מכריזים בראשית התפילה שאנו מתפללים לאלוקי אבותינו (ולא רק לאלוקים), אנו ממקדים את יחסנו לאלוקים במשבצת שהאבות יצרו. אנו, בניהם ויורשיהם של האבות, פונים לאלוקיהם, לזה שהאבות עבדו בחייהם. מה הבסיס לקשר שלנו עם האלוקים? העובדה שאנו ממשיכים את דרכם של האבות. הם גילו את הדרך לה' והם לימדו אותנו איך להתפלל.

ואכן, חז"ל קבעו שהאבות ממש לימדו אותנו איך להתפלל. לדעת ר' יוסי בן חנינא, האבות ייסדו את התפילות.

איתמר, רבי יוסי ברבי חנינא אמר: תפלות אבות תקנום; רבי יהושע בן לוי אמר: תפלות כנגד תמידין תקנום... תניא כוותיה דרבי יוסי ברבי חנינא: אברהם תקן תפלת שחרית – שנאמר "וַיַּשְׁכֵּם אַבְרָהָם בַּבֹּקֶר אֶל הַמָּקוֹם אֲשֶׁר עָמַד שָׁם" (בראשית יט, כז), ואין עמידה אלא תפלה, שנאמר "וַיַּעֲמֹד פִּינְחָס וַיְפַלֵּל" (תהילים קו, ל); יצחק תקן תפלת מנחה – שנאמר "וַיֵּצֵא יִצְחָק לָשׂוּחַ בַּשָּׂדֶה לִפְנוֹת עָרֶב" (בראשית כד, סג), ואין שיחה אלא תפלה, שנאמר "תְּפִלָּה לְעָנִי כִי יַעֲטֹף וְלִפְנֵי ה' יִשְׁפֹּךְ שִׂיחוֹ" (תהילים קב, א); יעקב תקן תפלת ערבית – שנאמר "וַיִּפְגַּע בַּמָּקוֹם וַיָּלֶן שָׁם" (בראשית כח, יא), ואין פגיעה אלא תפלה, שנאמר "וְאַתָּה אַל תִּתְפַּלֵּל בְּעַד הָעָם הַזֶּה וְאַל תִּשָּׂא בַעֲדָם רִנָּה וּתְפִלָּה וְאַל תִּפְגַּע בִּי" (ירמיהו ז, טז). (ברכות כו ע"ב)

הגמרא אומרת שכל אב ייסד תפילה אחרת.[2] יש לשים לב להבדל בין מאמר זה לבין הקביעה הכללית בחז"ל שהאבות שמרו את כל מצוות התורה. כאן אין חז"ל אומרים שהאבות התפללו, אלא שהם תיקנו את התפילה. המשמעות כאן היא הפוכה מהקביעה הכללית. הקביעה שהאבות שמרו על מצוות סיני אומרת שהם הכניסו את עצמם לתוך הגדרת היהדות. המצוות שמחייבות אותנו מסיני קוימו על ידם. אך במקרה של תפילה היחס הוא הפוך. הם לא התפללו בגלל שיהודים חייבים להתפלל, אלא אנו חייבים להתפלל כיוון שהם התפללו. מצוַת שבת היא הסיבה לשמירת שבת של האבות. תפילת האבות היא הסיבה למצוַת תפילה.

אם כן, יוצא שיש הבדל בין התפילה לשאר המצוות בראשוניות שלה. ובצורה קיצונית יותר, התפילה אינה נובעת מהחוויה היהודית ההלכתית, אלא מהיחס הראשוני בין האדם לבין האלוקים. התפילה אינה מעשה יהודי הלכתי, לפחות לא בשורשה, אלא חוויה אלמנטרית דתית, חוויה שמבוססת על אישיות דתית ויחסה לאלוקים. האבות אינם יהודים הלכתיים במובן הרגיל של המילה, ובכל זאת הם התפללו.

ואכן, אנו מדגישים את הנקודה הזאת בתפילתנו על ידי כך שאנו מכריזים שאנו מתפללים לאלוקי אברהם יצחק ויעקב. אנחנו מתפללים לאלוקים של האבות, לאלוקים שהם גילו ואשר אליו הם

2 הדעות בגמרא נראות חולקות – או שתפילות אבות תקנום, או שהתפילות הן כנגד הקרבנות. הרמב"ם פוסק להלכה כדעה שהתפילות הן כנגד הקרבנות, אך בכל זאת הוא כותב שתפילות אבות תקנום. נראה שהוא לא ראה את שתי הדעות כסותרות. גם אם מבחינה הלכתית קיימת זיקה בין כל תפילה לקרבן או לעבודה מקבילה, הבאה לידי ביטוי בחלק מהלכות תפילה, בצורה יסודית ובסיסית מקור התפילה נמצא בעבודת ה' של האבות.

התפללו והנחילו את תפילתם לנו. בסיני, כידוע, הציג ה׳ את עצמו כמי שהוציא את ישראל ממצרים ולא כבורא עולם. אך בתפילה אין אנו פונים למוציאנו ממצרים, אלא דווקא ל״קונה הכל״, לאלוקי האבות. כשם שיציאת מצרים היא הבסיס לקשר בין היהודי לאלוקים, הבריאה היא המכוננת של הקשר בין האדם לאלוקים. אנו ממשיכים את תפילת האבות – ואם כן, אנו צריכים להתפלל באותה דרך, כיחידים אשר מגלים את האלוקים מתוך החוויה העצמית.

נקודה זאת, היות התפילה קודם כול חוויה אנושית ולא יהודית, הפונה אל בורא כול ולא לכורת הברית ולגואלנו ממצרים, מודגשת באמצעות ניסוח הברכה. לשון התפילה מבוססת ברובה על פסוקים מקראיים. במרכז ברכת אבות מופיעים הכינויים ״א־ל עליון גומל חסדים טובים וקונה הכל״. ״א־ל עליון״ הוא שם קודש שייחודי לברכה הזאת. אין מקום אחר שבו אנו פונים אל ה׳ בכינוי זה. גם בתנ״ך הוא נדיר מאוד ונדמה לי שעצם השימוש בו נשמע זר לאוזניים יהודיות. לשם ״א־ל עליון״ יש תהודה אוניברסלית ולא יהודית. הרהור קל מגלה לנו מיד למי שייך השימוש בשם זה. כשאברהם אבינו חזר מניצחונו הצבאי על ארבעת המלכים הוא פוגש את מלכי־צדק מלך שלם אשר מוציא לחם ויין ומברך את אברהם:

> בָּרוּךְ אַבְרָם לְאֵ־ל עֶלְיוֹן קֹנֵה שָׁמַיִם וָאָרֶץ.
> וּבָרוּךְ אֵ־ל עֶלְיוֹן אֲשֶׁר מִגֵּן צָרֶיךָ בְּיָדֶךָ (בראשית יד, יט־כ)

מיד אחר כך אברהם מאמץ את השם הזה בדברו עם מלך סדום: ״הֲרִמֹתִי יָדִי אֶל ה׳ אֵל עֶלְיוֹן קֹנֵה שָׁמַיִם וָאָרֶץ״ (שם, כב). נשים לב שהביטוי ״וקונה הכל״ מברכתנו מבוסס על המשך שם ה׳ בפי מלכי־צדק, ״קונה

שמים וארץ", וגם חתימת הברכה, "מגן אברהם", מזכירה את הביטוי "אשר מגן צריך בידיך". אם כן, החלק המרכזי בברכה לקוח מלשון אדם נכרי, והאלוקים אשר בברכה הוא "א־ל עליון", האלוקים של מלכי־צדק.

לפי חז"ל, מלכי־צדק הוא שם בן נח, המייצג את הדמות של גוי צדיק. כל מה שאמרתי עד כה, בנוגע לאבות בכלל ולאברהם בפרט, נכון עוד יותר בנוגע לשם בן נח. התפילה, לפחות במשמעותה הראשונית, מבוססת על היחס בין שם בן נח לאלוקיו. אברהם, אבי הדתיות היהודית, מאמץ את השם שמלכי־צדק השתמש בו (בתוספת השם המפורש). כשאנו פונים אל אלוקי אבותינו, אל אלוקי היהודים, מתברר שאלוקי אבותינו הוא א־ל עליון קונה שמים וארץ, האלוקים שאליו פונה הגוי הצדיק. מלכי־צדק, כוהן לא־ל עליון, הוא אחד מאבות תפילת ישראל, ועובדה זו מופיעה בברכת אבות. תפקיד הברכה הראשונה להציג לפנינו את מי שאליו אנו מתפללים – והוא א־ל עליון, אלוקי האבות, האלוקים המשותף לאברהם ולמלכי־צדק.

אולם הרעיון שהתפילה מבטאת את האדם באשר הוא אדם אינה הופכת את התפילה למשהו כללי, המבטא רק את המכנה המשותף הרחב ביותר. אדרבה, מכיוון שהתפילה מבוססת על צלם אלוקים של האדם, בזה עצמו כלולה הקריאה שכל אחד ואחד הוא עולם שלם, אינדיווידואלי. דבר זה אנו מדגישים מיד בפתיחת הברכה. "אלוקינו ואלוקי אבותינו אלוקי אברהם אלוקי יצחק ואלוקי יעקב" – אלוקינו שהוא אלוקי אבותינו, שירשנו מאבותינו – והוא אלוקי אברהם, אלוקי יצחק ואלוקי יעקב. מה המשמעות של פירוט האבות? כלום יש צורך לחזור ולהודיע למישהו שאבותינו הם אברהם יצחק ויעקב? ועוד, שימו לב לחזרה המשולשת. לא אלוקי אברהם יצחק ויעקב, אלא "אלוקי אברהם, אלוקי יצחק, ואלוקי יעקב". הברכה אומרת כביכול

שיש הבדל בין אלוקי אברהם לאלוקי יצחק ולאלוקי יעקב. ולא משום ריבוי חלילה, הוא הוא אלוקינו ואלוקי אבותינו. אלא שכל אב היה לו יחס אחר עם הא־ל, בדיוק מאותה סיבה שכל אב ייסד תפילה אחרת. כפי שהדגשנו, יש שלושה אבות ולא אב ושני בנים. כל אב הוא יסוד, אב־טיפוס, אחר. מצד אחד אנו מתפללים לאלוקי אבותינו ואין אנו אלא בנים־ממשיכים ההולכים בעקבותיהם. אך מה הן עקבותיהם, ומה היא דרכם? – שכל אחד מהם מצא את דרכו הוא, כל אחד מהם עמד ביחס מיוחד לבורא עולם. הפרדוקס ברור אך אין מוצא – אנו מחקים את המקוריות של אבותינו. הם היו האבות ואנו הננו בנים. אך מה פירושו להיות בן לאבות אלו – ללכת באותה דרך של מקוריות. אם לכל אב יש אלו־ה, אם יש אלוקי אברהם ואלוקי יצחק ואלוקי יעקב, אז במידה מסוימת יש גם אלוקי שרגא, אלוקי נועם ואלוקי רחל. כל אחד יפסע בדרך הסלולה ויגלה את הדרך המקורית שמתאימה אך ורק לו.

לסיכום: תפקיד הברכה הראשונה הוא להציג למתפלל את האלוקים שאליו הוא מתפלל. נושא הברכה הוא – אל מי מתפללים. חז"ל ניסחו את תשובתם לשאלה זאת במסגרת האבות, כלומר האלוקים שאליו אני מתפלל הוא אלוקי האבות. בזה הם מכוונים את תפילתנו מצד אחד להיות מושרשת במורשת דורי דורות, ומצד שני להיות אישית, ראשונית ומקורית; מצד אחד חובה מסגרתית, ומצד שני חובה להיות אינדיווידואלי. תפילת ישראל הממוסדת היא תפילת האבות כיחידים, שצעדו בדרך שלא צעד בה איש לפניהם, ללא מפה וללא סימני דרך. יתר על כן, תפילת האבות נושקת לתפילת האדם הלא יהודי, ואלוקי התפילה איננו המוציא ממצרים או נותן התורה, אלא א־ל עליון קונה שמים וארץ. ועל אף כל זה, ואולי בגלל כל זה, לכל

מתפלל יש האלוקים שלו, שהוא גם אלוקי כולנו, וגם אלוקי אבותינו, וגם אלוקי אברהם ואלוקי יצחק ואלוקי יעקב.

עדיין עלינו להסביר את היחס המיוחד לאברהם דווקא, בנוסף על היחס לשאר האבות. כמובן, לאור הסברי, אפשר לראות באברהם ראשון הראשונים. ואם הנקודה בזיקה לאבות היא הראשוניות שלהם, אברהם הוא הראשוני מכולם. אך נדמה לי שיש להעמיק יותר ולהסביר מה מסתתר בחתימה "מגן אברהם", אשר לפי המדרש המצוטט בהתחלה, הובטח דווקא לאברהם בדיבור הראשון בחיי האומה.

פרק ד

אבות (ב)

בפרק הקודם הסברנו את הקשר בין הברכה הראשונה בתפילת עמידה לאבות. הסברנו שהברכה הראשונה מציגה את האלוקים שאנו פונים אליו בתפילה. אלוקי התפילה הוא אלוקי האבות בכמה מובנים:

אלוקי הראשונים, שגילו את ה׳ בכוחות עצמם.

אלוקי היחידים, שכל אחד מהם פילס לו דרך אחרת ומקורית אליו יתברך לעובדו, ולכל אחד היה קשר ייחודי עם האלוקים.

אלוקי האבות שקדמו לסיני, ויחסם לקב״ה אינו תוצאה של התגלות או ציווי, אלא נובע מהחיפוש של האדם, מצלם האלוקים שבו. בהקשר זה שמנו לב לנוכחותו של מלכי־צדק מלך שלם, הוא שם בן נח, ואלוקיו – א־ל עליון.

א. מגן אברהם

נותר לנו, קודם כול, להסביר את הדגש המיוחד על אברהם מבין שלושת האבות. מדוע מופיע בחתימה רק אברהם, מגן אברהם, אף על פי שהברכה נקראת ברכת אבות?

לצורך כך נחזור לפרשה שממנה בא הביטוי מגן אברהם. אחרי שאברהם מתגבר על ארבעת המלכים ומחזיר את לוט מן השבי, ואחרי שהוא פוגש את מלכי־צדק, ה׳ מופיע אליו ואומר לו: ״אַל תִּירָא אַבְרָם אָנֹכִי מָגֵן לָךְ שְׂכָרְךָ הַרְבֵּה מְאֹד״ (בראשית טו, א). ה׳ מכריז על עצמו כ״מגן אברהם״. נשאלת כמובן השאלה, ממה ירא אברהם, מדוע אלוקים צריך לעודד אותו? על כך עונה המדרש בכמה הצעות:

> אנכי מגן לך. רבי לוי אמר תרתין ורבנן אמרי חדא.
> רבי לוי אמר: לפי שהיה אבינו אברהם מתפחד ואומר, תאמר אותן אוכלוסין שהרגתי שהיה בהם צדיק אחד וירא שמים אחה...
> רבי לוי אמר אוחרי: לפי שהיה אבינו אברהם מתפחד ואומר תאמר אותן המלכים שהרגתי שבניהם מכנסין אוכלוסין ובאים ועושים עמי מלחמה...
> ורבנן אמרי חדא: לפי שהיה אבינו אברהם מתפחד ואומר, ירדתי לכבשן האש ונצלתי, ירדתי למלחמת המלכים ונצלתי, תאמר שנתקבלתי שכרי בעולם הזה ואין לי כלום לעתיד לבא...
> (בראשית רבה מג, ח)

שאלת המדרש, ממה ירא אברהם, רק מתחדדת מכך שמדובר כאן לאחר מלחמה. לפני המלחמה, מלחמה נגד ארבעה איתני ארץ אשר ערכו

מסע כיבוש לכל אורך הירדן, לא ניכר סימן שאברהם ירא, וודאי שלא בא הקב"ה לעודדו. אברהם יצא לפעולה ללא היסוס ברגע ששמע כי נשבה אחיו. דווקא לאחר הניצחון המזהיר אנו מוצאים שאברהם ירא. תשובת המדרש – ולא נתעכב על פרטי התשובות אלא על התחושה הכללית – היא שאברהם אינו ירא במובן הרגיל, אלא שהוא "מתפחד". מה פירוש להתפחד? אין זו יראה מאויב מסוים שממנו אתה בורח, אלא, בלשון מודרנית, חרדה ומצוקה נפשית. אברהם סובל מחוסר ביטחון עצמי, שמא יש בנים למלכים המנוצחים, שמא יש צדיק אחד בין ההרוגים או שמא לא נשארה לו זכות לעתיד לבוא. כשהאויב עמד לפניו, הוא פעל והגיב בלי רתיעה, ודווקא כשלא נותרה סכנה באופק אברהם מדמיין כל מיני איומים.

למה? פשוט, הא בהא תליא. אברהם הוא באמת ראשון הראשונים, בלי גב ומסורת ובלי הדרכה. הוא לא הצטווה על ידי ה' לצאת למלחמה נגד המלכים, אלא פעל מעצמו כי ידע, מתוך תוכו, שזהו הצעד הנכון. המדרשים על ספר בראשית מדגישים שאברהם פעל תמיד לפי הבנתו ורק לאחר מכן אישר לו הא-ל שאכן צדק. ממילא, למרות הנחישות הזאת, ואולי דווקא בגלל הנחישות הזאת, אברהם סובל מ"התפחדות", מספקות, מחרדה פנימית. בסופו של דבר, אין לו על מה להישען בהכרעותיו, לא תורה, לא מסורת אבות, ולא הדרכה נבואית ישירה. כמי שנמצא, לפי בחירתו ועל פי מצפונו החופשי, לבד ולפני כולם ("התהלך **לפני** והיה תמים"), אברהם נמצא תמיד במצב של חוסר ודאות וחרדה.

בתגובה למצב הזה אומר לו ה' "אנכי מגן לך". מגן אברהם הוא האלוקים בעבור זה שאין לו על מי להישען אלא על אביו שבשמים. כשאדם מרגיש שאין שום מקור שיכול להחזיק אותו, שאין

לו בעולמו דבר שעליו הוא יכול לעמוד ושממנו הוא יכול לצפות לתמיכה, הוא צריך את "מגן אברהם" שיושיעו. האם זה נשמע מוכר? כך בדיוק הגדרנו בפרק הראשון את התוכן היסודי של "עבודת ה' שבלב" – התפילה. מדובר בתחושה שאין לנו על מי להישען אלא על אבינו שבשמים, שהכול ממנו ואין מקור אחר בלתו. הברכה הראשונה, אם כן, מעמידה אותנו בדיוק לפני אלוקי התפילה, מגן אברהם. יחידים ובודדים, ובהכרה עמוקה וחודרת לבדידותנו, אנו פונים למי שייקח אותנו תחת חסותו, למגן אברהם.

נחזור ונעמוד על המשמעות המיוחדת של התואר "מגן", אולם לפני כן נעבור על שאר הכינויים שמופיעים קודם בברכה.

ב. גומל חסדים טובים

אחרי שפנינו לאלוקינו ואלוקי אבותינו, אנו מגיעים לביטוי שהושאל ממלכי־צדק, "א־ל עליון קונה הכל".[1] באמצע ביטוי זה הוכנס ביטוי נוסף, "גומל חסדים טובים".

אפשר להבין שגומל חסדים טובים פירושו משלם שכר, כלומר גומל **על** חסדים טובים שבני אדם עשו. אך אין נראה כן, כי הלא נקודה זאת מוזכרת בברכתנו מאוחר יותר – "וזוכר חסדי אבות". זהו הרעיון של זכות אבות. "גומל חסדים טובים" יש לפרש במובן אחר.

נדמה ש"גומל" כאן הוא במובן של נותן, ו"חסדים טובים" הוא מושא הגמילה; ה' עושה חסדים טובים. למה הכוונה? מהם חסדים טובים? נדמה שחסד הוא פעולה שנעשית שלא במסגרת של חיוב

1 במקור בבראשית "א־ל עליון קונה שמים וארץ".

ופירעון חוב, וחסדים טובים הם החסדים המדגימים בצורה קיצונית את התכונה הזאת. החסד האולטימטיבי הוא בריאת העולם, כפי שדרשו חז״ל על הפסוק ״עולם חסד יבנה״. בריאת העולם על ידי ה׳ לא באה כתגובה ראויה ומוצדקת לשום מציאות קודמת, מהסיבה הפשוטה שלא הייתה מציאות קודמת. היא הייתה רק חסד, חסד מוחלט. אם כן, ״גומל חסדים טובים״ הוא הסבר ל״קונה (כלומר עושה) הכל״. אך על ידי החדרת הביטוי באמצע ביטויו של מלכי־צדק נוצר שינוי עדין במשמעות. כשמלכי־צדק אמר ״א־ל עליון קונה שמים וארץ״ היה זה במסגרת של נתינת תודה לא־ל שהציל את אברהם. אין מקום להודיה בברכה ראשונה – להודיה ברכה בפני עצמה בסוף התפילה. כשאנו אומרים ״גומל חסדים טובים״ אין אנו ממקמים את היחס בינינו לבין האלוקים במסגרת של הודיה, בזה שאלוקים עשה בשבילנו דברים מסוימים, אלא במסגרת של בעלות. אלוקים עשה את הכול בעבורנו, כולל עצם הבריאה, כחסד גמור, והוא קונה הכול. ממילא, הוא קונה גם אותנו. לעובדה זו השלכות מעשיות – אנו עבדיו ושייכים לו ולכן חייבים לעובדו.[2]

ג. זוכר חסדי אבות

״וזוכר חסדי אבות״ – כאן הברכה מתחילה להשתנות, מתכנים אוניברסליים ליהודיים. האלוקים זוכר חסדי אבות. מהם חסדי האבות?

2 רעיון זה הובא בשם ר׳ יונה בפרק הראשון. ר׳ יונה מיקד את סיבת העבדות ביציאת מצרים, כלומר מדובר בעבדות של ישראל דווקא. לעומת זאת, אני טוען שבשלב זה של התפילה העבדות היא אוניברסלית, וסיבתה הבריאה – החסד.

התשובה נרמזת בהמשך – "ומביא גואל לבני בניהם למען שמו באהבה". אם ה' זוכר חסדי אבות מדוע הוא גואל את בניהם למען שמו, ולא למען אותם חסדי אבות? שאלה נוספת – מדוע הרעיון של זכות אבות מתמקד בחסדים דווקא, ולא במצוות שעשו האבות בכל תחומי צדקתם? נדמה שחסדי אבות אינם המצוות והמעשים הטובים שעשו האבות, אלא דווקא חסדים. חסדי אבות הם החסדים שעשו האבות עם הקב"ה, בזה שקראו בשמו בעולם, וקיבלו אותו אדון עליהם. האבות יצרו מצב שבו האלוקים הוא אלוקי "עם אלוקי אברהם", ושמו נקרא בעולם. חז"ל מתארים מצב שבו האלוקים היה נעדר מן העולם, בהסתר ובגלות. על אברהם אומרים חז"ל שהוא "אחה את הקרע" (בראשית רבה לא, ב). הדבר הראשון שעשה אברהם בהגיעו לארץ ישראל היה לקרוא בשם ה' (בראשית יח, ח). זכות אבות איננה רק עניין של שכר מאוחר, המשולם לבנים על מעשיהם הקדומים של האבות, אלא זכות שקיימת מכיוון שהמצב שיצרו האבות ממשיך להתקיים מתוך קיומם של הבנים.

היחס בין היהודי לה' איננו רק יחס של נברא לבוראו, אלא גם של נתין ואדונו, של עם ומלכו. היחס כולל יצירת מכלול אחד, הזדהות של האלוקים עם בני אדם ששמו נקרא עליהם. כל זאת הוא תוצאה של פעילות אבות. ולכן ה' מביא גואל לבני בניהם, הממשיכים את המציאות הזאת, **למען שמו**, למען שמו שקיומו בעולם הוא רק על ישראל. חסדי אבות ו"למען שמו" הם היינו הך, כי חסד האבות היה בקריאת שמו בעולם. בני בניהם הם הקיום הנמשך של אותה קריאת שם, אשר ממשיך להתקיים עליהם.

מזה נוכל לחזור ולהבין את המשמעות המיוחדת של "מגן". מלך עוזר ומושיע ומגן – הוא מגן אברהם. אין הברכה מדברת על זה

שהקב"ה בא ומוציא את האדם מצרה שאליה נפל. זה נושא הברכה הבאה – גבורות – סומך נופלים, ורופא חולים, ומתיר אסורים, וכמובן, מעבר לכול, מחיה מתים. המגן אינו מוציא את האדם מצרה אחרי שנפל אליה, אלא מונע את הצרה בכלל מלהגיע אליו.

לֹא תִירָא מִפַּחַד לָיְלָה מֵחֵץ יָעוּף יוֹמָם.
מִדֶּבֶר בָּאֹפֶל יַהֲלֹךְ מִקֶּטֶב יָשׁוּד צָהֳרָיִם.
יִפֹּל מִצִּדְּךָ אֶלֶף וּרְבָבָה מִימִינֶךָ אֵלֶיךָ לֹא יִגָּשׁ. (תהילים צא, ה-ז)

לא מדובר בפסוקים אלו על ישועת ה' כשקוראים אליו, אלא על מצב קבוע שבו אנו תחת הגנת ה', ואין אנו אפילו מודעים לקיום הסכנה. כשאברהם התפחד, ה' לא הבטיחו להצילו מכל אותם איומים מדומים, אלא אמר לו שהאיום בכלל לא קיים, שהוא מחוסן ומוגן מראש. מאחר שאנו עם ה', נושאי שמו, וה' זוכר חסדי אבות, יש מצב של אדון ועבדיו, אנו בני חסותו של הקב"ה, וממילא זוכים להגנתו התמידית. כך אמר ה' לאברהם. אינך צריך להתפחד מדי יום מסכנה חדשה, כי אתה עבדי, אתה שלי, אנוכי מגן לך. אברהם הוא בן חסות של האלוקים, שהוא מלך עוזר, ומושיע, ומגן.

כעת סגרנו מעגל. לחזור להתחלה – היהודי פונה בתפילה אל ה' כמו שאברהם פנה, כמו האבות. זהו יסוד העבודה והעבדות. אברהם, ראשון עובדי ה', עמד בודד בעולם ללא משענת, מתפחד אך עושה ובונה בסיס לקיום שם ה' בעולם, וזוכה לפיכך בברכת מגן אברהם, שהיא משענתו היחידה. מכיוון שכבני אברהם יצחק ויעקב אנחנו עבדי הא־ל, נוצרה יחידה של מלך ועמו. במסגרתה ה' איננו רק בורא עולם הראוי לעבודה, אלא מלך עוזר ומושיע ומגן, הנותן חסות לעמו

ומגן עליהם כי הם שלו ונושאי שמו. העבודה שבתפילה יוצרת מיד יחס מיוחד כלפי ה׳, לא יחס חיצוני של נברא לבורא, אלא יחס פנימי של חבר ביחידה אחת, שבה יש עבדים ויש אדון שאחראי על הכול.

ד. באהבה

נותרה מילה אחת בברכה שלא הסברנו. ״ה׳ מביא גואל לבני בניהם למען שמו **באהבה**״ – מהי אהבה ומה מקומה כאן?

בהקשר אחר, שמעתי פעם ממו״ר הגרי״ד סולוביצ׳יק זצ״ל הסבר לאמירת הביטוי ״וגם את נח **באהבה** זכרת״ במוסף ראש השנה. הרב ז״ל הסביר שה׳ היה צריך לבחור במישהו להציל מהמבול כדי שיהיה אפשר לחדש את העולם לאחר מכן. מהסיבה הזאת ניצלו שניים שניים מכל החי. אם כן, גם שניים שניים מהאדם היה צריך להכניס לתיבה. אך מלבד זאת, נח, כאישיות אינדיווידואלית, מצא חן בעיני ה׳. ברכת זיכרונות בראש השנה מדברת על הנהגת העולם – איזו לחרב ואיזו לשלום – וגם על הנהגת היחיד. בנח שני הדברים באו לידי ביטוי, הזיכרון היה לא רק לצורך ניהול ענייני העולם אלא גם אישי, לנח עצמו. וזו משמעות ״באהבה״.

בדומה, בברכתנו, ה׳ מביא גואל לבני בניהם לא רק מתוך מחויבות של שכר לאבות. הגאולה היא למען שמו שנקרא בבנים עצמם. האם הגאולה תבוא משום שפגיעה בבנים תהווה חילול השם שנקרא בהם, כמו שאמר משה, ״למה יאמרו העמים״? אני חושב שיש כאן עניין נוסף. כפי שהודגש קודם, אנו מהווים חלק מהיחידה שהיא נוכחות שכינה בעולם, וזהו שמו של הקב״ה. משום כך, ה׳ קשור בנו ואוהב אותנו. ה׳ מזדהה אתנו כי אנו מאמירים אותו והוא מאמיר

אותנו. לא רק שאין סתירה בין "למען שמו" לבין "באהבה", כי אנו, נשוא האהבה, גם נושאים את שמו, אלא להפך, "למען שמו" פירושו "באהבה". נשיאת שמו של הקב"ה, החיבור החזק בינו לעם ישראל והאהבה, הם כולם שמות שונים לאותו דבר.

לסיכום: מ"וזוכר חסדי אבות" מתחילה בניית היחידה המשותפת לאדון ולעובדים, שמתבטאת בהיות ה' עוזר, מושיע ומגן. יחס זה מקורו ביחס בין אברהם לבין האלוקים, שהיה לו למגן. בתחילת הברכה אנו מכירים בגדולתו של האלוקים, האוניברסלי, והשייך לכל אדם. בהמשך אנו מקבלים את מלכותו ויוצרים יחס עובד־אדון. יחס זה, הוא חסד האבות ואברהם בראשם, וייחודי לעם ישראל.

פרק ה

גבורות

הברכה השנייה בתפילת עמידה נקראת בפי חז"ל ברכת גבורות. "אתה גיבור לעולם ה'". בהשוואה לברכה הראשונה, ההבדל וההתפתחות ברורים. הברכה הראשונה מציגה מי הוא ה', הברכה השנייה מתארת מה הוא עושה. כל זה מובן לאור מה שהדגשנו בפרק הראשון, שלב לבה של התפילה הוא בקשת צרכים. אם כן, מתאים שלפני הבקשות עצמן תבוא אמירה מפורשת שה' יכול להגשים אותן, שיש לו היכולת והכוח לרפא חולים, לסמוך נופלים ולהתיר אסורים. כל צרכיו של האדם הם בידי הא־ל, והוא מכלכל חיים בחסד.

אך בדיקת נוסח הברכה מגלה שבמרכזה עומדת "גבורה" אחת ומיוחדת, אשר דווקא היא אינה נראית רלוונטית לצרכינו היומיים, או לפחות אין אנו נוהגים לבקשה. לפי ניתוח הטקסט עצמו, ברכת גבורות היא בראש ובראשונה ברכת מחיה המתים.

כפי שכבר הבהרנו, חתימת כל ברכה מסכמת את מהות הברכה. חתימת ברכת גבורות היא "ברוך מחיה המתים". לפני החתימה דורשת

ההלכה שיהיה סיכום, "מעין חתימה". בברכתנו היא מנוסחת כ"ונאמן אתה להחיות מתים". די בשני נתונים אלו כדי לשכנע שנושא הברכה הוא תחיית המתים.

אך במקרה הזה אין אנו זקוקים לקריטריון הפורמלי של החתימה. כל נוסח הברכה רווי באזכורים של תחיית המתים. בתחילת הברכה יש פתיחה כללית – "אתה גיבור לעולם ה'", ואחריו בא פירוט אחד – "מחיה מתים אתה". בהמשך יש פירוט של חמש גבורות, אשר אחת מהן היא "מחיה מתים ברחמים רבים". סיכום פרטי הגבורות חוזר לאותו נושא – "ומקיים אמונתו לישני עפר". לאחר מכן יש משפט קריאה והתפעלות – "מי כמוך בעל גבורות", ומה הוא תוכן הקריאה? "מלך ממית ומחיה ומצמיח ישועה". בסוף, כאמור, מעין חתימה וחתימה שעוסקות בתחיית המתים. ברור שמוצדק לחלוטין להסיק שזוהי ברכה בנושא תחיית המתים.

ועתה נשאלת השאלה: מה חשוב כל כך ברעיון של תחיית המתים שמחייב את הצבתו בתחילת תפילת העמידה בברכה בפני עצמה? מה הקשר בין האמונה היסודית הזאת לבין עבודת ה' בתפילה?

שאלה זאת חורגת ממסגרת התפילה. תחיית המתים היא אחד מי"ג העיקרים שמנה הרמב"ם. כל הדיון של הרמב"ם בעיקרי האמונה צמח מתוך המשנה בפרק חלק, המונה את האומר שאין תחיית המתים מן התורה בכלל אלו שאין להם חלק לעולם הבא. את השאלה לגבי חשיבות תחיית המתים בתפילה יש לשאול גם בנוגע לאמונה בעיקר זה. מה כל כך חשוב בתחיית המתים שאמונה בה מהווה עיקר בסיסי ביהדות, וכפירה בה מוציאה אדם מההבטחה "כל ישראל יש להם חלק לעולם הבא"? מעט הרהור עצמי יבהיר את שאלתי. חוץ מהאזכור הפורמלי שיחידים נוהגים לאחר תפילת שחרית, מתי חשבת בפעם

האחרונה על העיקר של תחיית המתים? מה תהיה ההשפעה על חייך ועל מערכת אמונותיך, על חוויותיך הדתיות, אילו תגלה פתאום שאין ביהדות דוקטרינה של תחיית המתים? נדמה לי שהתשובות לשאלות אלו תשארנה את האמונה בתחיית המתים, גם אם מאמינים בה באמונה שלמה, רחוק מאוד ממרכז חווייתנו הדתית, וממילא בפריפריה של היהדות החיה של היחיד. קיום נבואה על התרחשות עתידית אינה הופכת את תוכן אותה נבואה לאחד מעיקרי האמונה; שאם לא כן הייתה האמונה במלחמת גוג ומגוג העיקר הי"ד ברשימת העיקרים של הרמב"ם. חובה עלינו, אם כן, להבין מה המשמעות הדתית של בשורת תחיית המתים, ומה חשיבותה בשבילנו בחיינו ובחוויותינו, ומתוך כך להמשיך ולהבין את משמעותה ומקומה בתפילתנו היומית.

ברצוני להציע את ההצעה הבאה: משמעות האמונה בתחיית המתים על ידי האלוקים היא אמונה בניצחון הסופי והמוחלט של האלוקים והטוב על הבריאה ועל הטבע.

הרשו לי להסביר:

אלוקים ברא את העולם בחכמה. כל אשר בעולם הוא לפי רצונו. אולם קיימות בעולם תופעות שמפתיעות אותנו, חורגות מציפיותינו, ואינן תואמות את תפיסותינו לגבי טובו וחכמתו של האלוקים. כבר הנביא ירמיהו שאל: "מַדּוּעַ דֶּרֶךְ רְשָׁעִים צָלֵחָה" (יב, א). זוהי בעיית הרע, הבעיה הנוקבת ביותר בתולדות המחשבה הדתית. התודעה הדתית היהודית אינה מכחישה את קיום הרע, והיא מנסה, בדרכים שונות, להתמודד אתו. בעבור האדם המאמין ההתייחסות לרע נוגעת לתופעות חריגות אשר נדמה שהן סותרות את התכנית האלוקית. אלוקים ברא יבשה – ולפעמים היא רועדת, הא־ל ברא עננים, מערכת השקיה עולמית – ולפעמים היא שוטפת והורסת במקום להחיות. לאדם

המאמין ביד ה׳ בבריאה, תופעות אלו הן תופעות שחורגות – בעיני המאמין בטבע המבטא את רצון ה׳ – מהטבע הרצוי והמושגח על ידי הא־ל הטוב והרחום.

אך עצם תופעת המוות איננה כך. מוות אינו חריגה מן הטבע אלא הטבע בהתגלמותו. בעולם הטבעי, בעולם נברא, המוות הוא אוניברסלי. הקדמונים זיהו את הנברא עם תופעת ההפסד. כל מתהווה נפסד. אדרבה, היינו רואים חיים נצחיים כנס גלוי. אין דבר מובטח יותר מהמוות. בניגוד למשתמע מפשטי הכתובים בפרק ב בבראשית, המדרשים בתחילת התורה מגדירים את מהות ה״תחתונים״ (בניגוד למלאכים, העליונים) כפרים ורבים אך מתים. המוות הוא התופעה הטבעית ביותר, כמעט סימן היכר לחיים טבעיים. המעבר הטבעי האוניברסלי הוא תמיד מן החיים אל המוות, ואף פעם, ללא יוצא מן הכלל, לא בכיוון ההפוך.

החד־כיווניות הזאת איננה רק חוק טבע, אלא גם חוק מוסרי־דתי. אלוקים ברא את העולם שבו עיקרון הבחירה החופשית. הבחירה איננה תופעת לוואי מקרית בבריאה, אלא מטרה מרכזית, אולי המרכזית ביותר, בבריאה. לפי רוב דעות חכמינו, העולם, או לפחות האדם, נברא כדי שמבחירתו החופשית הוא יפנה וידרוש את האלוקים ויעלה במעלות הטוב, ובכך יגשים את ייעודו כנברא בצלם אלוקים. אין זה רק בסיס להצלחת האדם, אלא גם יסוד להשכנת השכינה בעולם.

אך אם יש בחירה חופשית, יש גם חטא, כי ״אין צדיק בארץ אשר יעשה טוב ולא יחטא״. מאחר שיש חטא, יש גם מוות, כי המוות הוא פרי החטא. קיום האדם הוא בהגשמת צלם האלוקים שבו. החטא, הרס צלם האלוקים, מחייב את אי־קיומו של האדם. לכן המוות הוא חלק

אינטגרלי מן העולם הנברא, לא למרות שהוא נברא על ידי האלוקים, אלא מכיוון שהוא נברא על ידי האלוקים. המוות איננו רק טבעי ביולוגית, אלא גם טבעי מטפיזית. זאת משום שהוא הביטוי המובהק של החטא, של הרע ושל החסר, מאפיינים אינהרנטיים של עולם נברא עם יסוד של בחירה חופשית.

ואולם, ה׳ הבטיח שבסוף, בתוך העולם הזה עם חוקיו הטבעיים, יתקיים ניצחון סופי של הטוב. באותו זמן יתקיים "בִּלַּע הַמָּוֶת לָנֶצַח וּמָחָה ה׳ אֱלֹהִים דִּמְעָה מֵעַל כָּל פָּנִים" (ישעיהו כה, ח). אף על פי שבחירה חופשית היא נשמת הבריאה, ה׳ מבטיח שבסוף הטוב יתגבר על הרע. זהו ניצחון ה׳ על הבריאה, על בריאתו שלו. אלוקים איננו רק גיבור שמתגבר על כוחות המנוגדים לו, הוא יתגבר אף על הטבע עצמו, על הבריאה עצמה. למרות היות האדם חלק מן הטבע, בסופו של דבר אין שלטון לטבע כמו שאין שלטון למוות. ביד ה׳ להושיע את האדם מעצם המצב הטבעי. החשיבות ביסוד של תחיית המתים היא האמונה בניצחון הסופי של הטוב על הרע, של החיים על המוות, של הקב"ה על הטבע שהוא ברא.

זהו פירוש "גבורות" שבברכת גבורות. הגבורות הן מעשיו של ה׳ המתגברים. נושא הברכה אינו נסים, במובן של מעשים שמדהימים את הרואים ומעוררים השתאות בלב הצופים. נושא הברכה אינו ההשגחה התמידית של האלוקים בטבע, אשר מאחורי מסך מביא לתנועת הגלגלים, מעריב ערבים, מצמיח עשבים, ומנשים את האוויר בריאות האדם. נושא הברכה הוא הכוח האלוקי, היכולת האלוקית להתגבר על הטבע, להתגבר אפילו על חוקי הטבע שהוא עצמו קבע בחכמתו, להתגבר על עצם מעשה הבריאה, כדי להשליט את הטוב על הטבע. אלוקים יכול להתגבר אפילו על ההיגיון ועל החוק הבסיסי של מעשה

הבריאה, אשר גוזר מוות לחוטא. אף על פי שנגזרה הגזרה, וחוקק החוק, אלוקים מבטל את החוק וקורע את הגזרה.

נתבונן בדוגמאות שבברכה. כל המקרים המנויים בברכה הם מקרים שבהם הכוח האלוקי מושיע את האדם ממצב שבו הוא כבר נפל. הגבורה היא מידה מהפכת, המבטלת את הקיים. קיים מצב טבעי וה׳ בא ומשנה אותו. אדם נופל, הוא כבר תפוס בכוח המשיכה, וה׳ סומכו; אדם חולה, חייו בנסיגה, וה׳ רופאו; אדם כלוא, תפוס בשלשלאות שאין לו יכולת לפרוק מעליו, וה׳ מתירו. הברכה אינה מלמדת את יסוד ההשגחה, שה׳ אחראי לכל מה שקורה לנו (הגם שזה נכון, כמובן); אלא קובעת שבכל מצב, לא חשוב עד כמה הוא נראה מוחלט וסופי, מעבר ליכולת לשינוי, ה׳ יכול לתקנו ולבטלו. כלומר, ה׳ יכול להתגבר על כל מצב – כי הוא גיבור לעולם, מחיה מתים ורב להושיע. המצב הסופי המוחלט האולטימטיבי הוא המוות. אפשר לראות את המוות כניגוד לעולם וכשלילת החיים – ובזה אנו אומרים שה׳ ממית. אך בעומק הדברים חשוב לדעת שהמוות טבוע בעולם, וה׳ לא רק מכלכל חיים בחסד אלא גם במעשה שמתעלה על הטבע, מחיה מתים ברחמים רבים. מזה נוכל להסיק שאין מצב טבעי כלשהו שגבורת ה׳ לא תתגבר עליו ותבטלו. אפילו חרב חדה מונחת לו על צווארו, אל יתייאש אדם מן הישועה.

ולכן לו – ורק לו – אנו מתפללים. כאמור כבר כמה פעמים, התפילה מופנית למי שהכול שלו, שהכול בא ממנו, ושאין בלתו מי שיכול להושיע. יתר על כן, אנו אומרים בברכה הזאת שלא זו בלבד שאין מקור אחר לישועה, אלא אין נושא שאין לו ישועה אצלו יתברך. לטוב המוחלט יש שליטה מוחלטת על הטבע החוקי. הכול

בידו ושום דבר אינו ביד אחר. רק אחרי שאנו משתכנעים במשוואה הכפולה הזאת, נוכל להמשיך ולהתפלל ולבקש את בקשותינו. אתה גיבור לעולם – לעולם – ה׳, גם מחיה מתים, הופך את מוסכמות הטבע הבסיסיות ביותר, ורב להושיע, כלומר, מרבה ישועה, ממקור בלתי־נלאה, אין סופי, ואין גבול וכלות לישועה המהפכת הזאת. אנו מתפללים לטוב בעל יכולת אין־סופית, לצירוף של טוב וכח. מי שעיניו פונות אל ה׳ בטוטליות כזאת יכול באמת להתפלל, להיות עובד ה׳.

יש לשים לב לתופעה מעניינת בברכתנו. פעמיים מוזכר עניין **האמונה** בקשר לתחיית המתים. הא־ל מתואר כ״מקיים **אמונתו** לישני עפר״, וכן במעין חתימה בסמוך לחתימה, אנו מכריזים ״**ונאמן** אתה להחיות מתים״. מה עניין האמונה בברכה?

יש, כמובן, הבדל יסודי בין כל דוגמאות הגבורות – ריפוי חולים, סמיכת נופלים, התרת אסורים – לבין הדוגמה האולטימטיבית, תחיית המתים. את הראשונים אנו זוכים לראות בתוך חוויותינו העכשוויות, אך לאחרון לא זכינו. מצד שני, כל הדוגמאות הראשונות חלקיות. הן אינן מדגימות את מלוא הגבורה האלוקית. מהות הברכה היא האין־סופיות של גבורת ה׳, העליונות המוחלטת שלו על כל מצב וכל טבע. זה איננו יכול לבוא לידי ביטוי מלא בדוגמאות הלקוחות מתוך עולם הטבע. גם גיבורים אחרים, לא אלוקיים, מצליחים במידה מסוימת לרפא חולה או לסמוך נופל. מי שרוצה לראות שהאלוקים הוא באמת גיבור, וגיבור מעל הטבע, חייב לצאת אל מחוץ לטבע ולהשתמש לשם כך בעיני האמונה, לראות את תחיית המתים. בסוף הברכה זה מה שאנו עושים. אנו מסתכלים ורואים בעיני האמונה שבנו שאכן נאמן אתה להחיות מתים.

המציאות הזאת היא ייחודית מבחינה הלכתית. ברכות השבח – וברכת גבורות שייכת למסגרת של ברכות השבח – באות כתגובה לחוויה אנושית שמחייבת שבח.[1] אנו יודעים תמיד שכוחו של הקב"ה מלא עולם, אך רק אחרי ששומעים את הרעם מברכים "שכחו וגבורתו מלא עולם". ברור שה' ברא את העולם, אך אין מברכים "עושה מעשה בראשית" בלי חוויה שמעמידה אותנו עכשיו על יצירתו ובריאתו של האלוקים. בברכה שלנו אנו משבחים את הקב"ה על גבורתו המפקיעה את הטבע, עד כדי תחיית המתים, אך התופעה הזאת אינה נראית בעיניים טבעיות. זה כמובן צפוי – עיניים טבעיות אינן מסוגלות לראות דבר שחורג מן הטבע. בברכת גבורות אנו מגיבים ומשבחים תופעה שראינו וחווינו בעיני האמונה. הפעלת עיני האמונה היא תנאי לאמירת הברכה הזאת, שאם לא כן תהיה הברכה תלושה מהמציאות המחייבת.

קיבלנו משהו עמוק ומהפכני בנוגע לתפילה בכלל. חז"ל אמרו שיש להקדים ברכת אבות וברכת גבורות לבקשות התפילה. ברכתנו אומרת שמי שיש לו רק עיניים טבעיות, עיני העולם הזה, לא יכול להתפלל כלל. למי יתפלל, כשהעולם סוגר עליו ומאיים לחונקו? כשיגיעו מים עד נפש, וכובד משקלו יגרור אותו עד שאול, למי יפנה? אם עולמו הטבעי בגד בו, במי יתלה עיניו? אין אנו מתפללים למישהו מתוך העולם הטבעי, לא למלכים ולא לכוחות הטבע. זו תהיה עבודה זרה. רק למי שמעל לטבע אפשר להתפלל, למי שממית ומחיה, למי שהוא "מצמיח ישועה", למי שיכול להוציא לפועל דברים שאי אפשר לראותם עכשיו. התפילה מבוססת על מציאות של אמונה, ולא על מציאות של טבע.

1 ראה חידושי הרמב"ן, פסחים ז ע"ב.

עתה הבנו מאפיין ייחודי נוסף של ברכה זאת. לפני ה"מעין חתימה" נמצא משפט שאיננו בקשה ואיננו שבח במובן הרגיל. "מי כמוך בעל גבורות ומי דומה לך" הוא משפט קריאה, ביטוי להתפעלות. אין דוגמתה בתפילת השמונה עשרה. ביטוי כזה חייב לבוא כתגובה למשהו מפתיע, משהו נפלא שמזעזע אותנו ומחלץ מאתנו התפעלות ספונטנית. לפי דברינו למעלה, התהליך מובן. לפני התפילה עמדנו בעיניים טבעיות, וכאנשים דתיים ראינו את מעשי ה' בתוך עולם הטבע. בעינינו ה' היה חלק מכוחות הטבע, כמובן חזק מכולם, אך עדיין חלק מהמערכת ופועל בתוכה. לפתע נפקחו עינינו ואנו רואים בעיני האמונה שה' הוא מעל ומעבר לכל כוחות הטבע, שהוא יכול להפוך את הטבע על ראשו, שכל המציאות הטבעית עד שערי מוות נמצאת בידו.

בהשתאות מהתגלית המהפכנית, שסותרת את מהלך חיינו הרגילים, אנו קוראים "מי כמוך"! אין כמוך! – אין דבר כזה בכל חוויותינו הטבעיות. "מי כמוך... מצמיח ישועה", אתה זורע זרעי ישועה בתוך המציאות הנִפסדת! המבט החדש משנה את הבנתנו על העולם כולו ועל גישתנו לאלוקים – ועתה אפשר להתפלל לו.

לסיום, נחזור למדרש שעמד ביסוד הברכה הקודמת, ברכת אבות. ה' אמר לאברהם שבניו יגידו ברכה על שמו ועל שם יצחק ויעקב. "והיה ברכה" – בך חותמים, אומרים מגן אברהם. ומסיים המדרש:

> אמר ר' יודן: קובע אני לך ברכה בשמונה עשרה אבל אין את יודע אם שלי קודמת אם שלך קודמת. אמר ר' אחויה בשם רבי זעירא: שלך קודמת לשלי, בשעה שהוא אומר מגן אברהם אחר כך מחיה המתים. (ב"ר לג, יא)

אכן מדרש פליאה! ברכת אבות, מגן אברהם, מכונה ברכה "שלך", וברכת גבורות, מחיה המתים, מכונה ברכה "שלי". האם הנושא של הברכה הראשונה הוא אברהם? הנושא הוא **מגן** אברהם, וזה כינוי לאלוקים, בדיוק כשם שמחיה מתים הוא כינוי לאלוקים. לאור דברינו המדרש מובן; הברכה הראשונה מתארת את האלוקים ביחס לעולם, ובאופן ספציפי ביחס לאברהם, כי ה' הוא מגן אברהם. הברכה השנייה מתארת את האלוקים כמפקיע העולם, כמתגבר עליו. הברכה היא כולה "שלי".

אם כן, מה פשר השאלה מי קודם למי? מה משמעות התשובה ששלך קודם לשלי? תשובת המדרש, שהיא גם תשובתנו היומיומית בסדר תפילתנו, מהווה עמדה מהפכנית וייחודית של היהדות. היהדות אומרת שקודם כול צריך האדם ליצור יחס וקשר לאלוקים; למצוא את האלוקים כשם שעשה אברהם; "ליצור" מציאות של אלוקים בתוך העולם ובתוך ההשגחה. רק אחר כך תוכל הגבורה האלוקית להופיע ולהפוך את העולם. מלכות שמים, מצב ש"כל הרשעה כולה כעשן תכלה", באה רק אחרי שהיחיד קורא בשם ה' ויוצר מצב של אלוקי אברהם, של אלוקי האדם. הסיבה לכך היא פשוטה (אף על פי שהתיאולוגיה שלה בהחלט איננה כן). התגברות הא-ל על העולם איננה תוצאה של היות ה' נגד העולם – הלא הוא זה שברא אותו. העולם איננו טעות, איננו נפילה ושבירה. העולם הוא הזירה שבנה ה' ובתוכה מתנהלת הדרמה של טוב ורע, של בחירה חופשית וצלם האלוקים. נוכחות האלוקים בתוך העולם, על בסיס עבודת האדם, על בסיס הברית הדו־צדדית ועל בסיס חסדי אבות, היא תנאי הכרחי לגבורת ה' על העולם. קודם חייב לבוא "זוכר חסדי אבות ומביא גואל

לבני בניהם למען שמו באהבה", ורק אחר כך יכול להתקיים "מלך ממית ומחיה ומצמיח ישועה".

זאת בדיוק המשימה שהטיל ה' על אברהם בזמן שהבטיחו שתהיה ברכה על שמו. "לך לך מארצך" – התחל את המסע הארוך של יצירת עם ישראל, קבלת תורה ובניין מלכות ה'. זהו הבסיס לכול. הברכה הראשונה, ברכת אברהם. רק אחריה תבוא ברכת גבורות ה'. הדרך ל"בלע המוות לנצח" מתחילה ב"לך לך".

פרק ו

קדושה

א. דבר שבקדושה

הברכה השלישית נקראת ברכת קדושה. בניגוד לברכות הקודמות, אבות וגבורות, שנאלצנו לחקור את סיבת שמן ומשמעותו, במקרה זה שם הברכה ברור. מבט שטחי מגלה מיד שאכן הברכה עוסקת כולה בנושא הקדושה. כאן שאלתנו אחרת, כללית באופייה, ונוגעת במשמעות הקדושה. למה בדיוק אנחנו מתכוונים כשאנו אומרים שה׳ קדוש? אם ברכות השבח הן תגובה לתופעה שאנו חווים, מה נושא החוויה שלה אנו מגיבים בברכה זו? כמו כן יש להבין את מקומה של הברכה בתפילת שמונה עשרה. בהקשר של תפילת השמונה עשרה, בקשת הצרכים של האדם, מדוע תיקנו חז״ל ברכה על הקדושה, ולמה כאן, בפתיחה?

כדי לענות על שאלות אלו, נעיין במושג ההלכתי של ״דבר שבקדושה״. הבנת מושג זה גם תסייע לנו להבין את נוסח הברכה ואת תפילת הקדושה שנאמרת בציבור במסגרת ברכה זו. הקטגוריה

ההלכתית של "דבר שבקדושה" כוללת אמירת הקדיש, תפילת ברכו, וכמובן, הקדושה. הגמרא אומרת ש"אין דבר שבקדושה פחות מעשרה".

הקדושה נפתחת בהצהרה – "נקדש את שמך בעולם כשם שמקדישים אותו בשמי מרום".[1] מיד אחר כך מגשימים את ההצהרה ומכריזים:

קָדוֹשׁ קָדוֹשׁ קָדוֹשׁ ה' צְבָא־וֹת מְלֹא כָל הָאָרֶץ כְּבוֹדוֹ.

פשט המילים "דברים שבקדושה" מורה שהם עניינים שעוסקים בקדושה. נוח לחשוב שהכוונה היא תפילות שעוסקות בקדושה, כגון אמירת "קדוש קדוש קדוש". הבעיה היא שאף לא אחד משאר הדברים שבקדושה עוסק בעיקר בקדושה. עובדה זו נכונה גם לגבי שני הפסוקים הבאים של תפילת "קדושה" עצמה:

בָּרוּךְ כְּבוֹד ה' מִמְּקוֹמוֹ.
יִמְלֹךְ ה' לְעוֹלָם אֱלֹהַיִךְ צִיּוֹן לְדֹר וָדֹר הַלְלוּיָ־הּ.

בתפילת "ברכו" אנו פשוט אומרים "ברוך ה' המבורך". השורה המרכזית של "הקדיש" היא "יהא שמיה רבה מבורך" – יהי שמו הגדול מבורך. נראה שהנושא המשותף לתפילות אלו איננו הקדושה אלא הברכה, היותו יתברך מבורך. ואם כן יש לשאול מה הקשר בין קדושה וברכה?

1 בחיבור זה אשתמש בנוסח אשכנז. בדרך כלל אין הבדלי הנוסח משמעותיים לדיוננו. בפרק הבא, אשר יעסוק בתוכן תפילת הקדושה עצמה, אתייחס גם להבדל בין הנוסחאות.

יתר על כן, למה לא נחשיב את כל הברכות, מאה במספרן ביום, שבכולן אנו אומרים "ברוך אתה ה'", בכלל דברים שבקדושה?

ב. קידוש השם

"כל דבר שבקדושה לא יהא פחות מעשרה" (ברכות כא ע"ב). דין זה נלמד בגמרא מן הפסוק "וְנִקְדַּשְׁתִּי בְּתוֹךְ בְּנֵי יִשְׂרָאֵל" (ויקרא כב, לב). ר' יונה, בפירושו לברכות, מעיר שאי אפשר להבין את ההלכה הזאת כפשוטה, שהרי:

> בודאי בכלל דבר שבקדושה הוי קריאת שמע, שאין לך דבר בקדושה יותר מדבר שיש בו עול מלכות שמים, ואפילו הכי אינו בכלל זה הדין דמותר לקרותה ביחיד. (תלמידי ר' יונה, ברכות דף י"ג ע"א בדפי הרי"ף)

ר' יונה טוען שקריאת שמע, אף על פי שלא מוזכר בה מושג הקדושה, היא לא רק דבר שבקדושה, אלא הדוגמה המובהקת ביותר לקטגוריית דבר שבקדושה – אין לך דבר שבקדושה גדול ממנו! מהי הגדרת דבר שבקדושה שעליה מתבסס ר' יונה?

ר' יונה משוכנע שקריאת שמע היא דבר שבקדושה מאחר שיש בה קבלת עול מלכות שמים. בכמה מקומות במסכת ברכות קבעו חז"ל שאמירת קריאת שמע היא מעשה של קבלת מלכות ה'. ר' יונה טוען שיש שני סוגי דבר שבקדושה, אחד שמצריך מניין עשרה ואחד שלא, אך תוכן שניהם הוא קבלת עול מלכות שמים. זהו המפתח להבנתנו מושג הלכתי זה.

ביהדות אין אנו תופסים את מלכותו של האלוקים כמשהו סטטי, קבוע ומוחלט. מלכותו של ה׳ תלויה במעשה הקבלה שלנו, של עמו ישראל. קבלת עול מלכות שמים איננה רק מעשה המוטל עלינו, שמשקף את מעמדנו כנתיני מלכותו וכ**הכרה** במלכותו, אלא מעשה המלכה, מעשה **שיוצר** את המלכות. רעיון זה מבוסס על פתגם עתיק – אין מלך בלא עם. נכון שבמובן המוחלט ה׳ הוא מלך מצד עצמו, קודם שנברא העולם ולאחר שיכלה העולם. ה׳ מֶלך, ה׳ מָלך, ה׳ ימלוך לעולם ועד. אחד מפסוקי המלכויות בראש השנה הוא "אֲנִי רִאשׁוֹן וַאֲנִי אַחֲרוֹן וּמִבַּלְעָדַי אֵין אֱלֹהִים" (ישעיהו מד, ו). אך, במובן אחר, ה׳ הוא מלך רק ביחס לעולם שמשקף את מלכותו, וביחס לאנשים שמקבלים את מלכותו עליהם ונוהגים על פי חוקיו. מעצם הגדרתו התואר מלכות הוא תואר יחסי, כי אין מלך בלא עם. הרעיון הזה, בנוגע למלך מלכי המלכים, מעורר השתאות, ורוב הדתות בעולם ידחו אותו. אך, למרבה הפלא, הוא רעיון שגם ילדי ישראל שרים אותו בגן, ביחד עם קהילות ישראל בכל העולם:

אדון עולם אשר מלך בטרם כל יציר נברא
לעת נעשה בחפצו כל, אזי מלך שמו נקרא.

נכון, ה׳ הוא מלך לפני שנברא כל דבר. אך מאידך גיסא, רק כאשר ייעשה הכול בחפצו ועל פי דברו, אז ורק אז ייקרא שמו מלך במלוא מובן המילה.

אין תואר אלוקי שמדגים בצורה כה בהירה את התלות במעשה האדם, כמו המלכות. רעיון זה הוא אחת מהתֵּמות הבסיסיות של

ראש השנה, יום שבו אנו ממליכים את הקב"ה עלינו. חז"ל מדגישים שתקיעת שופר היא מעשה המלכה בפועל, והתפילות מלאות ברעיון זה. עם ישראל, קרוצי חומר, עפר ואפר, הם הם אשר "יתנו לך כתר מלוכה".

אך אין היחסיות הזאת מוגבלת רק למלכותו של האלוקים. כל תוארי האלוקים, בהופעתם בתוך העולם (בניגוד למעמד המוחלט הטרנסצנדנטלי) תלויים בעולם, כלומר במעשי אנוש. אם אין מי שיקרא בשם ה', אין שמו נמצא בעולם. אם אין שמו בנמצא, כביכול אין הוא נוכח. השראת השכינה תלויה במישהו שיישא אותה. זהו פירוש מאמר חז"ל שציטטתי בנושא ברכת אבות, שאברהם נקרא "אחות לנו קטנה" משום ש"אחה את הקרע". עד שאברהם קרא בשם ה', לא הייתה נוכחות שכינה בעולם. מעשיו של אברהם איחו את הקרע בין העולם התחתון לעולם העליון. משמעות המושג קדושה היא שהשראת השכינה בתוך העולם תלויה בקבלה מרצון של נוכחות ה'.

מבהיל על הרעיון! ה' אלוקים, אדון ואדיר, ראשון ואחרון, בורא עולמות ומחריבם, תלוי בברכתנו בנוגע לנוכחותו בעולם שהוא עצמו ברא. כך פירש מו"ר הרב יוסף דוב סולוביצ'יק זצ"ל את עניין הברכה בכלל. "ברוך אתה ה' אלוקינו מלך העולם" פירושו שאנו באמת מוסיפים כוח ועוצמה לשכינת ה' בכך שאנו מגלים אותו ומכירים בו בעולם. רעיון זה מעניק משמעות חדשה להסברנו שהתפילה היא אקט של עבודת ה' – עבודת מי שאין לו צורך בשירותנו. בפנייתנו אל ה', אשר לו הכול, ואשר אין לו כל צורך, ואשר רק הוא יכול למלא את כל צרכינו המרובים, אנו מוסיפים לשמו הגדול, לנוכחותו ולעצמתו

בעולם. כך אמר דוד המלך נעים זמירות ישראל (תהילים קד, א): "בָּרְכִי נַפְשִׁי אֶת ה'" ומיד "ה' אֱלֹהַי גָּדַלְתָּ מְּאֹד הוֹד וְהָדָר לָבָשְׁתָּ".

זו המשמעות של מושג הקדושה. ה' אמר לעם ישראל ""ונקדשתי בתוך בני ישראל". הקדושה היא נוכחות שכינה. אין דבר נברא שיש לו קדושה מצד עצמו. רק אלוקים נקרא קדוש. למקום, לזמן, לאדם, יש קדושה רק משום שהם נושאים את שם ה', את נוכחות השכינה, או ליתר דיוק, משום שדרכם שם ה' נגלה בעולם ונוכחות השכינה מתעצמת. לכן הדרך לקדש היא לברך את ה'. לברך את ה', כלומר להוסיף עצמה לקדושתו הנגלית, כי בלי ברכתנו לא תתגלה קדושתו. אנו יוצרים את הקדושה בנוכחותה הגלויה במעשה הברכה, באמירת יתגדל ויתקדש שמו הגדול. שמו ממש מתגדל ומתקדש בהתאם לקריאה זו, ובהתגדלות זאת מתקדש העולם.

תופעה זו, קדושת ה' בעולם, נקראת בפי חז"ל "שם ה'". שם הוא מה שנקרא מישהו על ידי אחרים. שם ה', בניגוד לה' עצמו, נמצא בפיות המברכים. לכן מעשה הקדושה הוא אמירת "יהא **שמה רבא** מברך לעלם ולעלמי עלמיא". בתנ"ך תופעה זו נקראת גם "כבוד ה'". כבוד (מלשון כבד) הוא משהו שמתגלה בהשתקפות, בפניהם של אחרים. כשנבנה המשכן, הוא התמלא ב"כבוד ה'", "וּכְבוֹד ה' מָלֵא אֶת־הַמִּשְׁכָּן" (שמות מ, לה). ובדומה אנו אומרים בקדושה "מלא כל הארץ כבודו". זו גם המשמעות של "מלכות", כפי שהבין ר' יונה. קבלת מלכות ה' היא המעשה המובהק של קדושה, של יצירת קדושה. וכך מסתיימת הקדושה – "ימלוך ה' לעולם אלוקיך ציון לדור ודור". לקריאת שמע, שעליה אמר ר' יונה שאין לך דבר שבקדושה גדול ממנה, נוסף משפט שמשלב את כל הביטויים האלו יחד – "ברוך **שם כבוד מלכותו** לעולם ועד".

ג. מניין עשרה

ר׳ יונה הרחיב את הקטגוריה של דבר שבקדושה כך שתכלול תפילות כדוגמת קריאת שמע, אשר אינן מצריכות מניין של עשרה. הוא לא הסביר מהו הקריטריון לקבוע מתי דבר שבקדושה דורש עשרה ומתי לא. מדוע קדושה נאמרת בעשרה וקריאת שמע נאמרת ביחידות?

שאלה דומה שאלו הראשונים, כולל ר׳ יונה עצמו, בנוגע לקדושה שנמצאת בברכת יוצר אור לפני קריאת שמע ובנוגע לקדושה דסידרא, הקדושה שבתוך "ובא לציון". יש ראשונים[2] שהצריכו עשרה גם באמירת תפילות אלו, ופסקו שיחיד ידלג על אותם קטעים. אך רוב הראשונים פסקו, כפי שאנו נוהגים, שאפשר לאומרם ביחיד. מה ההבדל בין קדושת יוצר אור לקדושת העמידה? התשובה הבסיסית, שמופיעה בצורה זו או אחרת בספרות הראשונים, היא שבברכת יוצר אור אנו רק מצטטים פסוקים שמתארים איך המלאכים אומרים קדושה. בשמונה עשרה אנו מקדשים בעצמנו.

לאור מה שהסברנו למעלה, החילוק ברור. אמירת קדושה היא תהליך אמתי, שבו אני בפועל מקדש את שם ה׳ ומחולל שינוי אמתי בנוכחות השכינה בעולם. אמירת קדושה היא יצירת מרכבה לשכינה, היא מחוללת תהליך של התקדשות בתוך העולם. תפקיד זה, המתואר בפסוק "ונקדשתי בתוך בני ישראל", שייך רק לציבור, לגוף שמהווה יחידה של "בני ישראל". הכלי להשראת שכינה הוא כנסת ישראל ולא היהודי היחיד. התפילות שמוגדרות כדבר שבקדושה הן התפילות

2 עיין רמב"ם הלכות תפילה פ"ז הי"ז. הכסף משנה מביא שם משמו של ר׳ אברהם בן הרמב"ם שהרמב"ם חזר בו מפסק זה.

שיוצרים בהן קדושה, ואין יוצרים קדושה בפחות מעשרה, בפחות מהגוף שמייצג את כלל ישראל.

בניגוד לכך, כשאני קורא קריאת שמע, אין אני פונה כלפי חוץ ומחולל שינוי בעולם ובנוכחות השכינה בו. אני פונה כלפי עצמי. יום יום, פעמיים ביום, אני חייב להצהיר על נאמנותי. כמובן, בכך שאני מקבל על עצמי עול מלכות שמים אני גם מוסיף למלכות עצמה, אך אין זו מטרת ההצהרה. בקריאת שמע אינני בא לתקן את העולם אלא את עצמי. אינני מנסה להשפיע על השכינה אלא על עצמי. במידה מסוימת, כל מצווה שאקיים תביא לתוספת קדושה ונוכחות שכינה. אך קטגוריית "דבר שבקדושה" מיוחדת למעשים שבאופן ישיר מכוונים כלפי כבוד ה' ומלכותו; למצוות שקיומן הוא בהקדשת האדם להיות נושא הקדושה בעולם. "יתגדל ויתקדש שמה רבא בעלמא די ברא כרעותה" – היהדות מאמינה שאפשר להגדיל את שמו, את כבודו ואת מלכותו של ה' בעולם. וכשאני פונה להגדיל את שמו, זהו דבר שבקדושה, ואי אפשר לעשותו בפחות מעשרה.

יש תפילות שמתארות את התהליך הזה אבל אינן בעצמן התהליך. כאלה הן קדושת יוצר וקדושה דסידרא. אנו מצטטים בהן את קדושת המלאכים (שנעסוק בה בפרק הבא) אך אין אנו מקדשים בעצמנו. לכן תפילות אלו נאמרות, כמו קריאת שמע, ביחידות.

ד. הומניזם או מוניזם תיאוקרטי

לשאלה מה מקור הערכים בעולם יש שתי תשובות בסיסיות. ההומניזם החילוני טוען שהאדם יוצר את הערכים ורק הוא המקור להם. ה"קדושה" של החוויה האנושית נובעת מעצמה. המוניזם הדתי טוען שרק האלוקים,

שהוא עומד מחוץ לטבע ונשגב עליו, הוא המקור לערכים ולקדושה. האדם, כמו כל נברא, אינו יכול להיות מקור הערך.

היהדות, כפי שהסברנו קודם, עומדת באמצע, או ליתר דיוק, מחזיקה בשני הקצוות. מצד אחד, האלוקים הוא המקור היחיד לערכים. רק ערך מוחלט במובן המטפיזי, ערך טרנסצנדנטלי, שמקורו מחוץ לעולם, יכול להיות מקור לקדושה. אך מעצם הגדרתו, העולם הזה אינו מציאות מוחלטת וטרנסצנדנטלית. העולם הוא בהכרח חסר, לקוי, פגום, ולעתים גם מושחת. בעולם הזה, הערכים אינם הערך העליון עצמו, אלא ערך ששואף להגיע לערך העליון. העולם שלנו משקף את העליון בכך שהאלוקים הוא המטרה של שאיפותינו. הקדושה בעולם החסר נמצאת בתהליך ההשתלמות ולא במצב של שלמות. התהליך של ההשתלמות הוא חסר ערך וחסר משמעות אם הוא איננו מכוון כלפי השלמות המוחלטת העליונה, כלומר, כלפי האלוקים; אך מאידך גיסא הוא קיים רק במקום שאין נוכחות מוחלטת של אלוקים. האלוקות המוחלטת היא המקור לשכינה המתפתחת, אך את התפתחות השכינה, את תהליך ההשתלמות, עושים אנשים, בעלי צלם אלוקים.

המדרש מביע רעיון זה בצורה בהירה אך פרדוקסלית:

> אמר ר' סימון: בשעה שבא הקב"ה לבראת את אדם הראשון נעשו מלאכי השרת כיתים כיתים וחבורות חבורות, מהם אומרים אל יברא ומהם אומרים יברא... חסד אומר יברא שהוא גומל חסדים, ואמת אומר אל יברא שכולו שקרים... מה עשה הקדוש ברוך הוא, נטל אמת והשליכו לארץ, הדא הוא דכתיב "וְתַשְׁלֵךְ אֱמֶת אַרְצָה" (דניאל ח, יב). אמרו מלאכי השרת לפני הקב"ה, רבון העולמים, מה אתה מבזה תכסיס אלטיכסייה שלך, תעלה אמת

מן הארץ, הדא הוא דכתיב "אֱמֶת מֵאֶרֶץ תִּצְמָח" (תהילים פה, יב). (בראשית רבה ח, ה)

אין ערך מוחלט ובלתי מתפשר יותר מאשר האמת. קצת שקר הוא שקר מוחלט. האמת אינה יכולה להתפשר בלי לוותר על היותה אמת. לאמת המוחלטת אין יכולת לסבול את קיום האדם, ש"כולו שקר". לכן, כדי לברוא את האדם, היה הקב"ה צריך להשליך אמת ארצה. המלאכים, שחושבים בצורה לוגית, מוחים – בלי אמת אין מלכות שמים, ואם כן אין טעם בבריאת האדם. תשובת ה' היא שיש אמת אחרת מלבד זאת שבשמי העליונים, אמת אשר מארץ צומחת. יש אמת שמתפתחת מתוך הארץ, מתוך מציאות של שקר וקטטה, מתוך החסר והלקוי. גם אמת כזאת, עם היותה בלתי שלמה, היא אמת, וגם בה יש קדושה, קדושה של השתלמות ושל תהליך. דווקא באדם – ולא במלאכים – קיימת קדושה כזאת. המלאכים, בעלי המציאות המושלמת אך הסטטית, אינם יכולים להבין את תשובת ה'. אך אין אמת זו מנותקת מן האמת האלוקית – האמת העליונה עצמה צומחת בקרקע של שקרים, בשאיפה לחזור אל האמת הבהירה והטהורה של האלוקים.

כל ערך וכל קדושה בעולמנו באים מהאדם, אך חייבים לשקף את הקדושה האלוקית ולכוון אליה.

ה' אמר – ועשו לי מקדש ושכנתי בתוכם. האדם חייב לעשות את המקדש. אין ה' שוכן בהר, אלא רק בבית שאדם בנה. אז, ורק אז, ה' שוכן באדם. האלוקים שוכן בתוך הבונים. התורה מדגישה שהמשכן עצמו שוכן אתם, בתוך טומאתם. מו"ר הרב סולוביצ'יק זצ"ל הסביר כך את ההבדל בין הר סיני, שאין בו קדושה, לבין הר המוריה, שנתקדש לדורות גם בחורבנו. את הראשון ייחד מעשה ה' – ולכן

כאשר עלה הענן, חזר ההר למצבו הקודם. לעומת זאת את השני ייחדו בני ישראל – בבניין חומותיו ובעלייה לרגל, ולכן קדושתו קבועה.

פרק ז

נקדש

בפרק הקודם ניסיתי להגדיר את מושג הקדושה לאור הקטגוריה ההלכתית של "דבר שבקדושה". דנתי בפרדוקס הסיבובי של הקדושה; הקדושה שייכת במהותה רק לעולמו הנבדל והנשגב של הקב"ה, אך נמצאת בפועל דווקא בעולמנו החסר; אנו יוצרים אותה בכך שאנו משקפים בחיינו את נוכחות השכינה, ובשאיפותינו ובמאמצינו להתפתח לקראת השלמות העליונה המוחלטת. בהקשר זה ציטטתי מדרש האומר שבעת בריאת האדם, השליך הקב"ה את האמת ארצה, ואמר אמת מארץ תצמח. הקדושה, כתבתי, צומחת מן הארץ אל המקום שממנו ירדה, השמים. עתה נראה כיצד הבנת מושג זה מאירה את טקסט הקדושה בחזרת הש"ץ.

הגרעין של כל הקדושות בשמונה עשרה הוא שלושה פסוקים:

קָדוֹשׁ קָדוֹשׁ קָדוֹשׁ ה' צְבָא־וֹת מְלֹא כָל הָאָרֶץ כְּבוֹדוֹ. (ישעיהו ו, ג)
בָּרוּךְ כְּבוֹד ה' מִמְּקוֹמוֹ. (יחזקאל ג, יב)
יִמְלֹךְ ה' לְעוֹלָם אֱלֹהַיִךְ צִיּוֹן לְדֹר וָדֹר הַלְלוּיָ־הּ. (תהילים קמו, י)

א. יהודים ומלאכים

הקדושה נפתחת בקריאה של החזן לציבור לומר קדושה. יש כמה נוסחאות לפתיחה זו, בהתאם לנוסח התפילה ולזמנה, אך כולן כוללות את אותו רעיון. אנו מתכוננים לומר קדושה "כשם" – בציפייה למה שהמלאכים אומרים בשמים לפני הקב"ה. רעיון זה מבוסס על העובדה שהנביאים שמעו את שני הפסוקים הראשונים בקדושה כיוצאים מפיהם של המלאכים לפני כסא הכבוד.

אם זכור לכם המדרש על בריאת האדם שהזכרתי לעיל, ודאי תשאלו מיד: האין זה סותר את כל אשר אמרנו? קדושה, כך טענתי, פירושה דווקא דבר שנאמר בתוך העולם החסר והלקוי. קדושה נאמרת רק על ידי בשר ודם, אשר מוסיף קדושה וגורם להשראת שכינה בתוך העולם. דבר זה אינו שייך ואינו אפשרי בעולמם של המלאכים, עולם שבו קיימת כבר קדושה מוחלטת ושלמות עליונה, ולא על ידי המלאכים עצמם, אשר אינם מתפתחים ואינם משתלמים – ולכן אינם מתקדשים. לפי זה, כשמלאכים אומרים קדושה, חסר התוכן העיקרי – ההתגדלות וההתקדשות.

תשובתי היא – אכן כן. אין המלאכים יכולים לקדש. אנו לומדים את תוכן הקדושה מהמלאכים, כפי שנחזה על ידי הנביאים, אך התקדשות אמתית – יתגדל ויתקדש – יכולים לעשות רק בני אדם. חז"ל, כדרכם, מביעים רעיון זה בצורה מתומצתת.

> אין מלאכי השרת אומרים שירה למעלה עד שיאמרו ישראל למטה, שנאמר (איוב לח, ז) "בְּרָן יַחַד כּוֹכְבֵי בֹקֶר", והדר "וַיָּרִיעוּ כָּל בְּנֵי אֱלֹהִים". (חולין צא ע"ב)

מתברר שהמלאכים אינם יכולים ליזום אמירת קדושה. הם יכולים רק להצטרף לקדושתנו. היזמה, כלומר היצירה, היא בידי בני אדם, זאת למרות שפלותם ומרחקם מהקדושה. ואולי היינו צריכים לומר – בגלל שפלותם ומרחקם מן הקדושה.

אם כן, תשאלו, מה תפקידם של המלאכים כאן? למה אנו מדגישים שאנו הולכים לעשות את מה שהם עושים (הגם שבפועל הם יכולים לעשות רק אחרינו)? התשובה נעוצה בפרדוקס הסיבובי של הקדושה שתיארתי לעיל. הקדושה בעולמנו החסר היא גילוי השלם שבתוך החסר. הקדושה שבפי היא אמתית, היא באמת שכינת א־ל. אנו מגלים את המוחלט, את השתקפותו, בתוך העולם היחסי. אין קדושה הבעת הערכים שלנו, אלא ניסיוננו לשקף את הערכים העליונים. אם כן, התוכן של הקדושה שלנו נלמד מאלו שרואים את המוחלט. אנו שואפים למציאות של המלאכים, ולכן אנו מקדשים (באמת) כמו שהם מקדשים, כלומר, כמו שהם מתארים את הקדושה. אם האידאל שלנו אינו קדושת המלאכים, אין ההקדשה שלנו הקדשה של "שמו הגדול" ("שמיה רבא"). הקדושה היא בשאיפות שלנו, בהתגדלות שלנו, אבל רק אם אנו שואפים למה שקיים בצורה פשוטה ומוחלטת בשמי שמים. אם ננתק את הקשר לחזונם המוחלט של המלאכים (נקצץ בנטיעות, בלשון חז"ל), נישאר בערכים הומניים, ערכים אשר לא זו בלבד שאינם שלמים, אלא גם אינם שואפים לשלמות. מצד שני, אם נשאיר את הקדושה למלאכים, נקבל "קדוש" בלי "יתקדש". ואז, שואלת הגמרא, מה יהיה הטעם בקדושת המלאכים, שאינה מוסיפה דבר לקדושתו העצמית של ה'?

לסיכום: התוכן הוא של המלאכים, של העליונים; המעשה הוא רק של בני־האדם, שאינם שלמים אך המתקדמים לשלמות. על פי

רעיון זה נוכל להבין את פסוקי הקדושה, שכולם סובבים בדיאלקטיקה הפרדוקסלית של הקדושה.

ב. טקסט הקדושה

1) קָדוֹשׁ קָדוֹשׁ קָדוֹשׁ ה' צְבָא־וֹת מְלֹא כָל הָאָרֶץ כְּבוֹדוֹ

"קדוש", כמילה בודדת, פירושו "פרוש", כפי שמבאר הרמב"ן בתחילת פרשת קדושים (ויקרא יט, א). לומר על ה' שהוא קדוש משמעותו לומר שהוא פרוש, נבדל ונשגב (טרנסצנדנטלי). קדוש קדוש קדוש, משולש בשלוש קדושות, פירושו שהוא מעל ומעבר לכל מושג ולכל יחס. בעברית מקורית אין דרך להגיד "אין־סוף". שם־העצם מימי הביניים "אין־סוף" הוא שימושי מאוד בשיחה פילוסופית, אך הוא כמובן מטעה, בשל התייחסותו למושג כדבר מוגדר, כמשהו נתפס. אין־סופיות אינה דבר מוגדר אלא מה שהוא תמיד מעבר למוגדר. אפשר להצביע על גבול מסוים ולומר שה' הוא מעבר לו, ומעבר לגבול הבא, ומעבר לכל גבול. הדרך לבטא דבר כזה היא לא על ידי שם־עצם אלא על ידי כיוון. זה בדיוק פירוש השילוש "קדוש קדוש קדוש" – מעל, ומעל, ועוד יותר מעל. הצירוף מצביע על כיוון מתמשך בלי סוף. ה' הוא מעל הכול ודווקא בזה נמצאת קדושתו המוחלטת.

אך – מלוא כל הארץ כבודו. כבוד, כפי שראינו בפרק הקודם, הוא כינוי לנוכחות שכינה בעולם, לאשר משתקף באלו שמכבדים אותו יתברך. ה' הוא לגמרי נשגב ונבדל, אך כבודו מלא עולם ושורה במניין המקדשים מכנסת ישראל.

מנהג ישראל להתעלות על קצות אצבעות הרגליים בזמן אמירת קדוש קדוש קדוש. על פי מדרש תנחומא (פרשת צו), המקור לכך הוא הפסוק: "וּבִשְׁתַּיִם יְעוֹפֵף" (ישעיהו ו, ב). האומר קדושה מחקה את המלאך. אך שימו לב לדרך הספציפית שבה אנו מחקים את המלאכים – אנו מחברים כנפיים לרגלינו. בזמן אמירת הקדושה, ודווקא בזמן אמירת קדוש קדוש קדוש, אנו מנסים להתנתק מן האדמה, ולעוף – להתמתח כלפי שמים. "אמת מארץ תצמח" – כדי לומר קדושה אתה צריך לשאוף לשמים.

2) בָּרוּךְ כְּבוֹד ה' מִמְּקוֹמוֹ

בשבת, החזן מקדים פיוט לאמירת הפסוקים של הקדושה. לפני אמירת "ברוך" נמצאת ההקדמה הזאת:

כבודו מלא עולם,
משרתיו שואלים זה לזה
איה מקום כבודו,
לעומתם ברוך יאמרו.

השאלה הזאת, איה מקום כבודו, מבוססת על הגמרא בחגיגה (יג ע"ב): "ברוך כבוד ה' ממקומו – מכלל דמקומו ליכא דידע ליה". הגמרא מבינה שפירוש "ברוך כבוד ה' ממקומו" הוא שמקום כבודו הוא מקומו, מקום ה', ואין מקום זה שייך לאף אחד אחר. לכן גם המלאכים שואלים, מתוך חוסר ידיעה, איה מקום כבודו, ואינם יודעים להצביע עליו. כבוד ה' הוא ממקומו, ממקומו הפרטי הנעלם ונשגב מעל כול.

אמירה זו היא ההיפוך של הפסוק הקודם. אמרנו שמלוא כל הארץ כבודו, אך איה מקום כבודו? כלומר, מאין זה בא, מהו הבסיס, השורש, המקום של אותו כבוד? הוא מלא עולם, אך מהו מקורו, לאן כבוד ה׳ באמת שייך? התשובה היא – ממקומו, מקום כל כך נשגב ונבדל שגם מלאכי השרת, מלאכי עליון, אינם מכירים אותו. כבוד ה׳ אשר מלא עולם, ונוצר על ידי מעשי בני אדם, שאיפותיהם ומאמציהם, הוא בכל זאת כבוד אלוקים, השתקפות של השלמות המוחלטת. הברכה ("ברוך") היא בתוך העולם הזה, אבל הוא מעולם אחר, עולם אשר שם נשגב ה׳ לבדו, בקדושת קדוש קדוש קדוש. אסור לשכוח, גם לא לרגע, שכבוד ה׳ שאנחנו מגדילים ומקדישים מושרש בהוויה שהיא לגמרי חוץ מאתנו ונשגבת מעלינו. אנו מברכים ואומרים ברוך, ומברכים כבוד ה׳ – אך הוא חייב להיות ממקומו, ממקומו של ה׳ לבדו.

קדושתו הנשגבה של ה׳ ("קדוש קדוש קדוש") משתקפת בכבודו שמלא עולם, ואותו כבוד אימננטי מקורו במקום כל כך נשגב ונבדל, שרק ה׳ לבדו מכירו. בקדושה אדם נדרש להחזיק בשני קצוות המשוואה הזאת, קצוות שרחוקים זה מזה כרחוק שמים וארץ. רק אז אדם יכול בפועל להמליך את הקב"ה על הארץ – המשמעות האולטימטיבית של הקדושה.[1] כדי להחזיק בו־זמנית בשני הקצוות הכמעט סותרים הללו, אנו עושים סיבוב שלם, מלמעלה למטה ובחזרה למעלה, למעבר לכל גבול.

1 זכרו את דברי ר׳ יונה שהבאתי בפרק שעבר: "שאין לך דבר בקדושה יותר מדבר שיש בו עול מלכות שמים".

3) יִמְלֹךְ ה' לְעוֹלָם אֱלֹהַיִךְ צִיּוֹן לְדֹר וָדֹר הַלְלוּיָ־הּ

אין זה תיאור, אלא הכרזה. בהמלכת המלך, העם קורא "יחי המלך" (שמואל א י, כד; מלכים א א, כה; שם א, לט; ועוד). אנו ממליכים בפועל את ה', וזו היא הקדושה, יצירת מרכבה לשכינה בעולם הזה.

להכרזה יש שני חלקים. "ימלוך ה' לעולם" היא אמירה כללית, ה' הוא מלך, ומלך לעולם. החלק השני – "אלוקיך ציון לדור ודור" – הוא אמירה פרטית על עם ישראל. מלכות בציון היא מלכות ה' על עם ישראל, בבירת המלכות, ירושלים. כשעם ישראל מכריז על מלכותו של ה' בציון, יש לזה משמעות פוליטית־דתית מיידית. אין זה רק היגד תיאולוגי, כאן אנו מדברים פוליטיקה, הפוליטיקה היהודית האמתית – ה' הוא מלכנו.

מאחר ולהכרזה זאת יש משמעות מיידית, ואין זה רק תיאור מציאות אלא מעשה אפקטיבי, מיד מתחולל שינוי אמתי בנוכחות מלכות ה' בקרבנו. הצלחנו להגדיל את קדושתו ומלכותו של ה'. התגובה המחויבת לחוויית המציאות החדשה היא קריאה של שבח והתפעלות – הללוי־ה! המילה האחרונה היא תגובה שלנו למציאות שיצרו המילים הקודמות בפסוק, וזה מפני שהמילים הקודמות הצליחו באמת לחולל מציאות חדשה. הומלך מלך בציון, עתה, ברגע זה – הללוי־ה!

הפסוק הזה, בניגוד לשניים הראשונים, אינו ציטוט של חזון נבואי. הוא לא נאמר קודם על ידי המלאכים ונתגלה לנו בנבואה. ואכן, בשתי הקדושות, שלפי הדעה המקובלת בהלכה אינן קדושות אקטיביות שלנו אלא רק ציטוט של קדושת המלאכים (קדושת יוצר

וקדושה דסידרא), פסוק זה נעדר. יש לשים לב שמופיע שם פסוק אחר – "ה' ימלוך לעולם ועד".[2] החלפת "ימלוך ה' לעולם אלוקיך ציון לדור ודור" ב"ה' ימלוך לעולם ועד" היא, לדעתי, הראיה הטובה ביותר לטענה שקדושות אלו אינן קדושת אקטיביות אלא רק תיאורים של מצב הקדושה. לנו, לעם ה', יש יכולת להצהיר "אלוקיך ציון לדור ודור" ובכך להמליך בפועל את הקב"ה. למלאכים אין יכולת להמליך בפועל. המלאכים אומרים, כהודעת עובדה, שה' ימלוך לעולם ועד. אנו בעלי הזכות והחובה להמליך בפועל, ולכך לא ייתכן שיהיה מקור בשמים. לא בשמים היא – המלכות אינה קיימת כלל ללא פעילות שלנו. לכן את הפסוק הזה היינו צריכים לגלות בעצמנו. הוא אינו לקוח מספר נבואה אלא מספר של השראה אישית, מתהילות דוד מלך ישראל.[3]

2 ב"ובא לציון" הוא מופיע מיד לאחר פסוקי הנבואה, ואילו בברכות קריאת שמע הוא מופיע רק לאחר קריאת שמע.

3 בספר דברי חמודות (ברכות פ"ב אות כג) חידש שההיתר לענות לקדושה במקום שאין להפסיק אלא "מפני הכבוד והיראה" מוגבל רק לשני הפסוקים הראשונים, המבוססים על חזון נבואי של קדושת המלאכים. "ימלוך" איננו מבוסס על חזון נבואי, ולכן אין להפסיק במקום שההיתר להפסיק מוגבל. הנחתו היא ש"ימלוך" איננו באמת חלק מהקדושה. כן גם נפסק במשנה ברורה (סי' סו ס"ק יז). מפשטות לשון הראשונים שלא חילקו, אף על פי שברור שסתם לשון "קדושה" מורה על כל שלושת הפסוקים, משתמע שגם הפסוק "ימלוך" כלול בקדושה ומותר לאומרו במקומות שמותר להפסיק "מפני הכבוד ומפני היראה". לפי הסברי את עניין הקדושה, ובמיוחד לאור קביעת רבינו יונה בנוגע למרכזיות של קבלת עול מלכות שמים למושג דבר שבקדושה, נראה לי ש"ימלוך" הוא החלק החשוב ביותר בקדושה, ויש להקפיד על אמירתו אפילו יותר מפסוקי המלאכים.

ג. כתר

ההקדמות לקדושה בימות החול, וכן בשחרית של שבת ובנוסח אשכנז גם במוסף, הן כולן על הדרך שתיארנו לעיל. אנו אומרים קדושה בעולם (הזה), כשם (כלומר, בנוסח ובתוכן) שאומרים אותה המלאכים בשמי מרום. אך במוסף בנוסח ספרד יש הקדמה אחרת, שונה בצורה מהותית מהנוסח הרגיל.

כתר יתנו לך ה' אלוקינו
מלאכים המוני מעלה עִם עמך ישראל קבוצי מטה
יחד כולם קדושה לך ישלשו

יש שני שינויים משמעותיים כאן. הראשון – שאנו מכריזים מראש על כך שמטרת הקדושה היא מלכות, נתינת כתר. הקשר בין קדושה למלכות אינו מפתיע, כפי שאנו יודעים מסיום הקדושה, וכפי שראינו בדבריו של ר' יונה. אך, בדרך כלל, אנו מגלים את המלכות רק אחרי שהדגשנו את המהלך הסיבובי מנשגבות הקדוש למלוא כל הארץ כבודו ובחזרה למקומו, ואילו כאן כבר בהתחלה אנו מייעדים את פעולתנו להיות המלכה, נתינת כתר.

שנית – וזו ממש נקודה מחודשת – היא שכאן אין אנו מחקים את המלאכים אלא מצטרפים. לא "כשם שמקדישים אותו בשמי מרום", אלא "יחד כולם קדושה לך ישלשו". הכתר ניתן לא רק על ידינו, בהתאם למה שפירשתי שרק אנו, ולא המלאכים, יכולים להכתיר ולהמליך, אלא על ידי "מלאכים המוני מעלה עם עמך ישראל קבוצי מטה".

הגמרא בחולין שציטטתי למעלה בנוגע להקדמת קדושת ישראל לקדושת המלאכים, מביאה הבדל נוסף בין שתי הקדושות:

חביבין ישראל לפני הקב"ה יותר ממלאכי השרת,
שישראל אומרים שירה בכל שעה ומלאכי השרת אינם אומרים שירה אלא פעם אחת ביום.
ואמרי לה פעם אחת בשבת (בשבוע),
ואמרי לה פעם אחת בחודש,
ואמרי לה פעם אחת בשנה,
ואמרי לה פעם אחת בשבוע (בשבע שנים),
ואמרי לה פעם אחת ביובל,
ואמרי לה פעם אחת בעולם.

נדמה לי שאין מקום אחר בש"ס שמופיעה רשימה כזאת של "אמרי לה" בזה אחר זה. ניכר שאין כאן מחלוקת אמתית בין דעות שונות של תנאים אנונימיים, אלא תהליך; כביכול בכל פעם שהתנא ניסה לומר שהמלאכים אינם יכולים לומר קדושה אלא לעתים נדירות, עלתה מיד הטענה שהעת חייבת להיות נדירה עוד יותר, עד שהגיעו לפעם אחת בעולם. ברור שהיסוד כאן הוא מה שפירשתי – שאין הקדושה האמתית שייכת למלאכים, אך כנראה שמורה אצל חז"ל המסורת שבכל זאת גם המלאכים יגיעו לומר שירה זו. בסוף התהליך העולמי יתקיים איכשהו איחוד העולמות, האמת תצמח מן הארץ ותגיע עד השמים, תחבר יחד את העולמות במלכות שד־י, ומטרת הבריאה תתגשם. קדושת כתר מדברת על המלכות השלמה, אשר "ביום ההוא יהיה ה' אחד ושמו אחד". זה יכול לקרות רק כאשר, בדרך כלשהי, יתאחה הקרע

בין העולם העליון והתחתון וכל ברואי ה׳ יעשו אגודה אחת להמליכו. סגירת המעגל הזה ואיחודו – יחד כולם קדושה לך ישלשו – הם המלכות השלמה.

יכול להיות ששבת, מעין עולם הבא, היא הזמן שבו אנו טועמים את הפוטנציאל הזה. בתפילת מוסף, תפילה שהיא כנגד קרבן היום של שבת, אנו מרשים לעצמנו לחזות באפשרות שהקדושה שלנו תהיה אפקטיבית כל כך שהיא תביא אותנו להתאחד עם הקדושה השלמה (בתוכנה) של העליונים.

עד כאן בנוסח הקדושה, ועוד לא נגענו בעצם הברכה שממסגרת את הקדושה: הברכה השלישית, ברכת הקדושה.

פרק ח
אתה קדוש

הקדשנו שני פרקים לקדושה: הקדמה כללית לצורך הבנת מושג הקדושה, ודיון באמירת הקדושה בחזרת הש"ץ. עתה הגענו לברכה שבתפילה עצמה – אתה קדוש.

אתה קדוש ושמך קדוש
וקדושים בכל יום יהללוך סלה.

השורה הראשונה, על שני מרכיביה, מתפרשת בנקל על פי היסודות של השיעורים הקודמים. אתה קדוש – ה' מצד עצמו קדוש ומופרש. ושמך קדוש – שמך שבפינו ושכינתך בארץ גם הם קדושים. הקדושה משתקפת בעולמנו הלא שלם אך מתפתח, וגם השתקפות זו היא קדושה.

השורה השנייה דורשת עיון. "וקדושים בכל יום יהללוך סלה". ראשית אנו צריכים לדעת מי הם "הקדושים". יתר על כן, אם נושא

הברכה הוא קדושתו של הא־ל, למה חשובות לנו תהילות הקדושים ומה קשר בין תהילת ה' לקדושתו?

א. קדושה ונס

בספרו, פירוש התפילות והברכות, מסביר ר' יהודה ב"ר יקר[1] שורה זו בעזרת מדרש על קריעת ים סוף.

> קדושים יהללך סלה, ורומז לומר לשון זה ע"ש דאמרינן במכילתא: ר' מאיר אומר, ואם לאדם הראשון שהוא יחיד עשיתי לו יבשה, דכתיב "וַיֹּאמֶר אֱלֹהִים יִקָּווּ הַמַּיִם" (בראשית א, ט) – פי', לפי דכשם שאני יחיד כך היה אדם יחיד – ועדת קדושים איני עושה להם את הים יבשה, בתמיה! – פי' על שם שאני קדוש. ועל כרחין כך הוא הפירוש של מכילתא, שאם היה הטעם בשביל שהם רבים ואדם יחיד, היה לו לומר אם ליחיד עשיתי כך ולרבים איני עושה להם כמו כן, ולמה הזכיר שם עדת קדושים. אלא כך הוא כמו שפירשתי. ולכך אומר המתפלל, וכמו שעשה לנו נסים לפי שנקראים אנו בלשון קדושה כמוהו, כמו כן יש לנו להללו מפני שנקראים אנו בלשון קדושה כמוהו. (פירוש התפילות עמ' מג)

הדברים נראים סתומים. ר"י ב"ר יקר מסביר את פעולת הנס למען ישראל בהיותם נקראים קדושים כמו ה'. קשר זה הוא דו־כיווני, כפי

1 ר' יהודה בן ר' יקר היה רבו של הרמב"ן. הוא חיבר אחד מן הספרים הראשונים שהוקדשו לפירוש התפילה.

שה' הקדוש פועל למען הקדושים כך גם אנו מהללים את הקב"ה מאותה סיבה, היותנו נקראים קדושים כמוהו. ברור שר"י בר יקר מוציא מהמדרש הזה תשובה לשאלתנו הראשונה – הקדושים הם ישראל.[2] אך מה הקשר בין קדושה לנס? ומה הקשר בין קדושה לתפילה? ובמיוחד, מה פירוש ההשוואה, "כשם", שבדבריו – כשם שהקדוש ברוך הוא עושה נסים למען הקדושים, כך הקדושים מהללים את הקדוש ברוך הוא?

ב. קדושה וטבע

בפרקים הקודמים הסברנו שקדושה היא מידה שבמהותה אינה שייכת לעולם הזה. הקדושה היא מידת השלמות, ובהכרח נשגבת מעל העולם. הקדושה מצד עצמה היא מעל ומעבר לעולם הזה, החסר, הלקוי והפגום. הקדושה בעולם היא תוצאה של יכולתו של האדם להתעלות מעל עצמו ולהיכנס לתהליך של שלמות והשתלמות. הקדושה קיימת כשהאדם שואף להיות יותר ממה שהוא, להתעלות מעל מצבו הטבעי. הטבע הוא מערכת של חוקים, שביסוד כולם נמצא חוק השימור – המסובב הוא תוצאת סכום סיבותיו. שום דבר נברא אינו יכול להתעלות על עצמו. אך האדם, צלם אלוקים (כפי שהסברנו בפרק השני), מוגדר בהיותו שואף להיות כאלוקים, לגדול ולהתעלות. זהו יסוד הקדושה – הקדושה שהיא הנשגבות, מצד אחד של האלוקים מעל העולם ומצד שני נשגבות האדם מעל עצמו, מעל טבעו ומעל העולם הטבעי כולו. בקדושה נוצר מסובב שהוא יותר מסכום סיבותיו.

2 ולא המלאכים כפי שפירשו אחרים.

זוהי בדיוק הגדרת הנס. כשיש פריצה בחוק הסיבתיות בעולם, ונוצר משהו בלי סיבות טבעיות, אנו רואים בכך את גילוי כוחו של הא־ל. אם חוק הסיבתיות היה מוחלט, לא היה נס ולא הייתה קדושה. הקדושה היא המקבילה בעולם הערכים לנס בעולם המעשים. לכן, אומר המדרש, לפי פירושו של ר״י ב״ר יקר, יש קשר ישיר בין תוספת קדושה, תוספת בהשראת שכינה בתוך הטבע בגלל מעשי האדם, לבין הופעת הנס, נוכחות כוחו של הא־ל, מעל מגבלות סיבה ומסובב הטבעי.

יש להבין נקודה זאת בשתי רמות. ראשית כול, עצם הקדושה של הקדושים היא מציאות של נוכחות שכינה. קדושת האדם, כלומר קדושה על ידי האדם, היא באמת קדושת השכינה, כפי שהדגשנו בפרקים הקודמים. לכן יש לצפות שביתר נוכחות שכינה גם יתעצם כוח ה׳, כמו שביקש משה אחרי חטא המרגלים – ״וְעַתָּה יִגְדַּל נָא כֹּחַ ה׳ כַּאֲשֶׁר דִּבַּרְתָּ״ (במדבר יד, יז). שנית, כפי שהסברתי, יש הקבלה בין עומק מושג הקדושה האנושית כהתעלות מעל טבעו, לבין הנס כהתגברות אלוקית מעל הטבע. היכן שפועל חוק הקדושה מתבטל חוק הטבע, וממילא יש מציאות של נסים.

ג. קדושה ותהילה

עתה מובן גם החלק השני של המשוואה, כפי שהוא מתבטא בברכתנו. אנו מהללים לקדוש מכיוון שאנו נקראים בלשון קדושה כמוהו. כפי שראינו, ההלל והברכה הם פעולות ההקדשה. הקדושים מהללים את ה׳ בכל יום, כי זהו ביטוי לקדושתם. הם אינם קדושים מצד היותם צדיקים, מיוחדים, פרושים מחבריהם, אלא מצד היותם נושאים את

שם ה' בעולם, מצד היותם "אומרים ברוך". קדושים בכל יום מהללים, ולכן יש קדושה בעולם, ולכן הם קדושים. מכיוון שהוא נקרא בלשון קדושה, והם מכוונים את עצמם אליו, אזי גם הם נקראים בלשון קדושה. אם יפסיקו להללו, אבדה הקדושה.

לכן מסיימים – "ברוך הא־ל הקדוש". זו הגשמה של מה שתיארנו – הקדושים מהללים ואומרים – "ברוך הא־ל הקדוש". נוצר יחס מעגלי – וכפי שראינו בפירוש קדושת חזרת הש"ץ, הקדושה היא תמיד מעגלית – הקדושים משבחים לקדוש, ולכן הם קדושים, ולכן הם משבחים לקדוש. נושא הברכה הוא אכן קדושת הא־ל – אך קדושת הא־ל **בעולם** היא קדושת הא־ל בפי המשבחים, שהם קדושים, כלומר נושאי הקדושה, בגלל שהם משבחים ונושאים את שם ה' בפיהם. קדושת הא־ל האימננטית זהה למציאות של "וקדושים בכל יום יהללוך" ותלויה בה.

ד. נס ותהילה

ר"י ב"ר יקר טען שתהילת הקדושים לקדוש מבוססת על "כשם", על עשיית נס על ידי הקדוש למען הקדושים.

נדמה לי שהוא מתייחס כאן ספציפית לפועל הלל ("יהללוך"). בהלכה קשורה חובת הלל לנס, כפי שמבואר בגמרא בפסחים קיז:

> הלל זה מי אמרו, נביאים שביניהם תקנו להם לישראל שיהו אומרין אותו על כל פרק ופרק ועל כל צרה וצרה שלא תבא עליהם, ולכשנגאלין אומרים אותו על גאולתן.

הלל, בניגוד לשבח, הוא תגובה למשהו יוצא דופן שקרה לנו, שחווינו על בשרנו. בברכת הודאה בסוף השמונה עשרה אנו אומרים, "נודה לך ונספר תהלתך... על נסיך שבכל יום עמנו ועל נפלאותיך שבכל עת". לעומת זאת, עד כה בשלוש הברכות הראשונות מדובר בשבח כללי על נצחיות האלוקים, ללא חוויה עכשווית מיוחדת. שבח לא־ל גיבור ורב להושיע שייך תמיד, אך להלל דרושה חוויה עכשווית של יד ה' ושל כוחו.

יסוד אמירת הלל, לפי ר"י ב"ר יקר, מושרש בעובדה שבקדושה מרגישים את כוחו של הנס. מכיוון שאנו קדושים ומקדישים, מתעלים מעל הטבע של עצמנו ומשכינים את הקדושה בעולם, אנו חווים את כוח הנס, את ההתעלות מעל כוחות הטבע הטמונה בנוכחות השכינה. שני אנשים עומדים זה ליד זה – האחד, קדוש ומקדש, מתגדל ומתקדש, ולכן רואה לפניו את הנס ויכול להלל. השני, לא קדוש, יצור טבעי, כבול לכוחות הטבע ולטבע שלו, ולכן רואה לפניו רק עולם מסודר המנוהל לפי חוקי הבריאה. אין הוא רואה את כוח השכינה – ובצדק, כי לפניו כוח השכינה נעדר. הראשון מהלל, ובתהילתו הוא מקדש עוד יותר, והשני שותק.

על זה נאמר, "ואתה קדוש, יושב תהלות ישראל". הקדושה רוכבת על גבי תהלות ישראל.

ה. מעין חתימה

בנוסח ספרד יש שורה שלישית, אחרי "וקדושים בכל יום". לפני החתימה אומרים "כי א־ל מלך גדול וקדוש אתה".

זוהי "מעין חתימה" קלאסית. ברוב ברכות השמונה עשרה, לפני החתימה, תופיע שורה במטבע "כי אתה בעל התכונה שעליה אני מברך", כדוגמת "כי מוחל וסולח אתה", "כי גואל חזק אתה", ועד "כי אתה שומע תפילה". בנוסח אשכנז השורה הזאת חסרה ונדמה שחסרה "מעין חתימה", מכיוון שבשורה הקודמת – וקדושים בכל יום יהללוך סלה – חסר כל אזכור לקדושת ה׳. חיסרון זה אומר דרשני.

לאור דברינו, התשובה ברורה. האמירה שהקדושים מהללים את ה׳ היא מעין חתימה, ואין לך מעין חתימה גדול ממנה. "וקדושים בכל יום יהללוך סלה" אינו מדבר בקדושת ישראל אלא בקדושת ה׳, באותה קדושה שיוצרים הקדושים המהללים. נושא הברכה אינו הקדושה העצמית הנשגבת של ה׳, אלא הקדושה השואפת לשלמות, ה"נעריצך ונקדישך", או, ליתר דיוק, האחדות של שתי הקדושות. לכן אין צורך ב"מעין חתימה" מפורש יותר.[3]

ו. לדור ודור

קיים נוסח נוסף לברכה. בנוסח אשכנז הוא נאמר כל יום בחזרת הש"ץ, ובנוסח ספרד רק בחזרת הש"ץ של מוסף בשבת.

3 שאלת השורה הנוספת נידונה כבר בראשונים ואינה קשורה במקור לספרד או לאשכנז. האבודרהם, החכם הספרדי, גורס אותה, אך מזכיר שהעם אינו אומר אותה. גם ר"י ב"ר יקר מביא את השורה הנוספת כנוסח צרפת. מאידך גיסא, בטור ובזהר חדש (פרשת תרומה) כתוב שבברכת אתה קדוש יש י"ד תיבות כמניין הברכה בלי התוספת.

לדור ודור נגיד גדלך
ולנצח נצחים קדושתך נקדיש
ושבחך אלוקינו מפינו לא ימוש לעולם ועד
כי א־ל מלך גדול וקדוש אתה.

למרות השינויים הרבים לאורך כל הנוסח, הנושא דומה ומתאים למה שפירשנו. מרכזיות תפקיד המתפלל כבסיס למושג הקדושה אפילו מודגשת יותר. רעיון אחד מהווה חידוש והוא חוזר לאורך כל הברכה. שלוש פעמים חוזרת הברכה ומדגישה את **נצחיות** השבח – "לדור ודור", "ולנצח נצחים", ו"לעולם ועד". נדמה שרעיון זה הוא מרכז הברכה בנוסח זה, וההחזרה עליו והעמדת ביטוי הנצח בראש כל משפט מדגישה אותו עוד יותר.

אם נבין את הרעיון שהצגתי קודם בצורה אקסקלוסיבית, כלומר הבסיס **היחידי** לקדושה ונוכחות שכינה בעולם הוא מעשה ההקדשה של בני האדם, אזי ההדגשה על התמידיות הנצחית של ההקדשה מובנת וחיונית. כזכור, אין הברכה מתרכזת בנושא התהילה או בחובת האדם לשבח, אלא בקדושה, בגאולת העולם מטבע החול. קדושה זו תלויה בשבח. אך אם אין לעולם קדושה, אם הוא איננו משקף את קדושת ה׳, אם אין מקום בעולם לשכינה, איך יוכל העולם להתקיים? הרי אין עוד מלבדו, ואין דבר יכול להתקיים מחוץ לשכינתו. אם כך, לא רק קדושת העולם תלויה במעשי האדם, אלא גם עצם קיומו. לכן אנו מצהירים ומבטיחים (ולא מתארים, כמו בנוסח הרגיל) שנתמיד לעולמי עד במעשה השבח וההקדשה. אם היה מדובר בחובה לשבח, ייתכן שאפשר היה לצאת ידי חובה פעם ביום, או פעם בשבת (או פעם בחודש, שנה, שבוע, יובל – כדברי הגמרא בנוגע לשירת המלאכים).

הלא יש לאדם גם חובות אחרות. אך אם מדובר על הבסיס היחיד לקדושה בעולם, אזי גם לשנייה אחת אי אפשר לתאר עולם אשר אין בו שבח וקדושה לא־ל. אנחנו לא מגיבים למלכות ה׳, אנו מקיימים אותה. האחריות לשכינת ה׳ רובצת על שכמנו, ולכן מפינו לא ימוש לעולם ועד.

יש פרדוקס עדין במצב הזה. אחרי הקדושה, מידת הנשגבות האלוקית, כלום יש מידה שפחות מתאים ליחסה לאדם מההתמדה?! כפי שאמר אחד מהמשוררים, "ההתמדה שוכנת במדורי עליון". נצח – איך יכול אדם להתיימר לשבח לנצח? התשובה נמצאת ביחס בין שתי המידות. אם קדושה שייכת לאדם, גם הנצח שייך לו, כי הקדושה אינה יכולה להתפשר על פחות. אם אין אנו שואפים לבסס ולקיים מלכות נצח, אין אנו שואפים לנשגב, וממילא אין קדושה כלל. או שאתה משקף את קדושת ה׳, נשגב ונבדל, מלך לנצח נצחים, או שאתה משקף רק את עצמך, בלי גידול, בלי התעלות, בלי שאיפה ובלי קדושה. לכן לדור ודור!

ז. המלך הקדוש

בעשרת ימי תשובה ה׳ יושב על כסא מלכותו. כדי לבטא את הקשר המיוחד בין ימים אלו למלכות ה׳ אנו משנים את חתימת שתי ברכות בתפילת עמידה. ברכה אחת היא ברכת המשפט – מלך אוהב צדקה ומשפט נהפך למלך המשפט – שינוי זה מובן. עשרת ימי תשובה הם ימי דין ומשפט. בימים אלו מלכותו של ה׳ מתגלה במשפטו.

הברכה השנייה היא ברכת הקדושה, הא־ל הקדוש נהפך למלך הקדוש. כאן הדבר מעורר תמיהה – במה שונה ברכת קדושה מכל

הברכות האחרות שבשמונה עשרה? מה גורם לברכת הקדושה להשתנות בימי המלכות? מה הקשר בין קדושה ומלכות?

התשובה ברורה. משמעות המלכות בראש השנה היא המלכה שלנו את ה׳ וקבלת מלכותו עלינו. השופר מכריז על מלכות ה׳, ואנו נותנים לו יתברך כתר מלוכה. על פי הגדרתנו את הקדושה, זהו בדיוק מעשה הקדושה: האדם יוצר את מלכותו ונוכחותו של ה׳ בעולם. ה׳ כמלך בתוך העולם הוא המלך הקדוש. קדושה ומלכות הם שני צדדים של אותו מטבע.

פרק ט
דעת

הברכות האמצעיות הן ברכות הבקשה. כל ברכה מגדירה צורך אנושי. על פי נוסח התפילה של חז"ל הצורך הראשון הוא הדעת. אפשר להסביר את קדימות הדעת מצד סדר הגיוני של בקשות, כמאמר הירושלמי, "אם אין בינה, אין תפילה" (ברכות ה, ב). אך נראה יותר לראות בהצבת הדעת כבקשה ראשונה ביטוי לחשיבות של הדעת בין צורכי האדם, כצורך הראשון שלו במעלה, וכמאמר הגמרא (נדרים מא ע"א) "במערבא אמרי, דדא ביה כולא ביה, דלא דא ביה מה ביה".

א. חנינה

הברכה פותחת בקביעה, שבח, "אתה חונן לאדם דעת". השורש חנ"ן חוזר גם בבקשה עצמה, "חננו מאתך דעה בינה והשכל", וגם בחתימה, "חונן הדעת". ברור שלדעת חז"ל, זהו הפועל שמתאים לדעת. לשון הברכות לקוחה מלשון המקרא. חנינה, ובפרט חנינה מאת ה', היא פועל

נפוץ בתנ"ך. אך דא עקא, החנינה אינה מופיעה בהקשר של דעת אפילו פעם אחת בכל התנ"ך.

הראשונים (ר"י ב"ר יקר והאבודרהם) מצאו מקור לשורה הראשונה בברכתנו בפסוק "הַמְלַמֵּד אָדָם דָּעַת" (תהילים צד, י). אין ספק שזה אכן המקור; הפסוק דומה לברכה, כולל השימוש בלשון "אדם" (שאינו מובן מאליו בתפילת ישראל). מקור זה מדגיש את ההחלטה המכוונת של חז"ל לשנות את הפועל מ"מלמד" ל"חונן".[1] החלפת הפועל מפסוק המקור הייתה אומרת דרשני בכל מקרה, אך החלפה לפועל שאין לו קשר לדעת בשום מקום במקרא ודאי תמוהה. מה ראו חז"ל בהחלפה זאת? ונרחיב את השאלה – מהי בעצם משמעות הפועל "חונן"?

בדרך כלל, הפועל חונן מופיע בתנ"ך ללא מושא בכלל, ולא רק ללא המושא "דעת". דוגמה אופיינית מופיעה בברכת כוהנים – "יָאֵר ה' פָּנָיו אֵלֶיךָ וִיחֻנֶּךָּ" (במדבר ו, כה), ורוב רובן של ההופעות האחרות של הפועל דומות.[2] מדוע חיברו חז"ל בין פועל כללי למושא ספציפי במטבע "חונן הדעת"?

התשובה, לדעתי, עולה מתוך מטבע אחר בברכה זו, אשר גם הוא ייחודי ואינו נמצא בשום ברכה אחרת. בקשת הדעת מאת ה' מנוסחת כך: "חננו **מאתך** דעה בינה והשכל". באיזה מובן הדעה היא "מאתך", מתוך ה' בעצמו? לא מצאנו שאנו מבקשים רפואה מאתו, או פרנסה מאתו, ואפילו לא סליחה מאתו. רק הדעת, הבינה והשכל הם "מאתו", מתוך עצמו.

1 נשים לב ש"מלמד" מופיע בשורה השנייה: "ומלמד לאנוש בינה".

2 כגון: "אֱלֹהִים יָחְנְךָ בְּנִי" (בראשית מג, כט), "חָנֵּנִי וּשְׁמַע תְּפִלָּתִי" (תהילים ד, ב) ועוד הרבה.

הברכה קובעת שדעת שונה מכל דבר אחר אשר אנו מבקשים מה׳. ה׳ בורא את הבריאות והפרנסה, הישועה והגאולה, כדי לתת אותן לנו, או עושה אותן כדי לעזור לנו. אלה דברים ברואים, חשובים לקיום האדם. הדעת אינה נבראת, אלא משותפת. ה׳ משתף אותנו בדעת, כלומר בדעתו. הדעת היא תכונה אלוקית, מידה וערך עליון. במילות התפילה, הדעת היא מ״אתך״, מתוך עצמו יתברך.

לדעתי, זה ההסבר לשימוש בפועל חנינה בבקשת הדעת. מה משמעות הפועל בברכת כוהנים, ״יאר ה׳ פניו אליך ויחנך״? נדמה שכמו שב״יאר״ המטרה אינה רווח כלשהו אלא מצב הארת הפנים, הקשר הישיר המבורך עם הקב״ה; כך גם ב״ויחנך״, החנינה מאת ה׳ היא ההקרנה מאור פניו, פתיחת עצמו אלינו. היא איננה מציינת נתינה כלשהי, אלא **יחס**, יחס של אהבה וקִרבה. יש כמובן תוצאה לחנינה זאת, שמשתקפת בחיינו. במה? ברכתנו עונה – אם יש חנינה היא משתקפת בדעת בינה והשכל.

במדרש רבה על ברכת כוהנים (במדבר רבה יא, ו) נשאלת השאלה, חנונים במה? זאת אינה שאלה בנוגע לה׳ – מה ה׳ חונן, כי לחנינה אין מושא. ״חונן״ איננו שם נרדף ל״נותן״. אבל המדרש שואל על מי שמקבל את החנינה, חנון במה, במה זה מתבטא. ואומר המדרש:

> מנין שהם חנונים אף בדעה ובינה?
> דכתיב ויחנך, כמה דמצלינן
> אתה חונן לאדם דעת ומלמד לאנוש בינה.

המדרש שואל מנַיִן שהם חנונים בדעת, ועונה: מהפסוק ״ויחנך״. ברור שמי שלא ידע מראש שבחנינה יש דעת, לא ימצא בפסוק רמז לדעת.

נדמה לי שזו בדיוק הכוונה – כתוב ויחנך, בלי כל מושא נוסף, ואם כן החנינה היא עצם הארת הפנים, להיות מואר באור ה׳. לחז״ל ברור שאור ה׳ הוא הדעת, הבינה וההשכל.

כדי לתמוך במסקנתו, המדרש מביא ראיה מן התפילה. קשה למצוא מקרה כזה, שראיה לפירוש מקראי מובאת מהתפילה. הסיבה היא שדעת אין פירושה הפועל חונן. פירוש חונן אינו כולל מושא. מדובר בתוצאות האנושיות של החנינה, להיות שותף במציאות האלוקית עצמה, להיות מואר על ידה, ולחוות את ברכתה. התשובה אינה נמצאת בבדיקה לשונית של לשונות המקרא אלא בחיינו, בחוויה האנושית. לזה התפילה, כחוויה רוחנית של עם ישראל, מהווה מקור. אנו מתפללים ״אתה חונן לאדם – דעת״.

לכן החנינה היא ״מאתך״, מתוך עצמך. אין אנו מבקשים משהו במתנה, אין אנו מבקשים חפץ יקר, אלא שהקב״ה ישתף אותנו בחוויה שלו עצמו, בערך אלוקי ממש, הדעת. מעבר לתוצאה שתהיה לחנינה – שנהיה בעלי דעת – אנו מבקשים את החוויה שממנה הדעת באה – והיא שורש כל החוויה הדתית, הדבקות. דעת היא צורך האדם, גם ברמה היום־יומית הפשוטה, אך מעבר לה וביסודה קיימת החוויה הדתית האולטימטיבית, הדבקות באלוקים עצמו. כתוצאה מהדבקות, מהחנינה ״מאתך״, באה הדעת.

ביסוד רעיון זה עומדת אמונה יהודית שורשית שהחכמה האנושית האמתית היא החכמה האלוקית. לפעמים נשמעת דעה ששכל האדם הוא מכובד אבל אנושי, שימושי אבל לא אמתי. האדם כחלק מן העולם הטבעי אינו שותף לאמת העל־טבעית, ואינו יכול להשיג את הנשגב. היהדות דוחה ״צניעות אינטלקטואלית״ כזאת. היא מלמדת שהאדם

יכול להיות שותף לחכמה האלוקית, ושאין חכמה אחרת. הרמב"ם, כידוע, מזהה את "צלם אלוקים" עם השכל.[3] שכל האדם אינו יצירה של האלוקים, כמו שאר מרכיבי שמים וארץ, אלא צלם אלוקים, ובהפעלתו האדם משתתף בדעת עליון.

גם הרמב"ן, שחלוק על הרמב"ם בהערכת מקום השכל בחייו הדתיים של האדם, מסכים שחכמה היא השתתפות בחכמת הא־ל. הגמרא אומרת:

> מיום שחרב בית המקדש ניטלה נבואה מן הנביאים וניתנה לחכמים. אטו חכם לאו נביא הוא? הכי קאמר, אע"פ שניטלה מן הנביאים, מן החכמים לא ניטלה. (בבא בתרא יב ע"א)

הקושי ברור – אם החכמים הם נביאים, מה פירוש האמירה שניטלה נבואה מן הנביאים? רש"י מסביר שהנבואה ניטלה מן הנביאים שאינם חכמים ונשארה רק אצל נביאים שהם גם חכמים. הרמב"ן מקשה, וכי יש דבר כזה, נביא שאינו חכם? הלא "אין השכינה שורה אלא על מי שהוא חכם, גיבור ועשיר". תירוץ הרמב"ן הוא שיש שני סוגי נבואות:

> אף על פי שניטלה נבואת הנביאים שהיא המראה והחזון, נבואת החכמים שהיא בדרך החכמה לא נטלה אלא יודעים האמת ברוח הקודש שבקרבם. (רמב"ן בבא בתרא יב ע"א ד"ה הא)

3 בפרקים הקודמים הצגתי פירוש אחר לצלם אלוקים, אך אין זה גורע מהרעיון הנוכחי.

החכמה היא עצמה סוג של נבואה, פעולת רוח הקודש אשר בתוך החכם, והיא לא ניטלה גם אחרי החורבן. החכמה אינה חיבור תאי עצב במוח, אלא השראת רוח הקודש, שכינת ה׳, על האדם. זוהי חנינה מאתו, הארת פניו.

ביטוי תמציתי לרעיון זה, שהחכמה היא לא רק מה׳, אלא מתוך ה׳, ושזאת כוונת ברכתנו, נמצא במדרש:

> ראו עליונים שמסר הקב״ה שם המפורש למשה וענו, ברוך אתה ה׳ חונן הדעת. (פרקי דרבי אליעזר מז)

מסירת שם המפורש היא מסירת משהו מעצמותו של הקב״ה, כי השם, ובמיוחד השם המפורש, מסמל את עצמות המיוחס. דווקא מסירת שם המפורש הולידה אצל המלאכים ברכת חונן הדעת. הרעיון שבני אנוש יוכלו להשיג את החכמה האלוקית עצמה ושהיא תפעל בתוכם מהווה חידוש בשביל המלאכים.

ב. סדר שורות הברכה

ברכה זו מסודרת הפוך מכל הבקשות האחרות בשמונה עשרה.

שאר הברכות פותחות בבקשה, ומסיימות במשפט שבח. משפט השבח מתפקד כ״מעין חתימה סמוך לחתימה״, והוא בדרך כלל במבנה ״כי אתה בעל הדבר שאני מבקש״.[4] בברכת הדעת הסדר הפוך – קודם

4 לפעמים ה״מעין חתימה״ מובלע בתוך הבקשה עצמה, כמו ב״החזירנו בתשובה שלמה לפניך״.

השבח, (כי) "אתה חונן לאדם דעת", ורק בסוף הבקשה, חננו מאתך דעה. הדבר אומר דרשני.

אפשר לטעון שאין זה אלא ייפוי סגנוני, הנובע ממיקום הברכה – ראשונה בסדר הבקשות. ברכת דעת היא פתיחה לברכות האמצעיות, ומתאים יותר לפתוח בשבח, ורק אחר כך להגיע לבקשה האנוכית. ייתכן מאוד שזה נכון. אך לאור דברינו נראה לי שיש הסבר נוסף. בכל בקשה אחרת אנו מבקשים שה' יספק את מחסורנו. אין ספק שאם ה' רק ייתן, אנו נוכל לקבל. אם ה' בוחר לתת לנו בריאות, כמובן נהיה בריאים. אם הוא יקבץ אותנו מארבע כנפות הארץ, אז ללא ספק עומדות יהיו רגלינו בשערי ירושלים. אך בנוגע לדעת אין זה כה פשוט, בדיוק משום שהדעת אינה מתנה נבראת, אלא היא היא החכמה האלוקית בעצמה. הרעיון שנוכל לקלוט דעת עליון הוא מבהיל. יש בזה ודאי יוהרה ויומרה, ואולי אפילו חוסר היגיון. היכול אדם, מוגבל וחלש, להשתתף בחכמה האלוקית האין־סופית, הנשגבת? "כִּי גָבְהוּ שָׁמַיִם מֵאָרֶץ, כֵּן גָּבְהוּ דְרָכַי מִדַּרְכֵיכֶם וּמַחְשְׁבֹתַי מִמַּחְשְׁבֹתֵיכֶם" (ישעיהו נה, ט)! לכן, לפני שנוכל לבקש דבר כזה, אנו חייבים קודם כול להכריז – ולהשתכנע – שאכן דבר זה ייתכן וראוי, כי ידוע לנו ש"אתה חונן לאדם דעת ומלמד לאנוש בינה". במקרה הזה, אין השבח הסיבה לפנייה לה' לסיפוק הצורך (כפי שהשבח מתפקד בשאר הבקשות), אלא הוא ההצדקה לעצם האפשרות שצורך זה יכול להתמלא. ללא אמירה זאת, הבקשה היא אבסורדית!

השאלה הזאת – הפיכת הסדר של השבח והבקשה בברכת הדעת – מופיעה גם בהערה מעניינת של הב"ח על הטור. הטור (סי' קטו) מביא את קושיית הגמרא (מגילה יז ע"ב) "מה ראו לומר בינה אחר קדושה"? ומקשה הב"ח, הלא הבקשות באות אחרי שלוש ברכות

השבח, ולכן ברור שבינה, כבקשה הראשונה, תבוא אחר קדושה, שהיא ברכת השבח האחרונה. כמו כן לא ייתכן שהשאלה היא מדוע באה בינה בראש הבקשות, כי לכך יש תשובה אחרת ("אם אין בינה אין תפילה"). הב"ח עונה ששאלת הגמרא מתייחסת לפתיחת ברכת בינה, שאינה בקשה כשאר הברכות האמצעיות, אלא שבח: "אתה חונן לאדם דעת" – כדוגמת הפתיחה של הברכה הקודמת – "אתה קדוש ושמך קדוש". הב"ח טוען שהסיבה לקביעת הסדר היא הרצון לקשור את ברכת דעת לברכה הקודמת. "וטעמו לומר כיון דאתה קדוש ושמך קדוש בכלל זה שאתה חונן לאדם דעת, דזה נמשך מזה, ולכן אשאל חננו מאתך דעה וכו'". כלומר שאלת הגמרא היא: מה המקור לכך שהבינה נמשכת מהקדושה.

הסבר הב"ח לסגנון ברכת דעת ולשרשורה עם ברכת הקדושה מובן לאור הסברנו לגבי חנינת הדעת, והסברנו בפרקים הקודמים למושג הקדושה. הקדושה שעליה מבוססת הברכה השלישית היא השתקפות הנשגבות האלוקית במעשי בני אדם; היא נוכחות שכינה שעולה מתוך הפעילות החופשית של הנברא בצלם. ברור אם כן שקדושה מביאה לידי דעת, כי הדעת היא החכמה האלוקית עצמה.

עתה מובן שהדעת והבינה "נמשכים" מתוך הקדושה. אם הקדושה פועמת בנו, אם השכינה שורה עלינו, לא כמשהו חיצוני, אלא כהשתקפות השלמות בתוך מעשי ההשתלמות; אזי הביטוי הראשון לכך ראוי להיות הבינה, ההארה השכלית של האדם. אם אין אלוקים **בתוך** העולם, אזי אין בינה והאדם אינו יכול לתפוס את החכמה האלוקית. אם האדם עצמו הוא מרכבה לשכינה, אם הוא עצמו קדוש ("וקדושים בכל יום יהללוך סלה"), אזי הוא יכול להשתתף בחכמה האלוקית ולהיות מחונן בדעה בינה והשכל.

תשובת הגמרא במגילה לשאלה זאת משתיתה את הקשר בין דעת לקדושה על הסמיכות בין הפסוק "וְהִקְדִּישׁוּ אֶת קְדוֹשׁ יַעֲקֹב וְאֶת אֱלֹהֵי יִשְׂרָאֵל יַעֲרִיצוּ" (ישעיהו כט, כג) לפסוק "וְיָדְעוּ תֹעֵי רוּחַ בִּינָה" (שם, פסוק כד). אין כאן רק קשר בין קדושה ובינה, אלא קשר בין פעולת **ההקדשה** לבין בינת תועי רוח. נשים לב שאין מדובר כאן רק בהקדשת ה', אלא גם בהקדשת "קדוש **יעקב**", ו"אלוקי **ישראל**". הפיכת עצמנו לנושאי קדושת ה', שהוא נקרא קדוש יעקב, היא המלמדת לאנוש בינה.

ג. דעה, בינה והשכל

ברוב ספרי פירושי התפילה, הדגש בפרשנות לברכה זו מוטל על הסבר השמות של החכמה ועל ההבדלים ביניהם. ממילא יובהר ההבדל בין ה"דעה בינה והשכל" בנוסח אשכנז ל"חכמה בינה ודעת" בנוסח ספרד. בנוסח הרמב"ם אין השמטה לא של השכל ולא של חכמה – הנוסח הוא חננו מאתך דעה בינה חכמה והשכל. קיים ניסוח מפותח יותר, שלא מצאתי באף סידור, אך מופיע בספרי לברכת כוהנים – "ויחונך – בדעת, חכמה, השכל, מוסר, ובינה". המקום להתחיל בהבנת ההוראה הפרטית של כל אחד מן הביטויים הללו הוא במשנה בפרקי אבות פ"ג מי"ז.[5] יש, כמובן, גם משמעות מיוחדת בתורת הסוד לשמות אלו, המתייחסים לספירות שונות. את העבודה הזאת אני משאיר לאחרים. לצורכנו, נדמה שנוכל להתרכז בלשון "דעת", שנתייחדה בחתימה לבדה – חונן הדעת. בעברית מודרנית אנו חושבים על דעת כידע, כאינפורמציה. אך נדמה שהפירוש הנכון איננו מתייחס לידיעת עובדות, אלא לתפיסה והבנה

5 ובמיוחד עיינו בפירוש הרמב"ם שם.

של מהות הדבר. כך, לדוגמה, פירוש הביטוי הנפוץ בחז״ל ״יודע את קונו״, הוא מי שמכיר את הבורא. אין הכוונה למי שיש לו ידיעות רחבות בביוגרפיה של האלוקים, אלא שיש לו הכרה עמוקה במציאות ה׳ ונוכחותו. השימוש המפורסם ביותר למשמעות הזאת ב״דעת״ הוא לא אינטלקטואלי כלל – ״והאדם ידע את חוה אשתו״. דווקא במובן זה של דעת, נדמה שיש להדגיש שהדעת היא ״מאתו״, מאת ה׳ עצמו. אנו רוצים להתעלות על ראייה שטחית של דברים ולהגיע להבנת מהותם, לראותם כפי שה׳ רואה אותם. הדעת האמתית מחייבת את נקודת מבטו של האלוקים. בקשת הדעת היא בקשה שה׳ עצמו יהיה חלק משכלנו, שיחונן אותנו מעצמו.

עתה, אחרי שביקשנו להיות דבקים במקום, אנו חייבים לטפל מיד בבעיה החריפה המנוגדת למציאות כזאת – החטא.

פרק י

תשובה

הברכה החמישית בתפילת העמידה היא ברכת התשובה.

בקשת תשובה מעוררת מיד בעיה. מה בדיוק אנו מבקשים? ברור שתשובה היא דבר שאנו חייבים לעשות בעצמנו, שאם לא כן אין לה משמעות. אם ה׳ מבצע את התשובה בשבילנו, אם הוא ״מחזיר אותנו בתשובה שלמה לפניו״, אין זו תשובה שלנו. אם כן, מה בדיוק אנו מבקשים ממנו בברכה הזאת?

נדמה שנוסח הברכה, לפחות בחתימה, רגיש לשאלה הזאת. כל בקשה אחרת בתפילת העמידה נחתמת בחתימה קבועה – ״ברוך העושה את מה שביקשנו״. אם ביקשתי רפואה, החתימה היא ״רופא חולי עמו ישראל״. אם התפללתי לבניין ירושלים, החתימה היא ״ברוך בונה ירושלים״. בברכת התשובה יש חתימה ייחודית – ״ברוך **הרוצה** בתשובה״. החתימה אינה קובעת מה עושה הא־ל, אלא רק את יחסו כלפי נושא הברכה. לפי המטבע הקבוע, החתימה הייתה צריכה להיות ״ברוך המחזיר בתשובה״, כמו מעין החתימה; אך חז״ל כנראה הרגישו

שזה בלתי אפשרי ובלתי מתאים. אי אפשר לבקש מה' שיבצע את התשובה בעבורנו. אלא שזה רק מחדד עוד יותר את השאלה. מה באמת אנו מבקשים מה' בברכה הזאת? ועתה שראינו את המטבע המיוחד של החתימה, מה הקשר בין בקשתנו לרצון ה'?

אני רוצה להציע ארבע תשובות לשאלה הזאת. אין התשובות סותרות זו את זו; אדרבה, הן משלימות זו את זו. לצורך הבנת הברכה ננתח את מושג התשובה, ונציג את התשובה כמורכבת מארבע שכבות. ברור שלא נצליח בזה למצות את הנושא החשוב הזה, שעליו נתחברו ספרים הרבה. אני מקווה שנצליח לכל הפחות להבהיר את קצה המושג החשוב להבנת הברכה בתפילת העמידה.

א. איחוי הקרע

יש להניח שכשאדם חוזר בתשובה הוא מצפה לסליחה ומחילה. אך ברור שאלו אינן המטרות של ברכה זו, מהסיבה הפשוטה שהן מטרות הברכה הבאה. לסליחה הוקדשה ברכה נפרדת. אז מה בדיוק אנו רוצים בברכה הנוכחית?

תשובה איננה רק תהליך פנימי של חרטה ושל תיקון מידות. החטא גורם לקלקול אובייקטיבי ביחסים בינינו לבין הבורא. זה נכון ברמה המטפיזית, כי החטא פוגם בצלם אלוקים שבו נברא האדם, אך במידה רבה יותר זה נכון ברמה החברתית. בין האדם לקב"ה יש מערכת יחסים אישית, ומערכת זו נפגעת כשאדם חוטא – "כִּי אִם עֲוֹנֹתֵיכֶם הָיוּ מַבְדִּלִים בֵּינֵכֶם לְבֵין אֱלֹהֵיכֶם, וְחַטֹּאותֵיכֶם הִסְתִּירוּ פָנִים מִכֶּם מִשְּׁמוֹעַ" (ישעיהו נט, ב). החוטא הוא, בלשון הרמב"ם, "מובדל מה' אלוקי ישראל... צועק ואינו נענה... עושה מצוות וטורפין אותן

בפניו" (הל' תשובה פ"ז ה"ז). יתר על כן, הוא "שנוי לפני המקום, משוקץ ומרוחק ותועבה" (שם ה"ו). אם כן, תפקיד התשובה אינו רק לשנות את אופי האדם כלפי עצמו, אלא גם לתקן את היחסים בינו לבין הקב"ה ולאחות את הקרע ביניהם. בלשון הרמב"ם, לאחר התשובה, הוא "אהוב ונחמד קרוב וידיד" (שם ה"ו), הוא "מודבק בשכינה... צועק ונענה מיד... עושה מצוות ומקבלין אותן בנחת ושמחה" (שם ה"ז). בבקשת התפילה איננו מבקשים עזרה בתהליך הפסיכולוגי הפנימי, אלא שה' יקרב אותנו, על ידי התשובה, בחזרה אליו.

השיבנו אבינו **לתורתך**
וקרבנו מלכנו **לעבודתך**

אין הניסוח דרך מליצית לומר השיבנו לדרך שמירת המצוות, אלא הכוונה להשיבנו ממש לתורה שלך, קרבנו, הבא אותנו קרוב, לעבודה שלך. במילים אחרות, קבל אותנו בחזרה לשירותך ולהימנות בין עבדיך הנאמנים. בלשון הרמב"ם, ובשימוש באותו פועל של הברכה, "התשובה **מקרבת** את הרחוקים" (שם, ה"ו).

נדמה שזה מסביר מדוע בברכה הזאת (ובברכת הסליחה), בניגוד לכל שאר ברכות העמידה, ה' מכונה בכינוי "אבינו". שאר הבקשות מופנות לא־ל בעל הכוח, למלך בעל עצמה, שיכול לפעול ולעשות דברים גדולים. אך כאן אין אני צריך לכוח ואין אני פונה למלך. אני פונה לאב ומבקש שייקח אותי בחזרה. כאשר פונים בהמשך הברכה לה' בכינוי "מלך", הכוונה אינה למלך אשר יצווה על פעולה מסוימת, אלא למלך שייקח את האדם בחזרה לעבודתו.

מאחר שהיחסים הם אישיים, אין ההחלטה שלי לחזור בתשובה מתקנת את היחסים בצורה אוטומטית. היחסים תלויים בשני הצדדים. בעצם, הם תלויים בעיקר בצד של הקב"ה, כי היחסים הם יחסי קדושה המבוססים על היות האדם צלם אלוקים, מרכבה לשכינה ובסיס לקדושה. אנו מבקשים להתקבל לעדת הקדושים,[1] ושהפגמים בנשמותינו יתוקנו בנוכחות שכינה.

ממילא אין אנו פונים לאלוקים שעושה משהו, אלא לאלוקים שרוצה בתשובה. יסוד הקבלה לעבודתו איננו בכוח האלוקי אלא ברצון האלוקי. אם הוא רוצה, אתקבל בחזרה, ואין צורך בעשייה נוספת. מאחר שהבקשה כאן היא לקבלת תשובתנו, אנו חותמים "הרוצה בתשובה", שזהו בדיוק המקור לקיום משאלותינו. ה' רוצה בתשובתנו, כלומר, הוא רוצה **בנו** בדרך תשובתנו, והוא מתרצה בנו ומתרצה בתשובה. כיוון שכך, אנו יכולים להתפלל שכך אכן יקרה, ואת עצם פעולת התשובה אנו מבצעים מתוך בחירה חופשית.

ב. עולם המעשה ועולם הרצון

קיימת רמה שנייה שבה הרצון האלוקי הוא הכרחי ליכולתנו לחזור בתשובה. ב"פחד יצחק" ליום הכיפורים מסביר הרב יצחק הוטנר זצ"ל את התשובה על בסיס העיקרון ש"עקירת הרצון היא עקירת המעשה". היהדות גורסת שהתשובה גורמת ליותר משינוי החוטא מכאן ולהבא. התשובה עוקרת את העובדתיות ההיסטורית של החטא ומבטלת את מציאותו. הסיבה שהיהדות מעניקה לתשובה את היכולת הזאת נעוצה

1 המוזכרת במדרש שהובא בפרק על ברכת הקדושה.

בהבנה שהחטא אינו רק מעשה היסטורי, אלא גם פגם וקלקול בנשמה, מין ארס שמפעפע בתוך נבכי נפש החוטא ופוגם ומקלקל אותה. התשובה עוקרת מהנפש את החטא ואת השפעותיו ההרסניות והופכת אותו ללא־עובדה; היא מבטלת את המציאות של החטא. עתה ברור שלפי חוקי הטבע הדבר הזה הוא בלתי אפשרי. בעולם המעשה העבר אינו ניתן לשינוי, מה שהיה היה. הפעולה של התשובה מבוססת על נס, נס שמתנגד לזרימת הזמן בעולם הטבע. מה שבכוחו של האדם לעשות הוא לשנות את הרצון שלו. הוא יכול לעקור את רצון החטא. בתשובה יש פעולה אלוקית המקבילה את עולם המעשה לעולם הרצון, כך שעקירת הרצון על ידינו משתקפת מיד בעקירת המעשה. בעולם הרצון, מציאות החטא תלויה ברצון, כאילו החטא יונק את חיותו מן הרצון. בהתייבש הרצון, החטא נחנק ומת, הוא מתנוון ומתבטל. החטא ההיסטורי של אתמול נעלם בעולם הרצון. עד כאן ההסבר של ה״פחד יצחק״.

מהו עולם זה שהרב הוטנר זצ״ל מכנה ״עולם הרצון״, עולם אשר בו אין הבדל בין המציאות בפועל והרצון של היחיד? זהו כמובן עולם הבריאה של הקב״ה, הוא שאמר והיה העולם. במעשה בראשית, רצון ה׳ הוא המציאות. אצל הבורא אין פער בין רצון ומציאות. כדי שעקירת הרצון תהיה שווה לעקירת המעשה, אנו צריכים להיות כבורא, לא כנברא. אם כן, למי נפנה כדי שזה יקרה? לאלוקי עולם הרצון, למי **שרוצה** בתשובה. אין אנו פונים לאלוקים ש״עושה״, אלא לאלוקים ש״רוצה״, כי רצון ה׳ בתשובה הוא הפועל שרצוננו יהיה עקירת מעשה החטא עצמו, וממילא טהרת נשמתנו.

כמו בתשובה הראשונה, עצם מעשה התשובה אינו נושא הברכה. את זה אנו חייבים לעשות בעצמנו. אך תוצאת התשובה, במקרה הזה

עקירת המעשה, היא בידי ה׳. אליו אנו פונים שירצה בתשובה, כי רצונו הוא המעשה.

ג. סיוע לשוב

בניגוד למה שהנחתי למעלה, שבעצם מעשה התשובה אין לאדם לבקש סיוע כי זה תלוי רק בו, הורו חז״ל שגם לתשובה דרושה סייעתא דשמיא, כמו לכל דבר אחר. השאלה היא, כמובן, איך זה אפשרי בלי ביטול הבחירה החופשית שהיא לב לבה של התשובה?

מובן שהאדם חייב ליזום את הצעד הראשון. רק לאחר שהאדם התחיל, אפשר לומר "הבא לטהר מסייעין אותו". הברכה מלמדת שסיוע זה, אשר שייך להמשך, חיוני גם לצעד הראשון. היכולת לנקוט צעד ראשון תלויה ביכולת האדם לחוש באמיתות של תהליך התיקון והאיחוי. רעיון זה נכון גם ברמה הפסיכולוגית וגם ברמה המטפיזית.

פסיכולוגית – תשובה שלמה אינה נובעת רק מהרצון לשמור מצוות, או להימנע מהעונש המגיע לעוברי רצונו. המוטיבציה האמתית לתשובה צומחת מרצונו של האדם להיות טוב יותר, כלומר להתקרב אל ה׳. ההרגשה, בחלקה אינטלקטואלית ובחלקה אינטואיטיבית, שעל ידי תיקון מעשי אני משנה את משמעות חיי, מכניס את עצמי לנוכחות שכינה ומתחבר לקדושה, היא היא הכוח המניע מאחרי תשובה עמוקה, תשובה מהפכנית. זהו פשר הלשון המיוחדת של המאמר שציטטתי למעלה – "הבא **לטהר** מסייעין אותו". אם אדם מקיים מצוות אך אינו מרגיש את הקדושה וההיטהרות בצעד הזה, הוא לא יוכל להמשיך להתפתח ולהשלים את עצמו. הסיוע שמוענק לבא לטהר הוא הקדושה והטהרה. תוצאה זו של התשובה היא תנאי חיוני לעצם מעשה התשובה.

קבלת התשובה כפי שתוארה בהסברים הקודמים, היא תנאי מוקדם ליכולת האדם להניע את עצמו לשוב.

מטפיזית – הסיוע אינו נדרש רק ברמה הפסיכולוגית, ואינו עונה על הצורך של האדם לתמיכה ועידוד בדרכו בלבד. הקִרבה לאלוקים היא צורך מטפיזי להצלחת התשובה כי התשובה היא יצירה אמתית של האדם. אדם השב מתעלה על עצמו, יוצר טוב שלא היה בו קודם. היסוד הזה – שהיה עיקרון בסיסי בהבנתנו את מושג הקדושה – הוא המבדיל בין תשובה לבין החלטות אחרות של האדם. היכולת להיות טוב יותר ממה שאתה איננה יכולת טבעית הנובעת ממה שיש בפועל באדם הטבעי, כי בהגדרה השב נהיה טוב יותר ממה שהוא בהווה.

אם כן, מהיכן מקבל האדם את היכולת הזאת להשלים את עצמו, להתעלות מעבר לעצמו? זהו יסוד של צלם האלוקים, שכפי שהסברתי לפני פרקים אחדים: האדם אינו מוגבל על ידי תכנית קובעת כלשהו, כי הדמות והצלם שבו נברא הוא האלוקים. היכולת להתעלות אינה נובעת ממה שיש באדם בפועל אלא מהקשר שלו לאלוקים, מההצמדה שלו לייעודו הרוחני, מהיותו מכוון אל האלוקים. המדרש מסביר את הפסוק "הוּא עָשָׂנוּ וְלוֹ אֲנַחְנוּ" (תהילים ק, ג): "לו אנחנו משלימים את נפשותינו" (בראשית רבה ק, א). התשובה היא יצירת טוב על ידי האדם, ואם כן היא השתקפות של הטוב האלוקי. כפי שהדגשנו בפרקים על הקדושה, ההשתלמות (התשובה) אינה יכולה להיות אמתית אם אינה יונקת מן השלמות. לכן אם התשובה מקרבת לאלוקים, היא יכולה להצליח, כי הקִרבה הזאת מעצימה את המעשה. התוצאה היא זו שנותנת את הכוח למעשה.[2] לכן, ה' חייב להתקרב אלינו כדי

2 זה נוגד את הכלל האריסטוטלי שאין המסובב יכול להקדים את הסיבה, אך זה

שנוכל באמת לשנות ולהיטיב. הקִרבה הזאת, שתלויה ברצון האדם, היא שמאפשרת את נס ההתעלות, את פריצת חוק הסיבתיות ויצירת תוספת ערך ותוספת קדושה.

לזה אנו מתפללים. אנו מבקשים שה׳, הרוצה בתשובה, ימציא לנו את קִרבתו כדי שנוכל לחזור בתשובה שלמה ואמתית. בלי הסיוע הזה, שנמצא בפועל בהמשך התשובה, לא נוכל לעשות את הצעד הראשון.

ד. רצון הבריאה

יש משמעות נוספת לחשיבות רצון הקב״ה בתשובה, והיא המשך של הרעיון הקודם. הרצון האלוקי בתשובה איננו רק רצון פרטי שה׳ מפנה כלפי האדם השב בתשובה ברגע מסוים, אלא הוא הרצון הכללי בבריאה כולה. לאלוקים תארי עשייה רבים, וברכות תפילת עמידה מדגימות רק את חלקם – חונן הדעת, סולח ומוחל, גואל ישראל, מקבץ נדחי עמו ישראל וכו׳. תואר רצון יש רק אחד – הרוצה בתשובה. הסיבה לכך היא שהתשובה אפשרית רק מכיוון שהיא מושרשת ברצון ובסיבה של הבריאה. העולם נברא מתוך רצון ה׳ שהאדם ייצור תוספת טוב ותוספת ערך, מרצונו החופשי. אין ה׳ רוצה שנהיה טובים – כי אז היה בורא אותנו כך, אלא שנהיה טובים יותר, כלומר שנתגדל ונשתפר ונשתלם ונתעלה בסולם הטוב, ובכך נתקרב אליו יתברך. תשובה, הפנייה החופשית אל הטוב, היא אם כן השתקפות של הרצון

בדיוק ייחודו של צלם האלוקים בתוך עולם הטבע. אלוקים, היעד והתכלית, הוא הגורם המעצב בהגדרת האדם שנברא בצלם.

העמוק בבריאה. אפשר לומר שהעולם נברא בשביל התשובה, או, בלשון חז״ל, שהתשובה נבראה לפני שנברא העולם (בראשית רבה א, ד).

המשמעות היא שבבסיס יחס ה׳ לעולם נמצא הרצון לתשובה. בסיס זה מאפשר את התשובה בפועל. אם חס ושלום יתייאש האלוקים מן האדם ולא יצפה לתשובתו, תהיה התשובה בלתי אפשרית, כי בהיעדר הטוב אין בסיס אחר לקיום מלבד הציפייה להיות טוב יותר בעתיד. מי שהוא עתה רע ובא לשוב, מצליח להתקיים ולהצליח בתשובתו רק בגלל שהוא קיים באורו של מי שרוצה בתשובה והרצון ההוא מקיים את כל העולמות. אכן השב חייב לברך ״ברוך הרוצה בתשובה״.

מהו פירוש הביטוי ״תשובה שלמה״ בברכה? ברצוני להציע שתשובה לא שלמה היא התשובה הפסיכולוגית, הפנימית לאדם עצמו, שבה הוא מתקן ומשנה את רצונו כלפי העתיד. תשובה שלמה היא תיקון היחס בין האדם לאלוקים והחזרתו לתוך שורת עבדיו, לעבודתו ולתורתו. הצעד הראשון נעשה על ידי האדם עצמו, לפחות ברמת היזמה הראשונית. בשביל ההמשך אנו פונים אל ה׳, לגילוי רצונו בתשובה, רצונו שנתקרב אליו ונדבק בו.

״והחזירנו בתשובה שלמה **לפניך**״ – כיוון שאין התשובה מסתכמת בתהליך הפנימי, אלא חייבת להגיע לתיקון היחסים בין האדם לבין הבורא, היא מצליחה רק אם האדם מחובר לכוחו ולטובו של הקב״ה. לוגית, זה אפשרי רק **לאחר** התשובה, כי החטא דווקא מרחיק את האדם מהאלוקים ומבדיל אותו ממנו. בכל זאת, אנו מתפללים שנוכל לשוב **לפניו**, בנוכחותו, שהוא יעניק מן הקִרבה הזאת אלינו כדי שנוכל לחזור אליו. אם אין התשובה ״לפניו״, היא לא תצליח להיות

״אליו״. ״לפניו״ כאן פירושו שאנו עומדים לפניו, בנוכחות שכינה, בזמן שאנו עושים את התשובה.

פרק יא

סליחה

אחר התשובה באה הסליחה.

בברכה הקודמת ביקשנו סיוע בפעולת התשובה ואת הצלחתה. בברכה הזאת אנו מבקשים סליחה ומחילה. חז"ל בחרו להפריד בין שתי בקשות אלו. על פי המבואר בפרק הקודם, בקשת התשובה היא בקשה לקרבת ה׳, לתיקון הקרע שנוצר בינינו לבין ה׳ ולאיחויו. הצורך שהברכה באה למלא הוא הקרע, הריקנות הרוחנית והניכור כלפי עולם הקדושה. בברכה הנוכחית אנו מגיבים לצורך אחר ומבקשים תיקון אחר. החטא הוא רע ומחייב עונש. החטא איננו רק שלילת הקדושה הפנימית אלא גם פגיעה במלכות שמים ובחוקיה. הצדק האלוקי מחייב תגובה, כי לא ייתכן ש"שופט כל הארץ לא יעשה משפט". יש לאדם צורך להינצל מן העונש ומרוגזו של ה׳, כי דינו של חוטא הוא מוות. מכיוון שמדובר כאן בשני צרכים שונים ביסודם – האחד מושרש בתכנים הרוחניים של האדם ובהיעדר

הקדושה, והשני במצבנו הפיזי ובהצלחותינו בעולם המעשה – דאגו חז"ל שלא נבלבל ביניהם. כפי שכבר הדגשנו, הברכות האמצעיות מבוססות על צורכי האדם, כל ברכה עונה על צורך אחר. חשוב שהאדם יפנים שהצורך בקרבה אלוקית אינו תלוי כלל בצורך להימנע מעונש. יתר על כן, נשים לב שהצורך בקרבה אלוקית קודם לצורך שלא להיענש.

נוסח הברכה עצמה אינו מעלה בעיות, אך ברצוני להתייחס לכמה עניינים.

א. סליחה מחילה וכפרה

השלישייה בכותרת עולה על שפתינו כיחידה קשה להפרדה. בתפילות יום כיפור שלושת השמות האלה באים תמיד יחד – סלח לנו, מחל לנו, כפר לנו. אך בברכה בתפילת העמידה אין זכר לכפרה. כדי להבין מדוע, נצטרך להבהיר את פירוש כל ביטוי.

1) **סליחה** – כשאדם סולח הוא מבטל את הרגשת הטינה מלבו. סליחה נדרשת כשמישהו נפגע אישית. אם ראיתי מישהו נוהג שלא כשורה אך אין החטא שלו פוגע בי, אין מקום לסליחה מצדי. רק נפגע יכול לסלוח. בקשת סליחה מה', אם כן, היא לבקש שהוא לא יכעס על הפגיעה האישית; אנו מבקשים שה' ישנה את יחסו אלינו, אף על פי שאותו יחס הוא מוצדק. מדוע כועס ה' על החוטא? איך אפשר להעלות על הדעת שה' "נפגע" מן החטא? היהדות אינה דוגלת בהנחה הפילוסופית שאין מעשי בני אדם נוגעים לאלוקים. כל חטא הוא פגיעה, פגיעה אישית, בבורא, במלך העולם. אין הכוונה שה'

נכלם, חלילה, או שרגשותיו נפגעו;[1] הפגיעה אינה סובייקטיבית אלא אובייקטיבית. החטא הוא מרידה במלכות ה׳ ופריקת עול. אנו, בני בשר ודם, חווים בחיינו הפסיכולוגיים הסובייקטיביים את החטא נגדנו כפגיעה בכבודנו. לזה קיימת מקבילה אובייקטיבית – פגיעה בטוב ובצדק. לחטא יש היבט אישי, כי לאלוקים יש יחס אישי עם ברואיו שנבראו בצלמו, ובמיוחד עם בניו, שלהם נתן את תורתו ואתם כרת ברית. הדימוי המקראי של אב ובניו הפך בספרות חז״ל ליסוד מרכזי בהבנת החטא. תמיד ימשילו חז״ל את החוטא לבן מלך שסרח. רעיון זה בא לידי ביטוי בברכה זו ובברכה הקודמת. נשים לב שרק בשתי בקשות אלו אנו פונים לקב״ה בתואר ״אבינו״.

מלבד הסטייה מן היושר האובייקטיבי, יש בחטא מעשה אישי נגד ה׳. בזה ה׳ שונה משופט באולם המשפט, שגוזר עונש בלי להיות מעורב אישית. ה׳ מעורב אישית בסכסוך, והוא תובע את ריבו – ״שִׁמְעוּ הָרִים אֶת רִיב ה׳, וְהָאֵתָנִים מֹסְדֵי אָרֶץ, כִּי רִיב לַה׳ עִם עַמּוֹ וְעִם יִשְׂרָאֵל יִתְוַכָּח״ (מיכה ו, ב). כתגובה לריב, האדם מבקש סליחה, הוא מבקש מה׳ להתייחס אלינו כאילו לא פגענו בו.

2) **מחילה** – מחילה שונה מסליחה. המילה מחילה לקוחה מעולם המשפט, מדיני ממונות. אם אדם חייב לחברו כסף, בעל החוב יכול לוותר על התשלום – זוהי המחילה. אין כאן חשיבות לרגשות של הנושה, לתחושותיו בנוגע לחוב, אלא רק לעובדה שהוא מוותר על זכותו לגבות אותו. כמו כן, אין צורך שתהיה מלכתחילה פגיעה. חוב

1 אף על פי שיש גם מקורות שמוכנים לפרש קרוב לפשוטו את הפסוק ״וַיִּתְעַצֵּב אֶל לִבּוֹ״ (בראשית ו, ו).

יכול להתקיים בלי חטא – לדוגמה, כשאדם לווה כסף מחברו – וגם במקרה הזה המלווה יכול למחול על החוב. בכל מקרה שיש לאדם זכות לדרוש פיצוי או תשלום מחברו, הוא יכול למחול על אותה זכות, ולפטור את החייב מלשלם את החוב.

בהקשר של חטא, מחילה מתייחסת ישירות לעונש. כאן נתבסס על הרעיון שהעונש הוא תולדה ישירה של החטא, ובעצם פועל יוצא ממנו. כפי שהלוואה יוצרת חיוב פירעון, כך החטא יוצר עונש. זהו צדק במובן הטהור – עונש כהחזרת האיזון שהופר על ידי החטא. זו הסיבה שמפריע לנו כשאנו קוראים על מישהו שחטא והצליח לחמוק מכל עונש. לבנו אומר לנו שמשהו לא כשורה, משהו דורש תיקון. אנשים נאורים יכנו לפעמים הרגשה זאת יצר נקמנות, אך אין זה נכון. ההרגשה הזאת קיימת גם כשאין לנו כל קשר לחטא ולא נפגענו ממנו. בזה שונה מחילה מסליחה. הסליחה מבוססת על הפגיעה בבורא, ואילו המחילה על הפרת עקרון הצדק. כאן ה׳ פועל כמו בעל החוב, הפוטר את החייב מלשלם. הסליחה משנה את היחס האלוקי לאדם, המחילה משנה את העונש עצמו. אלוקים אינו משנה את יחסו, הוא פוטר אותנו מחיוב שיש לנו כלפיו.

3) **כפרה** – כפרה שונה בצורה יסודית משתי הפעולות הקודמות. קל להבחין בהבדל אם נשים לב שסליחה ומחילה הן פעולות אנושיות, שקיימות גם ביחסי אדם לחברו, ואילו כפרה שייכת רק לקב״ה. אם פגעתי במישהו, אני יכול ואף חייב לבקש ממנו שיסלח לי ושימחל על חובי כלפיו, אך איני יכול לבקש ממנו לכפר עלי. הכפרה אינה פועלת על יחס האלוקים לאדם (כמו בסליחה), ולא על דרישות האלוקים מן האדם (כמו במחילה), אלא על האדם עצמו והחטא. חפץ

שנטמא על ידי החטא צריך כפרה. מצאנו כפרה גם בנוגע לחפצים דוממים. כוהן גדול ביום הכיפורים מכפר על הקודש ועל המזבח. גורם הטומאה שם הוא מעשי האדם, אך המזבח הוא שדורש תיקון. גם האדם נטמא מחטאיו, ולכן דרושה לו, כאובייקט שנפגם על ידי החטא, כפרה. הכפרה היא סוג של היטהרות, כפי שאנו מוצאים בפסוק המסיים את עבודת יום הכיפורים, "כִּי בַיּוֹם הַזֶּה **יְכַפֵּר עֲלֵיכֶם לְטַהֵר אֶתְכֶם** מִכֹּל חַטֹּאתֵיכֶם, לִפְנֵי ה' תִּטְהָרוּ" (ויקרא טז, ל). וכך דרש ר' עקיבא:

> אשריכם ישראל לפני מי אתם מטהרים, מי מטהר אתכם, אביכם שבשמים, שנאמר "וְזָרַקְתִּי עֲלֵיכֶם מַיִם טְהוֹרִים וּטְהַרְתֶּם" (יחזקאל לו, כה), ואומר "מִקְוֵה יִשְׂרָאֵל ה'" (ירמיהו יז, יג), מה מקוה מטהר את הטמאים אף הקב"ה מטהר את ישראל. (משנה יומא ח, ט)

ההיבט בחטא שעליו סולחים הוא פגיעה בקב"ה; ההיבט בחטא שעליו מוחלים הוא פגיעה בצדק שמחייבת תשלום; ההיבט בחטא שעליו מכפרים הוא ההיטמאות הפנימית של נשמת האדם, השחתת צלם האלוקים. לחוטא יש אישיות מקולקלת, אופי מוכתם ונפש מזוהמת. הוא לא רק עשה חטא, הוא שקוע בחטא. הכפרה היא רפואה, היא החלמת החוטא. זהו בעצם נס, מעשה של בריאה – ולכן הוא דורש כוח אלוקי. כשאדם מבקש כפרה, הוא בעצם מבקש להיגאל מן החטא, להיוושע מהזוהמה שהשתלטה על הווייתו הפנימית.

לכן, לדעתי, אין מקום לכפרה בברכה הנוכחית – לא בגלל שהיא אינה חשובה אלא משום שמקומה בברכה הבאה, **ברכת הגאולה**. בקשת

הגאולה, כפי שניווכח בפרק הבא, תכלול גאולה ממועקה רוחנית לא פחות מגאולה מצרות פוליטיות.

למה הפרידו חז"ל בין סליחה ומחילה לבין כפרה? התשובה תלויה בהבנת הברכה הבאה, אבל העיקרון מובן כבר עתה. כפי שהדגשנו בהסבר על הפרדת התשובה מהסליחה, העיקרון המנחה את חלוקת הברכות הוא **הצורך** ולא התוצאה. אף על פי שהחטא עומד בבסיס שלושת התהליכים, מבחינת הצורך של האדם יש פער גדול בין הצורך בכפרה לבין הצורך בסליחה ומחילה. השניים האחרונים נובעים מהצורך של האדם להבטיח את טובו ואושרו, להינצל מעונש ולזכות בחיים. הכפרה נובעת מצורך האדם להבטיח את בריאות נשמתו מבפנים; אין כאן איום חיצוני בעונש או משפט. האדם המבקש כפרה אינו מחפש ביטחון אלא שלמות. לכן, שתי בקשות אלו, המכוונות לשני פנים שונים של אישיות האדם, מחולקות לשתי ברכות שונות.

ב. כי חטאנו

אנו מבקשים סליחה "כי חטאנו", ומחילה "כי פשענו". במבט ראשון, תפקיד המילה "כי" כאן שונה לחלוטין מתפקיד ה"כי" ב"כי מוחל וסולח אתה". האם החטא הוא סיבת היענות ה' לבקשתנו? ההסבר הפשוט הוא שאנו מסבירים את הצורך שלנו במחילה, ולא את הסיבה שה' יסלח לנו. "כי חטאנו" היא סיבת בקשתנו, ולא סיבת ההיענות של ה'.

אך נדמה שחז"ל דווקא הבינו ש"כי חטאנו" היא הסיבה שה' יסלח. כך מצאנו בבמדבר רבה (כ, יג), שם מופיע הרעיון שבלעם מיהר

לומר "חטאתי" כי הוא ידע "שכל מי שחוטא ואומר חטאתי אין רשות למלאך ליגע בו". רעיון זה מנומק כך בירושלמי:

> ויאמר שמואל חטאנו לה' (שמואל א ז, ו).[2] לבש שמואל חלוקן של כל ישראל. אמר לפניו: רבון העולמים, כלום אתה דן את האדם אלא על שהוא אומר לפניך לא חטאתי, שנאמר, "הִנְנִי נִשְׁפָּט אוֹתָךְ עַל אָמְרֵךְ לֹא חָטָאתִי" (ירמיהו ב, לה), ואלו אומרים לפניך חטאנו. (ירושלמי תענית פ"ב ה"ז)

חז"ל מלמדים אותנו רעיון יסודי ביחס החוטא לה'. לפחות בנוגע לעונש ("אין רשות למלאך ליגע בו") ולדין ("אתה דן את האדם"), יסוד תגובת ה' נעוץ בסירוב האדם להכיר בכך שהוא חוטא. האשליה העצמית, ההתכסות במעיל הצדקה, היא הדבר שמחייב יותר מכל דבר אחר תגובה נזעמת ותקיפה. לכן בתפילת הווידוי אנו מקדימים, "שאין אנחנו **עזי פנים וקשי עורף** לאמר לפניך צדיקים אנחנו ולא חטאנו". כך גם בפרשת ויגש, המהפך מתרחש כאשר אחי יוסף משתחררים מההכחשה ואומרים, "אֲבָל אֲשֵׁמִים אֲנַחְנוּ" (בראשית מב, כא). כל עוד האדם עומד לפני ה' ומצהיר על צדקותו לא קיימת אפשרות של סליחה ומחילה. סליחה ומחילה במצב כזה רק יחזקו את אחיזת האדם בחטאו. השחרור מחובת העונש יכול לבוא רק כתוצאה מהכרה פנימית.

לפי הסבר זה משמעות הבקשה בברכה היא: סלח לנו אבינו, כי אנו אומרים חטאנו.

2 לפנינו מופיע: "וַיֹּאמְרוּ שָׁם חָטָאנוּ לה'".

ג. המרבה לסלוח

אנו חותמים את הברכה בלשון "ברוך המרבה לסלוח". השאלה ברורה. למה דווקא בברכה זאת איננו מסתפקים בחתימה בנוסח "ברוך העושה את מה שבקשנו" אלא אומרים "ברוך **המרבה** באותה עשייה"? שאלה זו מעמידה אותנו על שאלה בסיסית יותר – מה בדיוק פירוש "מרבה לסלוח"?

הביטוי מבוסס על הפסוק בישעיהו (נה, ז): "יַעֲזֹב רָשָׁע דַּרְכּוֹ וְאִישׁ אָוֶן מַחְשְׁבֹתָיו וְיָשֹׁב אֶל ה׳ וִירַחֲמֵהוּ וְאֶל אֱלֹהֵינוּ **כִּי יַרְבֶּה לִסְלוֹחַ**". מהפסוק עולה כי "ירבה לסלוח" הוא הסיבה לשיבת הרשע אל ה׳, כאילו נאמר שאם ה׳ היה סולח סתם, ולא מרבה לסלוח, לא היה לרשע טעם לפנות אליו.

היו שהסבירו את "מרבה לסלוח" במובן המספרי. ה׳ סולח, וחוזר וסולח, גם למי שביקש סליחה וחזר וחטא. כך, לדוגמה, מסביר בעל התניא באגרת התשובה: בניגוד לאדם – שאם יתבקש לחזור ולסלוח למי שכבר סלח לו בעבר וחזר לחטוא, גם אם יסלח לחוטא, הסליחה תהיה עם גירעון ותישאר תחושה של חוסר תועלת בסליחה הראשונה – הקב"ה חוזר וסולח ואין אצלו כלל הבדל בין פעם ראשונה לפעם האלף. כל סליחה היא תמימה ובלב שלם כמו בפעם הראשונה.

פירוש אחר ששמעתי פעם רואה ב"מרבה" עניין כמותי. ה׳ סולח בתוספת עודף. מעיקר הדין, הסליחה אמורה להתאים לבקשת הסליחה, כמו שאמר ה׳ למשה: "סָלַחְתִּי **כִּדְבָרֶךָ**" (במדבר יד, כ), כמו שביקשת. יש בזה היגיון רב, כי בלי בקשת סליחה אין זה נבון לסלוח. אך, בסופו של דבר, ה׳ מרבה לסלוח. ה׳ מעניק את הסליחה

במידה גדולה יותר מאשר בקשת הסליחה. כוס הבקשה רוויה וגולשת מהסליחה שנשפכה לתוכה.

הצורך במידה זו נעוץ בעובדה שקשה לאדם להכיר ולהעריך נכונה את מלא השלכות חטאו, וממילא אין הוא מבקש את כל הנחוץ. גם מי שמודה ואומר בלב שלם "חטאתי" איננו מכיר את כל הפגמים וכל ההרס והקלקול שיצר על ידי החטא. פסיכולוגית, קשה לו להפנים את מלוא הקלקול, ומטפיזית, בתור בשר ודם מוגבל, אין הוא מסוגל כלל להבין את עומק ההשלכות בעולמות שמעליו ומתחתיו, בסביבה ובמרקם ההוויה הרוחנית, שנפגעו ונשחתו על ידי מעשיו. אך הא־ל החנון מרבה לסלוח, גם יותר ממה שהתבקש על ידי השב.

פירושים אלו לא רק יפים אלא גם אמתיים. אך ברצוני להוסיף רעיון שלא יסתור, אלא יבסס את שני הפירושים.

לדעתי, "מרבה לסלוח" מתייחס לכך שכוח הסליחה הוא אין־סופי. לא זו בלבד שה׳ סולח יותר מן המתבקש, ובכל פעם מחדש, אלא שהסליחה יונקת ביסודה משורש אין־סופי.

התיאולוגיה לימדה אותנו שכל תארי הא־ל הם אין־סופיים. אך כאשר אנו פונים אל ה׳ בבקשה מסוימת, אין אנו מבקשים הפעלת כוח אין־סופי. כדי לתת לאדם פרנסה, דרוש כוח מוגבל, כפי צורך האדם, ובדומה בנוגע לבניין המקדש ולקיבוץ גלויות. כיוון שהעולם סופי וחסרונותיו סופיים, כל מה שדרוש לתיקון מצב בעולם הוא כוח סופי. הפעלה של כוח אין־סופי נדרשה רק במעשה בראשית, שהיה יש מאין. היחס בין היש לאין הוא יחס אין־סופי. מאז הבריאה, הבעיות הן בעיות מוגבלות, וה׳ פותר אותן בכוח מוגבל, כפי הצורך. לכן, האדם אינו צריך לפנות לרופא אין־סופי, או לשופט אין־סופי, או למכניע זדים אין־סופי, כדי לבקש על צרכים אלו.

אך לכלל הזה יש יוצא מן הכלל. יש בעיה אחת בעולמנו שכדי להבטיח יכולת פתרונה דרוש כוח אין־סופי – וזאת בעיית החטא.[3]

מכיוון שיש לאדם בחירה חופשית, יש לו יכולת אין־סופית לעשיית טוב. כפי שהדגשנו כמה פעמים, הגבול העליון ליכולת האדם להיטיב אינו פחות מאשר האלוקים שהאדם נברא בצלמו – כלומר אין גבול. אך בבחירה חופשית יש איזון הכרחי בין טוב לרע, ולכן גם יכולת האדם להרע ולהשחית היא ללא גבול. כפי שאנו רגילים להבטיח שאדם יכול לשוב בכל מצב, למרות כל מה שכבר נפל, כך יכול הוא גם להמשיך ליפול עוד. אם הייתה תחתית לרעת האדם, אזי מאותה נקודה הוא לא היה יכול לחזור בתשובה (חופשית). לכן, הרע בעולם הוא בעל פוטנציאל אין־סופי. אם כן, התיקון לרע שלנו חייב להיות אין־סופי. לכן האלוקים נקרא "המרבה לסלוח", זה שמחזיק עבורנו במאגר בלתי נדלה ובלתי מוגבל של סליחה. הסליחה שאני מבקש עכשיו נובעת ממעיין שמתגבר בלי סוף; שאם לא כן לא תוכל הסליחה לתקן את הרע שלי, שאף הוא נובע ממעיין בעל יכולת אין־סופית.

גם סליחה לחטא אחד קטן נובעת ממאגר אין־סופי של סליחה, וזה משתי סיבות:

1. החטא, גם הקטן ביותר, נובע מהיכולת האין־סופית של האדם, בעל צלם האלוקים, להרע.
2. כשאדם משתמש בבחירה החופשית לחטוא, הוא פוגע בעצם מעשה

3 בברכה השנייה פירשתי שמשמעות "**רב** להושיע" היא שישועת ה׳ היא לא מן העולם, אלא מעל ומעבר לכל מה שיש בעולם. שם היה מדובר בברכת פתיחה כוללנית, שבה אנו מציגים לעצמנו מי הוא ה׳. אך בברכת בקשה פרטנית, אין צורך לפנות ליותר מהנדרש, ולכן אין מקום ל"רב" חוץ מבברכת הסליחה.

בראשית ומחזיר את העולם לרגע לפני הבריאה. הכול קיים רק ברצון ה׳. בעיקרון אין דבר יכול להתקיים נגד רצון ה׳. אך עובדה היא שיש רע. לפי חוקי ההיגיון, ברגע שיש רע, הוא היה חייב להפסיק להתקיים, כי הרע סותר את סיבת הקיום. הרב הוטנר זצ״ל הסביר כך את כפילות שם הוי״ה בי״ג מדות. על פי הגמרא[4] ״אני ה׳ לפני שחטא האדם, אני ה׳ לאחר שחטא האדם״. מסביר הרב הוטנר זצ״ל ששם הוי״ה הוא שמהווה את כל העולמות. אני הוי״ה לפני שחטא האדם – אך משחטא האדם כל הבריאה מופסקת. השם הראשון אינו יכול לעבור את החטא, ודרוש עוד מעשה בריאה, עוד שם הוי״ה שמהווה את כל העולמות, לקיים מחדש עולם שיש בו חטא. לכן, כל חטא, ולו הקטן ביותר, מחייב כוח אין־סופי, בעל יכולת בריאה יש מאין, כי אין בעולם שלפני החטא יסוד לקיים את העולם אחריו.

מובן, אם כן, שצדק בעל התניא, ומכך שה׳ מרבה לסלוח נובע שהוא יסלח ויחזור ויסלח בלי גירעון. וכן מובן שברגע שתתחיל פעולת הסליחה, היא לא תעצור ב״כלי״ שנוצר על ידי הבקשה, אלא תגלוש מכל צדדיו, כמעיין המתגבר ועולה על גדותיו. שני רעיונות אלו הם פועל יוצא מכך שכל מעשה סליחה נובע ישירות מהפעלת כוח אין־סופי בתוך הבריאה.

4 ראש השנה יז ע״ב.

פרק יב
גאולה

הברכה השביעית היא ברכת הגאולה. הגמרא (מגילה יז ע"ב) שואלת מדוע קודמת ברכת גאולה לברכת רפואה בניגוד לסדר המופיע במקרא, "הַסֹּלֵחַ לְכָל עֲוֹנֵכִי הָרֹפֵא לְכָל תַּחֲלוּאָיְכִי הַגּוֹאֵל מִשַּׁחַת חַיָּיְכִי" (תהילים קג, ג־ד). הגמרא עונה שיש חשיבות מיוחדת להצבת גאולה במקום השביעי, כיוון שלפי המסורת גאולת המשיח תחול בשנה השביעית לתהליך הגאולה. רש"י על אתר מציין שנושא הברכה אינו הגאולה הלאומית העתידית, אלא גאולת הפרט מצרה אישית. הוא מסביר שתשובת הגמרא היא בגדר רמז להקשר כללי של הגאולה.

ברור לרש"י ש"גאולה" בברכתנו היא שם נרדף להצלה ועזרה מכל מיני צרות פרטיות שיכולות לבוא על האדם. הסיבה העיקרית לכך היא בלי ספק ההקשר: כל הברכות הראשונות, מ"חונן הדעת" ועד "מברך השנים", עוסקות בסיפוק הצרכים של הפרט המתפלל. הבקשות בתפילת העמידה מתחלקות לשני חלקים ברורים, תחילה

בקשות פרטיות[1] ואחר כך, מ"מקבץ נדחי עמו ישראל" ועד "מצמיח קרן ישועה", בקשות לאומיות המכוונות לגאולה העתידית של עם ישראל. אם כן, ברור שברכתנו, המופיעה במרכז החלק הראשון, עוסקת אף היא בצורכי הפרט בחייו העכשוויים ולא בתקוות לעתיד הלאומי של עם ישראל.

לאור קביעה זו, נשאלת השאלה – מה אנו מבקשים כאן? ליתר דיוק, השאלה היא מה המצב השלילי שהגאולה בברכה זו באה לתקן? הרי אפשר להגדיר את הנושא של כל בקשה אחרת כגאולה. אם אדם רעב, האין הוא צריך גאולה מן הרעב? אם הוא חסר דעה וטיפש, האין הוא זקוק לגאולה מן הבורות? האין הנושא של ברכת "שובר אויבים ומכניע זדים" גאולה מן האויבים והמציקים? במילים אחרות, מהי הבעיה הספציפית שיוחדה לה ברכת הגאולה?

א. ראה נא בעניינו

הברכה פותחת בבקשה יוצאת דופן – "ראה נא בעניינו". הדבר תמוה. מדוע אנו צריכים לבקש שה' יעשה מאמץ מיוחד להכיר את הבעיה לפני שהוא ניגש לפתור אותה? באף ברכה אחרת אין תופעה דומה. אין אנו מבקשים שה' יראה את קשיי הפרנסה שלנו לפני שאנו מבקשים שהוא ייתן לנו מחיה, ולא שיראה את בורותנו לפני שיחונן אותנו בדעת. הסיבה התיאולוגית ברורה – אין צורך לבקש זאת! ברור שה' מכיר את מצבנו, ואין דבר נסתר מלפניו. אם כן, למה דווקא ברכה זאת פותחת בבקשת "ראה"?

1 בלשון רבים כמובן, אך צרכים שנובעים מבעיות הפרט.

מקור התבנית "ראה נא בעניינו" הוא בגאולת מצרים. בפרשת מקרא ביכורים (דברים כו, ה־יא), בין הפסוק שמתאר את השעבוד לבין הפסוק שמתאר את הגאולה, נמצא פסוק שמתאר שלב ביניים, שלב מקדים לגאולה עצמה, "וַיַּרְא אֶת עָנְיֵנוּ וְאֶת עֲמָלֵנוּ וְאֶת לַחֲצֵנוּ". אפשר להניח שאין מטרת מקרא ביכורים לציין את הגורמים ליציאת מצרים, אלא להלל ולהודות לה' שהביאנו אל "הַמָּקוֹם הַזֶּה וַיִּתֶּן לָנוּ אֶת הָאָרֶץ הַזֹּאת, אֶרֶץ זָבַת חָלָב וּדְבָשׁ". כלומר, "וירא את עניינו" אינו סיבת הגאולה אלא חלק ממנה, ומהווה שלב עצמאי בהתפתחות הגאולה, המשמש יחידת שבח עצמאית. עצם ה"ראייה" הזאת את עניינו כוללת ממד שעליו אנו מודים ומהללים.

נראה שראיית העוני איננה לצורך השגת מידע. במקרא ביכורים איננו מודים על כך שה' התעדכן בצרתנו, ובתפילה איננו מבקשים על כך. נשים לב שאין מדובר בראייה בצרותינו אלא בראייה בעניינו. עוני מציין לחץ פנימי וצער פסיכולוגי, הרגשת אובדן שליטה. מצב האדם הוא מצב ש"באו מים עד נפש" והוא פונה אל האלוקים "ממעמקים". כל אלו אינם תיאורים של המצב האובייקטיבי דווקא, אלא של המצב הסובייקטיבי, שאליו מגיע האדם בשל מצב אובייקטיבי מסוים. "ראה נא" איננה בקשה לתשומת לב לצרה מסוימת, למודעות לעובדות אובייקטיביות, אלא להכרה בצער ובלחץ הפנימי שבו שרוי האדם. ה' רואה את עניינו, את לחצנו, ואת עמלנו. ה' מתבקש "לקחת ללב" את הצער שלנו. ברור שהכרה כזאת בצער איננה אינפורמטיבית גרידא, אלא כוללת השתתפות בצער עצמו. "ראה נא בעניינו" פירושו בקשה להזדהות מצד הקב"ה בצערו של המתפלל.

הייתכן!? האם אדם יכול לבקש דבר כזה, שמלך מלכי המלכים יזדהה עם צרתו עד כדי השתתפות בה?

"קוּמָה ה' וְיָפֻצוּ אֹיְבֶיךָ וְיָנֻסוּ מְשַׂנְאֶיךָ" (במדבר י, לה). וכי מה הם כל גויי הארץ וכל ממלכות האדמה שהם קרואים אויבים ושונאים למקום. אלא כל שהוא אויב ושונא לישראל כאלו הוא אויב ושונא למקום וכן הוא אויב המקום, שנא' "וְאָיַבְתִּי אֶת אֹיְבֶיךָ וְצַרְתִּי אֶת צֹרְרֶיךָ" (שמות כג, כב). אבל אין אתה יודע אם צר הוא לו ואם אינו צר לו, כשהוא אומר "עִמּוֹ אָנֹכִי בְצָרָה" (תהילים צא, טו) הא ידעת שכל זמן שישראל בצרה אף הקב"ה כאלו עמהן בצרה. וכן אתה מוצא בשעה שהיו ישראל משועבדין במצרים לא נגלית שכינה על משה אלא מתוך הצער ומתוך הסנה... וכן הוא אומר "אֲשֶׁר פָּדִיתָ לְּךָ מִמִּצְרַיִם גּוֹי וֵאלֹהָיו" (שמואל ב ז, כג). אמר ר' עקיבא, כך אמר להם: כדרך שהייתם משועבדים כביכול השעבוד לפניו, וכן הוא אומר "הַנֹּגֵעַ בָּכֶם כְּנֹגֵעַ בְּבָבַת עֵינוֹ" (זכריה ב, יב). ר' אלעזר בנו של ר' יוסי הגלילי אומר, כאילו הוא מושיט אצבעו בתוך עינו של עצמו ועוקרה. (ספרי זוטא, י)

המדרש מדגיש את שותפותו המלאה של הקב"ה בצרת ישראל, עד כדי שצער ישראל גורם לקב"ה, כביכול, כאב פיזי ממש. עדיין אפשר היה לחשוב ששותפות כזו נוגעת רק לצרת כלל ישראל ולא לצרת היחיד. אך הבסיס לכל המאמרים במשפחת "עמו אני בצרה" היא המשנה המתייחסת לצרת היחיד:

אמר ר' מאיר, בשעה שאדם מצטער שכינה מה לשון אומרת כביכול קלני מראשי קלני מזרועי. (משנה סנהדרין ו, ה)

השורש של השתתפות הקב"ה בצרת ישראל הוא השתתפותו בצערם של ישראל, והזדהותו עם אותו צער עד כדי אמירת "קלני מראשי", כביכול ראשו של הקב"ה כואב.

פתיחת ברכת גאולה בבקשה מהא־ל להזדהות עם צער האדם פותחת לפנינו את הפתח להבנת נושא הברכה. "גאולה" איננה שם נרדף ל"פתרון". יש לאדם הרבה בעיות שדורשות פתרון, אך אין זאת גאולה. גאולה נדרשת במצב שהאדם "טובע ביון מצולה", כשהמים הזידוניים שוטפים אותו והוא מאבד שליטה. כשהאדם נלכד על ידי כוחות שאין לו עליהם שליטה, וכשהוא בעצם אבוד ונטול תקווה, אז הוא מבקש להיגאל.

גאולה במובן המשפטי מופיעה בתורה לגבי שחרור עבדים, או לגבי פדיון שדה אחוזה לאחר מכירתו. אין העבד יכול להוציא את עצמו מבית האסורים, אך מישהו יכול לבוא מבחוץ ולגאול אותו. השדה בידי אדם אחר, הוא יצא מכלל שליטתך המשפטית, אך אתה מחזיר את המצב לקדמותו. זוהי ההרגשה, זהו הצורך, שעומד בבסיס בקשת גאולה – אני אבוד, שוקע במים שאין להם סוף, על סף כישלון, ואין לנו מושיע אלא היד הגואלת של הקב"ה.

אב הטיפוס של הגאולה היהודית הוא גאולת מצרים. שיא הגאולה, הרגע שנחרת בזיכרון הקולקטיבי־היסטורי של עם ישראל, הוא בקריעת הים, כשהעם הבורח, עדיין עבדים בתודעה העצמית שלהם, מוצאים את עצמם בין הים לבין צבא פרעה, לכודים בין המצרים. לא קיימת כל דרך מילוט – ואז מופיעה זרועו הנטויה של הקב"ה, ודרך החומה הסוגרת בוקעת דרך הישועה. יום יום אנו חוזרים על סיכום ההרגשה הזאת – כי פדה ה' את יעקב וגאלו מיד חזק ממנו.

הברכה הזאת נובעת לא רק מהצרה האובייקטיבית שלפניה אנו עומדים, אלא בעיקר מהרגשת חוסר האונים והאבדון שבו אנו שרויים. לכן אנו פותחים ב"ראה נא בענינו", שה' יכיר את העינוי הפנימי הזה, ויזדהה אתו, יקח אותו על עצמו. כך התחילה הגאולה ממצרים – "וַיַּרְא אֱלֹהִים אֶת בְּנֵי יִשְׂרָאֵל, וַיֵּדַע אֱלֹהִים" (שמות ב, כה). ה' ראה, והוא ידע, כלומר הוא ידע בעמקות ובהבנה פנימית את מצבם הלחוץ, לא את עבודתם אלא את האנחה שעולה מן העבודה.[2]

אם כן, בקשת הגאולה היא בראש ובראשונה הכרה במצב מעורר היאוש של ההוויה האנושית בלי אלוקים וחוסר התקווה שבה; הודאה שאנו צריכים את ה' וזקוקים לו נואשות. הבקשה נובעת מהכרתנו ב"ענינו", הבאה לידי ביטוי בפתיחת הברכה בפנייה לקב"ה שיראה ב"ענינו", כדי שיגאל אותנו ממנו.

ב. כפרה

בפרק הקודם ראינו שאין הכפרה מופיעה בברכת הסליחה, וטענתי שמקומה כאן, בברכת הגאולה. עתה מובן על בסיס מה העליתי טענה זו. גאולה מתייחסת במקורה למצב נפשי, לעינוי פסיכולוגי שנובע ממצוקה. בניגוד לסליחה ומחילה, שמתייחסים ליחס האלוקים אלינו, הכפרה מתייחסת למצב נפשנו. הכפרה באה להציל אותנו מההשחתה הפנימית שמזהמת את קיומנו הפנימי. לכן הכפרה היא חלק מתהליך

2 "וַיֵּאָנְחוּ בְנֵי יִשְׂרָאֵל מִן הָעֲבֹדָה וַיִּזְעָקוּ... וַיַּרְא אֱלֹהִים" (שמות ב, כג-כה).

הגאולה. ראיית עניינו מתייחסת למאזן החטא לא פחות מאשר למצוקות אחרות; ומה שדרוש לחוטא הוא גאולה מן החטא – היא הכפרה.

ג. וריבה ריבנו

הבנת "ריבה ריבנו" נובעת מתוך הסברנו את "ראה נא בענינו". אנו מעוניינים, כמובן, בתוצאה הסופית – שהקב"ה ידחה את הצורר שרב עמנו ותוקף אותנו; אך דרך הבקשה "ריב ריבנו" מדגישה לא רק את התוצאה, אלא גם את האמצעי – שהקב"ה יתגייס לצד שלנו ויילחם את מלחמתנו. כוונת "ריבה ריבנו" היא שה' לא רק ירגיש את צרותינו וצערנו, אלא גם יראה בבעיותינו בעיות שלו. היות הקב"ה בצד שלנו, אתנו בצרה, חשובה לנו לא פחות מהשמדת האויבים – "עִמּוֹ אָנֹכִי בְצָרָה" (תהילים צא, טו). "וַיַּרְא אֱלֹהִים אֶת בְּנֵי יִשְׂרָאֵל וַיֵּדַע אֱלֹהִים" (שמות ב, כה) – הידיעה שבאה בעקבות הראייה היא ידיעה של דבקות, של הזדהות ואחדות. אין אנו מבקשים עזרה מרחוק, אף שעזרת ה' מרחוק איננה אפקטיבית פחות. אנו מבקשים עזרה שבאה על ידי התחברות; עזרה כזו תגאל אותנו מהמצוקה הנפשית הפנימית וגם מהאויב הצר החיצוני.

כיוון שהגאולה באה מתוך הזדהות, מתוך "ראייה", היא קיימת גם אם אין לה צידוק אובייקטיבי. האלוקים איננו האו"ם, שאנחנו חייבים לשכנע בצדקתנו, אלא בעל ברית, מלכתחילה חלק מהמערכה. צרתנו היא צרתו וצערנו הוא צערו. כך מצאנו בירבעם בן יואש:

בִּשְׁנַת חֲמֵשׁ־עֶשְׂרֵה שָׁנָה לַאֲמַצְיָהוּ בֶן יוֹאָשׁ מֶלֶךְ יְהוּדָה מָלַךְ יָרָבְעָם בֶּן יוֹאָשׁ מֶלֶךְ יִשְׂרָאֵל בְּשֹׁמְרוֹן אַרְבָּעִים וְאַחַת שָׁנָה. וַיַּעַשׂ הָרַע בְּעֵינֵי ה׳ לֹא סָר מִכָּל חַטֹּאות יָרָבְעָם בֶּן נְבָט אֲשֶׁר הֶחֱטִיא אֶת יִשְׂרָאֵל. הוּא הֵשִׁיב אֶת גְּבוּל יִשְׂרָאֵל מִלְּבוֹא חֲמָת עַד יָם הָעֲרָבָה, כִּדְבַר ה׳ אֱלֹהֵי יִשְׂרָאֵל אֲשֶׁר דִּבֶּר בְּיַד עַבְדּוֹ יוֹנָה בֶן אֲמִתַּי הַנָּבִיא אֲשֶׁר מִגַּת הַחֵפֶר. (מלכים ב יד, כג-כה)

הסתירה בין הפסוק השני לשלישי זועקת לשמים. אם עשה את הרע לא פחות מירבעם בן נבט, איך הצליח להשיב את גבול ישראל לממדים הגדולים ביותר? הפסוק הבא עונה, ושימו לב לשיקוף לשון ברכתנו:

כִּי רָאָה ה׳ אֶת עֳנִי יִשְׂרָאֵל מֹרֶה מְאֹד וְאֶפֶס עָצוּר וְאֶפֶס עָזוּב וְאֵין עֹזֵר לְיִשְׂרָאֵל. וְלֹא דִבֶּר ה׳ לִמְחוֹת אֶת שֵׁם יִשְׂרָאֵל מִתַּחַת הַשָּׁמָיִם וַיּוֹשִׁיעֵם בְּיַד יָרָבְעָם בֶּן יוֹאָשׁ. (שם, כו-כז)

מבחינה לשונית, הביטוי ״ריבה ריבנו״ מיוסד על פסוקים אחרים,[3] אך מבחינת התוכן, נדמה לי שהפסוקים על ירבעם בן יואש מבטאים את היסוד של ברכתנו יותר מכל פסוק אחר. ה׳ ראה את עוני ישראל, ואת חוסר התקווה, ללא כל סיכוי לעזרה, וזה חִייב גאולה למרות כל חטאות ירבעם אשר החטיא את ישראל. ה׳ מזדהה עם המצוקה הנפשית, וזה מביא להתגייסותו למלחמת ישראל, לא משום שזה שכר המגיע להם, אלא משום שהוא רב את ריבנו – ריבו.

3 כגון ״כִּי ה׳ יָרִיב רִיבָם״ (משלי כב, כג), ״וְאֶת יְרִיבֵךְ אָנֹכִי אָרִיב״ (ישעיהו מט, כה), ״רִיבָה רִיבִי וּגְאָלֵנִי״ (תהילים קיט, קנד).

ד. גאלנו מהרה למען שמך

מה הקשר בין שם ה׳ לבין הגאולה? התשובה ברורה – בני ישראל נושאים את שם ה׳. ההסבר הרגיל לקשר בין קריאת שם ה׳ עלינו לבין עזרתו לנו הוא שמפלת ישראל היא חילול שם ה׳ בעיני הגויים – ״לָמָּה יֹאמְרוּ הַגּוֹיִם אַיֵּה אֱלֹהֵיהֶם״ (תהילים עט, י). לפי הסבר זה, די שהגויים חושבים שה׳ קשור לישראל כדי שיתחלל שם ה׳, גם אם אין הדבר כן. עם זאת, נראה לי ש״למען שמך״ מתייחס לחילול אמתי של שם ה׳ במפלת ישראל, בלי קשר למה יאמרו הגויים. גם אם יהיה ברור לכול שאין האסון נובע מחולשה אלוקית, מכל מקום האסון הוא פגיעה בשם ה׳, משום שבמציאות שם ה׳ תלוי בישראל. זו תוצאה נוספת של ההזדהות שבה פתחה הברכה. אנו מבקשים מה׳ להזדהות עם שמו שלו שאנו נושאים בקיומנו. נוכחות ה׳ וקדושתו בעולם זהה לקיום ישראל. ״עשה למען שמך וקדש את שמך על מקדישי שמך״ איננה בקשה לגמול על מעשינו הטובים, ולא רק עצה לה׳ למנוע סקנדל ופגיעה ביחסי ציבור, אלא אזכור של הזהות בין שמו בעולם ומצבנו. אם הוא אתנו בצער, כביכול שמו נפגם. ה״למען שמו״ הוא הגרעין הפנימי של גאולתנו.

הראשונים מצאו את המקור המקראי ל״למען שמך״ בפסוק ״גֹּאֲלֵנוּ ה׳ צְבָא־וֹת שְׁמוֹ״ (ישעיהו מז, ד). ה׳ צבא־ות פירושו ה׳ של צבאותיו – ישראל. שם ה׳[4] הוא השם שנקרא עלינו. הגואל שלנו – שמו הוא ה׳ אלוקי ישראל. הקשר לישראל מהווה חלק מהותי משמו של ה׳. לכן הוא גואל, למען שמו – עמו.

4 ה׳ צבא־ות הוא אחד מהשמות שאינם נמחקים.

ה. גואל חזק

קיים פסוק הדומה ביותר לנוסח הברכה כולה. ירמיהו הנביא מנבא על בבל, המַגלָה את ישראל:

> כֹּה אָמַר ה׳ צְבָא־וֹת עֲשׁוּקִים בְּנֵי יִשְׂרָאֵל וּבְנֵי יְהוּדָה יַחְדָּו וְכָל שֹׁבֵיהֶם הֶחֱזִיקוּ בָם מֵאֲנוּ שַׁלְּחָם. **גֹּאֲלָם חָזָק ה׳ צְבָא־וֹת שְׁמוֹ רִיב יָרִיב אֶת רִיבָם** לְמַעַן הִרְגִּיעַ אֶת הָאָרֶץ וְהִרְגִּיז לְיֹשְׁבֵי בָבֶל. (ירמיהו נ, לג-לד).

מופיעים כאן כל האלמנטים שעליהם דיברנו. המצב הוא מצב של כליאה, של עבדות הכובשת ("החזיקו בם מאנו שלחם"). הגאולה נובעת ישירות משם ה׳ ("גאלם חזק ה׳ צבא־ות שמו"), ולכן יריב ה׳ את ריבם, וכתוצאה מכך גם ירגיע את הארץ וגם ירגיז את בבל. הפסוק הזה מוסיף אלמנט נוסף – "גאלם **חזק**".

חוזק הוא תואר חריג בנוגע למלך מלכי המלכים, משתמע ממנו שה׳ מפעיל כוח כדי להתגבר על בעיות קשות במיוחד. מבחינת התיאוריה התיאולוגית, אין משימות שדורשות יותר מאמץ או יותר כוח מאחרות בנוגע לכל־יכול. חוזק כתואר אלוקי נמצא רק בהקשר של גאולה. יש להבין את החוזק האלוקי הגואל ביחס לנגאל. גאולה חזקה היא מעשה ה׳ שמפגין כוח וחוזק מיוחד על רקע אי־יכולתנו להינצל בדרך אחרת. אנחנו כבולים ולכודים, ומנקודת מבטנו לא קיים בעולם שום כוח שיכול לשחררנו. כוחו ועצמתו העצומים של ה׳ דרושים כדי לשבור כבלי עבדותנו. כך, בגאולת מצרים בית האסורים, ה׳ גאל אותנו "ביד חזקה ובזרוע נטויה". הדבר נכון לא פחות בנוגע

למצוקה הפנימית. להיגאל משמעו לחוות את ידו החזקה של ה׳. המעבר מלהרגיש חסר ישע ותקווה – אפס עצור ואפס עזוב – למרחבי החירות והיכולת לפעול ולעצב את העתיד, הוא הוא הגאולה, והוא מקרין על האדם את חוזק ידו של הגואל יותר מכל חוויה אחרת. כל גאולה היא מעבדות לחירות, כולל, ואולי בעיקר, בתחום התחושה הפנימית והיכולת הנפשית. על זה מברכים ברוך גואל ישראל.

פרק יג

רפואה

בכל הבקשות הקודמות שאלתי: מה באמת נושא הברכה הזאת? לעומת זאת, הפעם הנושא נראה ברור ופשוט. אנו מבקשים רפואה למכותינו. כל אחד יודע מהי רפואה, כפי שכולנו יודעים מהי מחלה. הברכה, אם כן, פשוטה, ומבטאת צורך אנושי בסיסי וחיוני. במבט ראשון נראה שנוכל להתקדם לברכה הבאה.

אך במבט נוסף, נראה שכדאי להתעכב מעט על נוסח הברכה, אשר מעלה שורה של שאלות לגבי הלשונות שקבעו חז"ל לבקשת הרפואה. נדמה שטרם דנו בברכה שמציגה רצף צפוף כל כך של ביטויים דורשי עיון וחקר.

1. "רפאנו ה' ונרפא" – הכפילות היא בלתי מובנת. מה ההבדל בין בקשת "רפאנו" לבין בקשת "ונרפא"? כלום יש צורך לבקש מה' שיברך אותנו, וגם שהברכה תתגשם? בשום ברכה אחרת לא מצאנו כדוגמתה, שאנו נבקש שיגאל ונִגָּאל, או שיברך ונתברך.

2. "הושיענו ונושעה"[1] – מה מקומה של בקשת ישועה כאן? רפואה היא צורך ברור ומוגדר. למה הוצמדה לה בקשה כללית ובלתי מוגדרת ל"ישועה"? מה טיבה של ישועה זו ומה הקשר שלה לרפואה?

3. "כי תהלתנו אתה" – בנוסח הבקשות בתפילת העמידה, אחרי הבקשה בא, בדרך כלל, נימוק של שבח, הנפתח במילה "כי". בברכה הקודמת, לדוגמה, נומקה בקשת הגאולה באמצעות "כי גואל חזק אתה". כיוון שאתה גואל חזק, לכן אליך אנו פונים שתגאלנו. לפי תבנית זאת, בברכת הרפואה אנו מנמקים את פנייתנו לה' שירפא בכך שהוא "תהלתנו". אך איזה מין נימוק זה? היינו צריכים לנמק "כי רופא נאמן אתה" – המטבע הרגיל. מה הקשר בין היות ה' נושא ההלל שלנו לזה שהוא מתבקש לרפא אותנו? שאלה זו מתחדדת לאור העובדה שהנימוק הצפוי אכן מופיע בסוף הברכה – "כי א־ל מלך רופא נאמן אתה". אם כן, מדוע אנו זקוקים לשני נימוקים ומה תפקידו של הנימוק הראשון ומה משמעותו?

4. "רופא נאמן" – מה משמעות **הנאמנות** בהקשר של רפואה? אין עוד מידה או ברכה שבה כוחו של הקב"ה לברך מתואר ככוח נאמן.

5. "רופא חולי **עמו ישראל**" – בברכה הקודמת יוחס שבח ה' לקשר שלו עִם עַם ישראל – "גואל **ישראל**". שם הדבר מובן, כיוון שלגאולה במובן הרחב וההיסטורי שלה יש משמעות מיוחדת הקשורה לעם ישראל. גאולה היא תופעה שקשורה בטבורה לעם ישראל. אך מה הקשר המיוחד בין רפואה לעם ישראל? וכי יש

1 נשים לב שאף כאן חוזרת אותה כפילות.

רפואה מיוחדת ליהודים, או מחלות מיוחדות ליהודים? מעט לפני הברכה הזאת, בשחרית, שיבחנו את ה' וקראנו לו "רופא **כל בשר**".[2] בריאות האדם היא מצב אנושי כללי הרבה יותר מדעת (תורה), תשובה, או סליחה, אך מתוכם דווקא ברפואה אנו פונים אל ה' כרופא עמו ישראל דווקא. הדבר אומר דרשני.

א. כי אני ה' רופאך

נתחיל מהשאלה האחרונה. החיבור בין ה' כרופא לבין עם ישראל מפורש בתורה. שם דווקא הרפואה הועלתה כעד וסימן לברית המיוחדת של ה' ועמו. אחרי המעבר בים סוף ושירת הים, אומר ה' לישראל:

> וַיֹּאמֶר אִם שָׁמוֹעַ תִּשְׁמַע לְקוֹל ה' אֱלֹהֶיךָ וְהַיָּשָׁר בְּעֵינָיו תַּעֲשֶׂה, וְהַאֲזַנְתָּ לְמִצְוֹתָיו וְשָׁמַרְתָּ כָּל חֻקָּיו, כָּל הַמַּחֲלָה אֲשֶׁר שַׂמְתִּי בְמִצְרַיִם לֹא אָשִׂים עָלֶיךָ כִּי אֲנִי ה' רֹפְאֶךָ (שמות טו, כו)

לפני דקות עברו ישראל את הים, בנס ובניצחון. האם הם חולים, שהקב"ה מבטיח להיות להם לרופא? להפך, הפסוק מבטיח שהם לא יהיו חולים. לא שיתרפאו, אלא שלא יחלו ולא יוכו כשם שהוכו המצרים בכל מכות מצרים. במדרש נשאלת שאלה זו:

> כל המחלה אשר שמתי במצרים לא אשים עליך. ומה תלמוד לומר כי אני ה' רופאך אלא אמר המקום לישראל, דברי תורה

2 ברוך אשר יצר את האדם בחכמה... ברוך רופא כל בשר ומפליא לעשות.

שנתתי לכם חיים הם לכם רפואה היא לכם, שנאמר "כִּי חַיִּים הֵם לְמֹצְאֵיהֶם וּלְכָל בְּשָׂרוֹ מַרְפֵּא" (משלי ד, כב). (ילקוט שמעוני רנז)

המדרש מסביר שרפואה כאן איננה תיקון למחלה אלא הענקת החיים והשרשתם. אם אתם קשורים לתורה וחיים על פיה, היא חיים בעבורכם וממילא לא תהיו חולים. ה' הוא רופאנו בפסוק הזה, לא במובן שהוא רושם תרופות למחלות ספציפיות, כל מחלה ותרופתה; אלא בזה שהליכה בדרכיו, שמירת **כל** חוקיו, היא היא דרך החיים אשר אין בה מחלה כלל. לא תיקון המעוות והמקולקל, אלא דרך הישר עצמה. מי שדבק בתורת חיים לא יכול לחלות.

וכל זאת למה? לא משום שטמונים בדרכי ה' מתכוני בריאות נסתרים, אלא משום ש"אני ה' – רופאך". הקשר לתורה, בלשון המדרש, או הקשר לה' עצמו, הוא החיים. זהו המסר של הפסוק שאנו אומרים כשאנו מחזירים ספר תורה לארון הקודש – "עֵץ חַיִּים הִיא לַמַּחֲזִיקִים בָּהּ וְתֹמְכֶיהָ מְאֻשָּׁר" (משלי ג, יח). הבריאות האמתית נובעת מכוחה הרוחני של התורה ושל נוכחות השכינה שבה.

בהקשר של פרשת בשלח, נדמה לי שיש להבין את ההבטחה כך: ישראל עברו זה עתה בין חומות המים, חומות מוות מכל צד. בדרך כלל, אנו נוטים לחשוב על בריאות כמצב נורמלי ועל מחלה כסטייה. אך ליהודים העוברים במצולות הים ברור שאין זה נכון. עולמם הוא עולם של מוות, מימינם ומשמאלם, הם הולכים בגיא צלמוות ממש, בין הרים שאין בהם חיים. עצם קיומם הוא נס, לא נס כהצלה מאיום אלא כחיים בתוך המוות. הם חיים ונושמים בתוך מצולות המים, מקום שאין בו חיים לבני אדם. ה' אומר להם, אם תשמרו את מצוותי, ככה תעברו בתוך העולם, המוות מימין ומשמאל, ואתם בריאים ושלמים

כי הנס וההשגחה יהוו רפואה ומזור לכם. הקב"ה ושמירת התורה הם הרופא מהמוות שמכל עבר. במובן זה, ה' הוא רופא חולי **עמו ישראל**; מידה זו אינה קיימת כלל למי שאינו מחובר לתורה ולמצווה.

ב. רפאנו ה' ונרפא

החלק הראשון של הברכה לקוח, מילה במילה, מירמיהו יז, יח, תוך תיקון לשון היחיד ללשון רבים. ירמיהו אומר לה' "רְפָאֵנִי ה' וְאֵרָפֵא הוֹשִׁיעֵנִי וְאִוָּשֵׁעָה, כִּי תְהִלָּתִי אָתָּה". גם כאן נשאלת השאלה, האם ירמיהו היה חולה? עיון בפסוקים הקודמים ממקד את ה"רפואה" הזאת באותו הקשר שראינו בים סוף:

> מִקְוֵה יִשְׂרָאֵל ה', כָּל עֹזְבֶיךָ יֵבֹשׁוּ וְסוּרַי בָּאָרֶץ יִכָּתֵבוּ,
> כִּי עָזְבוּ מְקוֹר מַיִם חַיִּים אֶת ה'.
> רְפָאֵנִי ה' וְאֵרָפֵא הוֹשִׁיעֵנִי וְאִוָּשֵׁעָה, כִּי תְהִלָּתִי אָתָּה.
> (ירמיהו יז, יג-יד)

פסוק יג מתאר מה קורה כשעוזבים מקור מים חיים, את ה'. כל עוזביך יבושו, יכלמו, יתייבשו, כי בלי מקור מים חיים אי אפשר לחיות. אחרי ראייה נבואית זאת, מיד פורצת מירמיהו תפילה, בלשון יחיד ולא בשם העם, רפאני ה' ונרפא. ברור לירמיהו שרפואת ה' היא ההפך מעזיבת מקור מים חיים. הנטיעה במקור החיים, בתורה ובה', היא הבריאות, והרפואה היא ההפך מעזיבת ה'.

במילים אחרות, הנביא איננו מתפלל לתרופה למחלתו. הוא מבקש להיות נטוע במקור מים חיים, הוא מבקש את קרבת ה'. תוצאה

טבעית של קִרבה זו היא הבריאות הגופנית, רעננות הכוחות ושלמות החיים.

עתה מובנת הכפילות של רפאני ה׳ וארפא. תהליך הטיפול כאן נפרד ושונה מהתוצאה הגופנית הסופית. ה״רפאני״ מתרחש במישור הרוחני־הנפשי. הטיפול איננו תרופתי אלא תורני־אלוקי, במישור הקִרבה אל ה׳. התוצאה היא בריאות הגוף. כמו ירמיהו, אין אנו מבקשים בהליך הראשוני מזור ממחלה מסוימת, אלא רפואה כללית, קיום של הברית בין ישראל לה׳ ומימושה. התוצאה איננה שווה לתהליך, ואיננה מובנת מאליה. היא ביטוי במישור הפיזי לתהליך פנימי רוחני, ולכן היא נושא של בקשה נפרדת בתוך מסגרת הברכה. **רפאני** – היה נא אתה מחובר לרוחי ונשמתי, **וארפא** – בשרי וגופי יתוקנו.

ההבנה הזאת יכולה להיות ההסבר והרקע לפירושו של החיד״א לפסוק בירמיהו. החיד״א העלה את שאלת הכפילות וענה:

> בידוע כי כאשר האדם חולה בגופו היינו מסבת עונו, והחולי העיקרי הוא בנפשו שפגם באבר או בגיד המתייחס אליו אותה המצוה שביטל ממצות עשה או שעבר על לא תעשה, כמו שביאר באורך רבינו מהרח״ו זצ״ל בשערי קדושה ע״ש באורך. וזה שכתב רפאני ה׳ בנפשי וארפא בגופי, הושיעני מיד המקטרג הנברא בעוני ועומד ומקטרג בשמים על נפשי ואושעה מהיסורין שבגופי. כי תהלתי אתה ואין לי גואל מבלעדיך. (צוארי שלל להפטרת בחוקותי אות ג)

החיד״א, על פי תורת יחס נפש וגוף של ר׳ חיים ויטאל, מפרש את הפסוק כמבקש טיפול אלוקי ברמה הרוחנית־נפשית, וממילא

תבוא התוצאה גם במישור הגופני. הסברנו את המקור לסוג הטיפול הנפשי בצורה שונה מעט מהחיד"א, שמדבר על החטא. דיברנו על הצד השני, על שמירת המצוות. ביסוד, הנקודה אחת היא. הקִרבה לקב"ה וההדבקות במצוות היא מקור מים חיים, החלמת הגוף היא התוצאה.

החיד"א מביא פירוש נוסף לפסוק, ואף שהוא מפרש אחרת את המילים, הוא מבוסס על אותו רעיון. דבריו מבוססים על מאמר הזוהר הקדוש (בתרגום לעברית):

> פתח ר' אלעזר ואמר, רפאני ה' וארפא. כיון שאמר רפאני ה' מהו וארפא... אלא כל רפואה בעולם ביד הקב"ה, אבל יש מהן על ידי שליח ויש מהן שלא נמסרו ביד שליח. אותן שנמסרו ביד שליח רפואה הן אבל לזמן חוזרין, אבל אותן שהקב"ה מרפא אינן חוזרין לעולם. (זוהר חדש פרשת בלק)

כלומר, וכך מסביר החיד"א, "רפאני ה' – על ידך, וארפא – לעולם, הושיעני ה' – בעצמך כביכול, ואושעה – ולא יהיה עוד שעבוד" (חיד"א שם אות ו). זהו כמובן פירוש אחר לכפילות, אך אפשר לפרשה על פי דרכנו. ההבדל בין רפואה על ידי שליח (כלומר, אמצעי) לרפואה על ידי ה', הוא ההבדל בין טיפול תרופתי-גופני (האמצעי) ובין דבקות במקור מים חיים. אם הקשר הוא לה' ישירות, אזי הגוף נמצא במצב של חיים. אם הטיפול הוא רק ברמה הגופנית, אזי האדם נמצא במצב עקרוני של חולי, שהוא נלחם נגדו נקודתית על ידי התרופות, האמצעים. בכל שעה הוא עלול להחליק וליפול.

ג. הושיענו ונושעה

בעקבות דברינו ברורה הופעת הישועה בברכת הרפואה. המטרה האמתית הבסיסית של ברכת הרפואה היא נוכחות ה׳ בתוך חיינו הביולוגיים, כשהתוצאה היא חיים ובריאות. כיוון שהברכה איננה מוגבלת לבריאות הגוף, הגם שבריאות היא הביטוי העיקרי לחיים, אנו מרחיבים את הבקשה לישועה כללית. אם אנו מחוברים למקור מים חיים, זה יתבטא בבריאות, אך גם בהצלחות אחרות, באיכות חיים ובהתגברות החיים על המצוקות. זוהי הישועה, ותוצאותיה ונושעה.

ד. כי תהלתנו אתה

רש״י[3] מסביר שאנו מהללים את ה׳ על היותו מושיע ומרפא. אך ההלל שלנו משמש גם סיבה לרפואה. הרעיון ברור לאור הסברנו שהרפואה היא תוצאה ישירה של קרבתנו לה׳, ולא נתינה נפרדת. הקִרבה לאלוקים ונוכחות שכינה בתוכנו הן ביטויים לברית, ברית שמחייבת אותנו לקבל את ה׳ כאלוקים, כמושיע וכמלך. ״כי תהלתנו אתה״ אין פירושו שאנחנו מהללים אותו יתברך, אלא שה׳ הוא יעד חיינו והוא נוכח קבוע בחווייתנו. אנו מגדירים את עצמנו כנושאי שם ה׳ על שפתינו. ״כי תהלתנו אתה״ פירושו ששם ה׳ בפינו, ולכן שם ה׳ נקרא עלינו. ה׳, מקור מים החיים, הוא בתוכנו – וזאת כתוצאה מכך שאנו מצדנו מקבלים על עצמנו להללו, ולשאת את שמו בתוכנו. אם חיינו מבוססים על יחס של הלל לאלוקים, נהיה מלאי חיים ובריאים.

3 ירמיהו יז, טו.

זה מסביר את השימוש החריג בשם העצם "תהלתנו" כדי להביע שאנו מהללים אותו. אין הרפואה באה כשכר על זה שקיימנו מצוות אמירת שבח, אלא על היותנו אנחנו חפצא של תהילת ה'. המתפלל הוא הוא שבח הא־ל, כי הוא מחויב בכל דרכיו לעובדו ולשאת את שמו ותהלתו בעולם.

ה. והעלה רפואה שלמה לכל מכותינו

אחרי הקדמה זאת, אנו מעלים את הבקשה הספציפית, רפואה למכותינו ולמחלותינו. רק אחרי שאנו מביאים את השבח־נימוק לתהליך החיבור לחיים, אנו חוזרים ומבקשים תרופה למחלות גופניות. לאחר הבקשה הספציפית לבריאות יבוא שבח־נימוק ספציפי, "כי אתה מלך רופא נאמן". לברכה יש שני חלקים נפרדים, ולכן יש שני נימוקים נפרדים. ולבסוף, אנו חותמים "רופא חולי **עמו ישראל**" כי אין הברכה בקשה להחלמת חולי הבשר, המשותפים לכל בשר ודם, אלא קיום הברית והקשר הרוחני עם ה' המבוסס על הברית עִם עַם ישראל.

ו. רופא נאמן

בניגוד לשאר לשונות הברכה, אין מקור במקרא לביטוי "רופא נאמן". בפירוש התפילות לר' יהודה ב"ר יקר, הוא מצטט פסוק מהתוכחה – "וְהִפְלָא ה' אֶת מַכֹּתְךָ וְאֵת מַכּוֹת זַרְעֶךָ מַכּוֹת גְּדֹלֹת וְנֶאֱמָנוֹת, **וָחֳלָיִם רָעִים וְנֶאֱמָנִים**" (דברים כח, נט). כדי להבין מהי רפואה נאמנה ננסה להבין מה הם חוליים נאמנים.

רש"י במקום מסביר שחוליים נאמנים הם חוליים שיקיימו את השליחות האלוקית שנשלחו לשמה. האבן עזרא מסביר שמחלה נאמנה היא מחלה שאין לה תרופה, שהיא קבועה ולא עוברת.[4] מדבריו אפשר להסיק שרפואה נאמנה היא רפואה קבועה שאינה חוזרת.[5] זוהי כנראה גם כוונת ר' יהודה ב"ר יקר; הוא מצטט מדרש שמסביר את משמעות שתי הציפורים בטהרת המצורע. "כשם שאי אפשר [לשחוטה] לחזור, כך אי אפשר לנגעים לחזור. לכך נאמר כי אני ה' רופאך".[6]

ז. שמיני למילה

הגמרא במגילה שואלת למה באה בקשת הרפואה בברכה שמינית.

> אמר רבי אחא: מתוך שנתנה מילה בשמינית שצריכה רפואה לפיכך קבעוה בשמינית. (מגילה יז ע"ב)

אפשר להבין שהקשר הוא בין רפואה למה שבא **לאחר** ברית המילה, שבעקבותיה דרושה רפואה. אך, לאור מה שלמדנו, נדמה שאפשר לפרש שהקשר הוא לברית עצמה, ולא במקרה ראו בברית מילה יסוד לרפואה. כפי שהסברנו, מקור הבריאות של עם ישראל הוא ברית, ההשתייכות לקהל ה'. המילה היא אות הבשר הקובע מציאות גופנית

4 נאמן פירושו קיים ויציב, כמו בפסוק "וַיְהִי יָדָיו אֱמוּנָה עַד בֹּא הַשָּׁמֶשׁ" (שמות יז, יב).

5 הסבר זה מתאים לדברי הזוהר ופירוש החיד"א שהובאו לעיל.

6 המדרש מניח שאם ה' הוא הרופא, הרפואה היא נצחית. נראה שזהו מקור דברי הזוהר.

להיות הנימול עבד ה׳, וזה מקביל לפירושנו לביטוי ״תהלתנו אתה״, המציאות הרוחנית של היות המתפלל נושא שם ה׳. אכן, התינוק צריך רפואה לאחר הברית, אך הברית היא גם שורש הרפואה עצמה. לכן קבעו את ברכת הרפואה בברכה השמינית, המקבילה ליום הברית, ולא בתשיעית, בעשירית ובאחת עשרה, המקבילות לימי ההחלמה. הרפואה, כמו הברית, היא הסימן בגוף לקשר לקב״ה בנפש. בעל ברית הוא בעל חיים ובריאות.

ויהי רצון שרופא נאמן ישלח רפואה שלמה לכל חולי עמו, וישועה ונחמה לבני בריתו.

פרק יד

ברכת השנים

א. ברכת השנים

לברכת השנים אין מקור מקראי מובהק. הראשונים (ר"י ב"ר יקר, אבודרהם) זיהו רק פסוק אחד כמקור לחלק מנוסח הברכה – "וְשִׁלַּמְתִּי לָכֶם אֶת הַשָּׁנִים" (יואל ב, כה).

אף שרק מילה אחת מפסוק זה מופיעה בברכתנו, צדקו המפרשים בהכוונתם אותנו לעיין בו. המילה "שנים" היא המילה הבולטת ביותר בברכה, ומופיעה גם בפתיחה, גם ב"מעין חתימה" וגם בחתימה עצמה. עם זאת, אין הופעתה כמושא הברכה מובנת כלל וכלל. ברור לכול שנושא הברכה הוא פרנסה וכלכלה, בעיקר אוכל, ואם כן מתאים היה שמושא הפועל "ברך" יהיה האדמה (אם אנו מתמקדים בהקשר חקלאי, כעין הפסוק "וברך את האדמה") או ישירות, האדם עצמו. בניגוד לצפוי, חז"ל ייחסו את הברכה אל יחידת זמן, אל **השנה**. אכן, השם הקבוע לברכתנו בלשון חז"ל הוא "ברכת השנים".

קושי שני, בולט פחות, נוגע לפועל המופיע בברכה. פעילות ה׳ המתבקשת היא ברכה – ברך עלינו, וברך שנתנו, מברך השנים. גם שם העצם של הבקשה הוא ברכה – ותן ברכה. מצד עצמו, אין דבר זה מוזר כלל, אך יש לשים לב שבאותה מידה אפשר היה להשתמש בשורש ״ברך״ לכל בקשה אחרת – כולן בקשות לברכה. אפשר להתברך בבריאות, בדעת, או בסליחה. אולם, בסופו של דבר, רק בברכה זו אנו מבקשים דווקא ברכה. זוהי ״ברכת הברכה״, לא פחות מאשר ״ברכת השנים״. מצד שני, אין הברכה מפורטת ואין אנו מתוודעים במפורש לתוכן ה״ברכה״ שבברכה. חוץ מאזכור אחד ל״פני האדמה״, נוסח הבקשה היה יכול להתאים מילולית לכל דבר שבעולם. במילים אחרות, אנו חייבים לשאול את עצמנו מדוע רווח כלכלי ופרנסה הם התוכן של ״ברכה״ סתם. ואם נחבר את שתי שאלותינו יחד, מהי באמת הכוונה בחתימה – ״מברך השנים״?

התשובה הראשונית לשאלה מדוע יחידת זמן היא יחידת ברכה כלכלית, היא שחז״ל בלי ספק חשבו במושגים חקלאיים. החקלאות סובבת במעגל שנתי־עונתי, במיוחד בארץ ישראל התלויה בגשמי החורף. השנה היא מבורכת או לא מבורכת. אך אם כן מתעוררת שאלה חדשה – למה בחרו חז״ל לבסס את הבקשה כולה על החקלאות? אמנם החקלאות חשובה, אך היא איננה התחום היחיד שבו אנו צריכים לבקש הצלחה חומרית.

ב. ושלמתי לכם את השנים

מאחר שברכת השנים מבוססת על הפסוק ביואל, נעיין בפרק ונבחן את הפסוק בהקשרו. בפרק זה מתוארת פלישה איומה של צבא אדיר, מכת ארבה, אשר משמיד את כל שעומד לפניו:

תִּקְעוּ שׁוֹפָר בְּצִיּוֹן, וְהָרִיעוּ בְּהַר קָדְשִׁי יִרְגְּזוּ כֹּל יֹשְׁבֵי הָאָרֶץ כִּי
בָא יוֹם ה׳ כִּי קָרוֹב.
יוֹם חֹשֶׁךְ וַאֲפֵלָה יוֹם עָנָן וַעֲרָפֶל כְּשַׁחַר פָּרֻשׂ עַל הֶהָרִים
עַם רַב וְעָצוּם כָּמֹהוּ לֹא נִהְיָה מִן הָעוֹלָם וְאַחֲרָיו לֹא יוֹסֵף עַד שְׁנֵי
דּוֹר וָדוֹר. (יואל ב, א-ב)

הנביא מרחיב בתיאורי אימה של השיממון וההשמדה, ואז קורא לתשובה ותפילה:

וְגַם עַתָּה נְאֻם ה׳ שֻׁבוּ עָדַי בְּכָל לְבַבְכֶם וּבְצוֹם וּבִבְכִי וּבְמִסְפֵּד.
וְקִרְעוּ לְבַבְכֶם וְאַל בִּגְדֵיכֶם וְשׁוּבוּ אֶל ה׳ אֱלֹהֵיכֶם
כִּי חַנּוּן וְרַחוּם הוּא אֶרֶךְ אַפַּיִם וְרַב חֶסֶד וְנִחָם עַל־הָרָעָה. (יא-יב)

ואז מתאר הנביא את התפילה העולה מתוך התשובה והתגובה האלוקית:

בֵּין הָאוּלָם וְלַמִּזְבֵּחַ יִבְכּוּ הַכֹּהֲנִים מְשָׁרְתֵי ה׳ וְיֹאמְרוּ חוּסָה ה׳ עַל
עַמֶּךָ וְאַל תִּתֵּן נַחֲלָתְךָ לְחֶרְפָּה לִמְשָׁל בָּם גּוֹיִם
לָמָּה יֹאמְרוּ בָעַמִּים אַיֵּה אֱלֹהֵיהֶם.
וַיְקַנֵּא ה׳ לְאַרְצוֹ וַיַּחְמֹל עַל עַמּוֹ.
וַיַּעַן ה׳ וַיֹּאמֶר לְעַמּוֹ הִנְנִי שֹׁלֵחַ לָכֶם אֶת הַדָּגָן וְהַתִּירוֹשׁ וְהַיִּצְהָר
וּשְׂבַעְתֶּם אֹתוֹ
וְלֹא אֶתֵּן אֶתְכֶם עוֹד חֶרְפָּה בַּגּוֹיִם. (יז-יט)

ברור מפסוקים אלו שכישלון חקלאי בארץ ישראל מהווה חילול השם. התוצאה של אבדן התנובה בשל הארבה היא שיאמרו העמים, איה

אלוקיהם. הברכה החוזרת, שליחת הדגן התירוש והיצהר, מבטיחה שישראל לא יהיו עוד חרפה בגויים. התגובה לתפילת הכוהנים היא ברכת הפרות, הורדת הגשם בעתו, מילוי הגרנות, ולסוף – שילום השנים.

אַל תִּירְאִי אֲדָמָה, גִּילִי וּשְׂמָחִי, כִּי הִגְדִּיל ה׳ לַעֲשׂוֹת.
אַל תִּירְאוּ בַּהֲמוֹת שָׂדַי, כִּי דָשְׁאוּ נְאוֹת מִדְבָּר כִּי עֵץ נָשָׂא פִרְיוֹ
תְּאֵנָה וָגֶפֶן נָתְנוּ חֵילָם. וּבְנֵי צִיּוֹן גִּילוּ וְשִׂמְחוּ בַּה׳ אֱלֹהֵיכֶם כִּי נָתַן
לָכֶם אֶת הַמּוֹרֶה לִצְדָקָה
וַיּוֹרֶד לָכֶם גֶּשֶׁם מוֹרֶה וּמַלְקוֹשׁ בָּרִאשׁוֹן.
וּמָלְאוּ הַגֳּרָנוֹת בָּר וְהֵשִׁיקוּ הַיְקָבִים תִּירוֹשׁ וְיִצְהָר.
וְשִׁלַּמְתִּי לָכֶם אֶת הַשָּׁנִים אֲשֶׁר אָכַל הָאַרְבֶּה הַיֶּלֶק וְהֶחָסִיל וְהַגָּזָם,
חֵילִי הַגָּדוֹל אֲשֶׁר שִׁלַּחְתִּי בָּכֶם. (כא-כה)

בסוף הנבואה נאמר במפורש הזיהוי המתבקש בין ברכת הארץ לנוכחות שכינה בעם ישראל:

וַאֲכַלְתֶּם אָכוֹל וְשָׂבוֹעַ, וְהִלַּלְתֶּם אֶת שֵׁם ה׳ אֱלֹהֵיכֶם אֲשֶׁר עָשָׂה
עִמָּכֶם לְהַפְלִיא
וְלֹא־יֵבֹשׁוּ עַמִּי לְעוֹלָם.
וִידַעְתֶּם כִּי בְקֶרֶב יִשְׂרָאֵל אָנִי, וַאֲנִי ה׳ אֱלֹהֵיכֶם וְאֵין עוֹד
וְלֹא יֵבֹשׁוּ עַמִּי לְעוֹלָם. (כו-כז)

ברור מנבואה זו שהשפע החקלאי בארץ ישראל הוא הסימן והביטוי לנוכחות השכינה בקרב עם ישראל. כישלון חקלאי הוא בושה, וחזרת

השכינה מבטיחה – פעמיים – שלא יבושו עמי לעולם. שנה ללא ברכת הארץ איננה סבל בלבד, אלא שנה חסרה, שנה מבוזבזת; לכן מבטיח ה׳ לשלם את השנים אשר אכלו הארבה, כמי שמשלם חוב. הסיבה היא ששנה בלי הצלחה חקלאית היא שנה חסרה – חסרת נוכחות שכינה, ושנה מבורכת היא שנה מלאה, שנה שמתקיים בה ״וידעתם כי בקרב ישראל אני״.

ג. ברכה

כדי להבין למה ברכה היא בעיקר ברכת פרי האדמה, יש לזכור שברכה פירושה כוח ריבוי וגידול. הברכה הראשונה בתורה הייתה ״פרו ורבו״. זו הברכה שחותמת את הבריאה, והיא ניתנת רק לאחר סיום הבריאה. במעשה הבריאה עצמו נקצב הכול למידתו הטבעית. כל דבר שווה לעצמו, ויכול לכלול לא יותר מאשר הוענק לו בבריאה. אך בסיום מעשה הבריאה, בירך ה׳ את עולם החי בברכת פרו ורבו, שפירושה היכולת להתרבות מעבר לגבולות הבריאה, ובכך להמשיך, במידת מה, את מעשה הבריאה. ההמשך עולה ומתעלה מעבר לנקודת המוצא. כוח זה, להגדיל ולהרבות, הוא כוח הבריאה, כוח האלוקים הבורא יש מאין. כוח הבריאה של ה׳ מוענק לנבראים, כדי לאפשר המשך גידול ופיתוח אמתי.

בעולם הטבע, המקום שבו אנו מוצאים דרך קבע את כוח הגידול והצמיחה הוא האדמה, ובשבילנו היא יסוד הגדילה. ארץ, אדמה, קרקע, מסמלים את מקור הצמיחה. כשאנו מבקשים פרנסה וכלכלה, אין אנו מבקשים רק את החומרים המוחשיים שנאכל. אין אנו מבקשים כסף, אוכל, לחם חוק יום ביומו או משהו אחר שהקב״ה יכול ליצור ולתת

לנו. אנו מבקשים את הברכה, ברכת ה׳, כלומר את הכוח ליצור בעצמנו ולהצמיח בכוחנו, להיות יצרניים ומפיקים. כוח ריבוי זה הוא הכוח של הא־ל עצמו, ואם אנו מתברכים בו, אין זה אלא שהוא יתברך נמצא בקרבנו. מי שמרגיש את היצירתיות הזאת, את היכולת הזאת, יודע "כִּי בְקֶרֶב יִשְׂרָאֵל אָנִי, וַאֲנִי ה׳ אֱלֹהֵיכֶם..." (פסוק כז). למה? לא מפני שה׳ נתן לבני ישראל הרבה אוכל, אלא משום ש"נָתַן לָכֶם אֶת הַמּוֹרֶה לִצְדָקָה" (פסוק כג). הגשם שיצמיח את הפרות הוא הברכה ולא הפרות עצמם, ובו – במורה – השמחה והגיל.

לכן מושא הברכה הוא השנה, יחידת זמן. כיוון שהפרי אינו הברכה, אלא הצמיחה והיצירה, הברכה שייכת לזמן. הצמיחה היא תהליך קיים במרחב הזמן. ללא זמן אין צמיחה. משהו קבוע יכול להתקיים בלי התייחסות לזמן. בקשה לנוכחות שכינה שתתבטא בכוח התפתחות וגידול היא בקשה במרחב הזמן, ולכן – ברכת השנים. הזמן איננו רק הכלי המחזיק את הברכה – ברכה במשך זמן – אלא מושא הברכה עצמו. האדם מבקש להשתלב בתהליך, בדבר שקיים רק בזרימת הזמן. אני פונה בברכה זו אל ה׳, שהוא מברך השנים, ומצמיח תהליך בתוך הזמן. נוכחות שכינה בתוך הזמן היא מה שהאדם צריך ומבקש, וברכת נוכחות זו מתבטאת באדמה.

ד. ושבענו מטובך

יש שני נוסחים לשורה הרביעית בברכה: "ושבענו מטובך", "ושבענו מטובה". הנוסח הראשון מבטא את הרעיון שהצגתי בצורה ברורה. אנו מבקשים במפורש ליהנות מטוב ה׳, ושה׳ יהיה פעיל וחי בעולמנו.

לדעתי, גם את הנוסחה השנייה יש להבין בדרך זו. לצורך כך נשים לב לפועל בבקשה זו – "**ושבענו** מטובה".

"שובע" הוא מלאות. הקשר בין שובע וברכה הוא יסוד החיוב בברכת המזון, כפי שנאמר בפסוק, "וְאָכַלְתָּ וְשָׂבָעְתָּ וּבֵרַכְתָּ אֶת ה' אֱלֹהֶיךָ". שם גם נקבע הקשר בין השובע והברכה, לבין הארץ – "וּבֵרַכְתָּ אֶת ה' אֱלֹהֶיךָ עַל הָאָרֶץ הַטֹּבָה אֲשֶׁר נָתַן לָךְ" (דברים ח, י). לדעתי, בפסוק, ועוד יותר בברכה, השובע אינו מציין כמות של שפע. אין אנו מבקשים שה' ייתן לנו דווקא כמות של פרנסה, כמות גדולה מספיק עד שתתואר כשובע. השובע אינו מציין כמות, אלא מצב פנימי של האדם. "שבענו" פירושו תן לנו **הרגשת** שובע, הרגשת סיפוק ומלאות החיים; הרגשה זו היא ההרגשה שאנו יוצרים מספיק לקיים את עצמנו. אדם שאינו יצרני אך יש לו קרן תמיכה, אינו שבע אלא נזקק, גם אם כרגע אינו רעב. רק מי שיש לו – או בו – מקור נובע ושופע, יש בו שביעה. בתפילת שבת, בהקשר שונה מעט, אנו אומרים "שבענו מטובך ושמח נפשנו בישועתך". אין זו רק הרגשה גשמית, אלא חוש היצירה והמלאות של חיים פרודוקטיביים. זו ההרגשה שאדם חש בסוף יום מלא בעבודה פורה, יום שלא בוזבז;[1] זו הרגשת סיפוק – ושביעה. בקשת "ושבענו מטובה" היא בקשה לקשר רוחני־פנימי לטוב הפיזי־חומרי. טוב זה עצמו מבוסס על האופי הרוחני של ברכה, גידול ויצירה.

עם כל זה, אני מודה כי אני מעדיף את הנוסחה "ושבענו מטובך". טוב ה' איננו הפרות שה' שולח לנו אלא רוחו ונוכחותו בקרבנו, והברכה שמתגלה במאמצינו כתוצאה מכך.

1 הניגוד המוחלט למצב זה הוא אדם שזורע ומאכיל לארבה.

ה. ארץ ישראל

ארץ ישראל אינה מוזכרת במפורש בברכה, אלא רק ה"אדמה". ללא ספק, הברכה כוללת כל סוג של פרנסה וכלכלה, וממילא מתייחסת לכל הארצות. מכל מקום, ברור לי שהברכה רומזת לארץ ישראל, כפי שאכן ברור בפרק ב בספר יואל.[2] זה כמובן אינו מפתיע. אם הברכה מוסבת על נוכחות שכינה, הבאה לידי ביטוי בברכה פיזית באדמה, ברור שהזירה האמתית המתאימה לכך היא נחלת ה', מקום השכינה. רעיון זה תומך בנכונות הנוסח, "ושבענו מטובה", ובעצם מבטל את ההבדל בין "טובה" ל"טובך".

ו. לקראת חצי סיום

הגענו לחצי הדרך בברכות תפילת עמידה. בשלב זה, הבקשות עוברות מצורכי יחיד בהווה לצורכי רבים בהיסטוריה, ומגורל היהודי לגורל עם ישראל. נשים לב לתופעה שהתפתחה בשיעורים האחרונים. אף שדאגתי להדגיש בהקדמה שנושאי הברכות הם ארציים, צרכים אמתיים של האדם הגשמי החי על הארץ ולא נושאים דתיים נשגבים, יצא שלכל אחת מברכות הבקשות הענקתי צביון רוחני. בצורה זו או אחרת, טענתי כי אנו מבקשים קשר קרוב יותר עם אלוקים, אם זה בדעת, בתשובה, בסליחה, ברפואה, בגאולה, או בפרנסה. אני מעיד על עצמי שלא כך הייתה כוונתי בפתח הספר – אדרבה, היה חשוב לי

2 רעיון זה יקבל משמעות מיוחדת בעקבות העיון בברכה הבאה; שם נראה כי אין ברכה המוקדשת לארץ ישראל בתפילת העמידה.

להדגיש שהבקשות מבוססות על כל צורכי האדם. הרעיונות שהוצגו כאן הם תוצאת העיון בנוסח, במקבילות המקראיות ובדברי חז"ל. הפירוש שהתקבל הוא שהצרכים הם באמת אנושיים כפי שתכננתי, אך הפתרון בכל בקשה היה היענות ה' לא רק לתת לנו את צרכינו הפיזיים, אלא גם לתת מעצמו יתברך; בכך ה' גם יוצר קשר בינינו וגם נותן תשובה לחסר לנו.

הרעיון הזה נראה לי עתה נכון ובסיסי – הקשר האמתי, הרוחני, בינינו לבין האלוקים, מבוסס על הצרכים המעשיים – כולל הגשמיים – של האדם, יציר כפיו. תפילה היא קשר דתי ורוחני, לא משום שלשון התפילה מיתרגמת למשהו נעלה יותר, לרמזים לעולמות עליונים; אלא משום שצורכי האדם, הנברא בצלם, נענים באמת רק באמצעות התחברות למקור החיים ומלך העולם. בתפילה איננו מבקשים דבר שלא נמצא בעולם הזה, אלא אנו מדגישים שכל דבר בעולם הזה תלוי בה'. אנו קובעים שצרכינו בעולם הזה הם חלק בלתי ניתן להפרדה מיחסינו עם הקב"ה, ושרק בעזרת קבלת צרכינו מהקב"ה נוכל להעניק ממד רוחני לחיינו הגשמיים.

אם נחזור לנושא של הפרק הראשון, תפילה היא עבודה, עבודת ה'. עבודה היא ריכוז צרכינו בה' יתברך, כי רק הוא יכול למלאם ולהעניק לנו ברכה ומשמעות. אנו אכן רוצים בריאות, דעת, ושפע פרנסה; עם זאת, אנו מבינים שדברים אלו אינם רק חפצים ארציים שלהם אנו זקוקים, אלא הם בעצמם גילוי נוכחות ה' וברכתו. אם נקבל אותם ממקור אחר (או שנחשוב שאנו מקבלים אותם משם), אין הם יותר מעפר ואפר. אם נבין שאנו מקבלים אותם מתוך היחס בינינו לאלוקינו, ממקור מים חיים, הם עצמם יהוו הבסיס לדבקות דתית באלוקים חיים.

פרק טו

קיבוץ גלויות

הברכה העשירית היא קיבוץ גלויות.

עד כאן, הברכות ביטאו את הצרכים הפרטיים של המתפלל. מכאן והלאה הברכות מתמקדות בייעוד הלאומי של עם ישראל. מברכת קיבוץ גלויות עד ברכת מצמיח קרן ישועה, כל הברכות עוסקות בשלבים שונים של תהליך הגאולה העתידית; זאת בניגוד לברכות הקודמות, אשר עוסקות בצורכי היחיד המיידיים.

א. הנושא

הבקשה הראשונה, השלב הראשון בגאולה, היא קיבוץ גלויות. יש נטייה, די טבעית ומוצדקת, לראות בברכה הזאת בקשה הקשורה לארץ ישראל. אך דא עקא, ארץ ישראל כלל אינה מוזכרת בצורה מפורשת בברכה. ברור, כמובן, שכאשר יקבץ ה' את גלויותינו, הן תתקבצנה למקום מסוים, ואין ספק שהוא יהיה ארץ ישראל. אולם,

הברכה עצמה אינה עוסקת בשיבה לארץ ישראל, אלא, בצורה בולטת וברורה, בקיבוץ נידחים. הברכה אינה מדגישה את עליונותו של מקום גיאוגרפי מסוים על מקום אחר, אלא את חשיבות קיבוץ כלל ישראל למקום **אחד** בניגוד לפיזורם במקומות **רבים**. נכון שבנוסח ספרד השורה השלישית היא "וקבצנו יחד מארבע כנפות הארץ לארצנו";[1] אך עובדה זו רק מדגישה את חסרונה של ארץ ישראל בברכה. ברור שתוספת מילה אחת בסוף המשפט באה כדי למלא את החסר הבולט, ואין בכוחה לשנות את מרכז הכובד הברור של הברכה כולה.

עיון בברכה מגלה בצורה ברורה שנושא הברכה איננו חשיבותה של ארץ ישראל, אלא ה"יחד" – וקבצנו יחד. אם נתרכז, כפי שעשינו בברכות הקודמות, במקור הבקשה – בצורך ובחסר האנושי שהבקשה באה לפתור, ברור שאין מדובר במרחק של היחיד מביתו, אלא בפיזור של עם ישראל ומרחקם זה מזה. הגורם לברכה הוא הצורך באחדות, ולא הצורך להיות בבית, בארץ ישראל. הבקשה המפורשת היא "וקבצנו יחד מארבע כנפות הארץ". חתימת הברכה מבהירה – אנו פונים למי ש"מקבץ נדחי עמו ישראל".

כדי שנוכל להבין את משמעות נושא זה, נעיין כהרגלנו בלשונות הברכה. עולות כמה קושיות:

א. הברכה מתאפיינת בלשון ציורית במיוחד. קיבוץ הגלויות מתבצע על ידי תקיעת שופר ועל ידי נשיאת נס. מהי המטרה של שימוש מליצי זה?

1 המילה "ארצנו" אינה מופיעה בנוסח אשכנז.

ב. תקיעת השופר היא ל"חירותנו". מה הקשר לחירות? הברכה היא בנושא קיבוץ גלויות ולא בנושא חירות. השאלה הזאת רלוונטית במיוחד היום, כשהגלויות אינן במצב של עבדות; אך נדמה שגם ללא תלות בתקופה יש הבדל בין הבעיה של גלות ופזורה לבין בעיה של שעבוד. מה הקשר בין קיבוץ גלויות וחירות?

ג. מהו שופר **גדול**? מה ההבדל בין שופר רגיל לשופר גדול?

ד. בחתימה, פזורת ישראל מכונה בכינוי שאינו מופיע בגוף הברכה – "נדחי ישראל". משמעות נידחים אינה רק פזורים – הכינוי רומז לאיזשהו כוח שדוחה ודוחף את היהודים הנידחים ומרחיק אותם ממקומם הטבעי. בפסוק מישעיהו,[2] שמשמש כמקור לפתיחת הברכה הזאת, "נדחים" מקביל ל"אובדים". נידח איננו רק **רחוק** מהבית, הוא ללא יכולת לחזור. למה אנו משתמשים דווקא בתואר זה בברכה?

ב. קיבוץ ואיחוד

רעיון הקיבוץ והאיחוד הוא מיסודות הגאולה הישראלית. על פי המחשבה היהודית, הפירוד בעם ישראל פוגע באיחוד האלוקי. מטרת הבריאה היא לשקף את מלכותו ואת אחדותו של האלוקים. כשיש פירוד בבריאה, כשלא הכול מכוון לעבודת ה', יש חיסרון במלכותו של ה', וזה נחשב לפגיעה באחדות ה'. ביום שהכול יתאחדו בעבודת

2 "וְהָיָה בַּיּוֹם הַהוּא יִתָּקַע בְּשׁוֹפָר גָּדוֹל וּבָאוּ הָאֹבְדִים בְּאֶרֶץ אַשּׁוּר וְהַנִּדָּחִים בְּאֶרֶץ מִצְרָיִם וְהִשְׁתַּחֲווּ לַה' בְּהַר הַקֹּדֶשׁ בִּירוּשָׁלָם" (ישעיהו כז, יג).

ה', יהווה האיחוד בעולם את ייחודו של ה'. וכך אנו מתפללים בראש השנה, יום עליית ה' לכסא המלכות:

ויראוך כל המעשים
וישתחוו לפניך כל הברואים
ויעשו כולם אגודה אחת
לעשות רצונך בלבב שלם.

והתוצאה היא:

ביום ההוא יהיה ה' אחד ושמו אחד.

התפקיד הזה, ייחוד ה' בעולם, הוא תפקיד העם היהודי. כיוון שכך, הפירוד והפיזור של העם היהודי פוגע בייחוד ה' בעולם, ובעיקר – בייחוד מלכותו. כשאין אנו מהווים חברה אחת, אין יחידה חברתית־לאומית שנושאת את מלכותו וייחודו של ה'. לכן הבעיה אינה בהיעדר ישראל במקום מסוים – אף שכמובן המקום שבו יתרחש איחודו של עם ישראל, המקום היחיד שבו איחוד כזה יכול להתרחש, הוא ארץ ישראל – אלא בהיעדר האחדות הפיזית והמטפיזית של עם ישראל. אנחנו מתחננים לפתרון לבעיה איומה זו, בעיה שאינה רק קשה לנו אלא גם לשכינה. היהודי הבודד, וכן גם עם ישראל כולו בפיזורו בארבע כנפות הארץ, אינו יכול להיות מרכבה לאחדות אלוקית בעולם.

יש בעולם שתי מרכבות למלכותו של ה', אחת חברתית־אנושית, ואחת מקומית־גיאוגרפית. הראשונה – עם ישראל – היא נושא

ברכתנו. השנייה היא ירושלים, והיא הנושא של ברכה אחרת, מאוחרת יותר. שני המוקדים נכרכים יחד בפסוקים, לדוגמה בפסוק שהוא מקור הביטוי "נדחי ישראל": "בּוֹנֵה יְרוּשָׁלַם ה׳, נִדְחֵי יִשְׂרָאֵל יְכַנֵּס" (תהילים קמז, ב). בפסוק זה הסדר הוא הפוך מאשר בתפילה,[3] אך נדמה לי שההבדל המשמעותי יותר הוא שבנוסח התפילה החליטו חז"ל להפריד לחלוטין בין שני הנושאים. הדבר בולט אפילו יותר בהתבוננות בפסוק שתרם את הפתיחה של ברכתנו: "וְהָיָה בַּיּוֹם הַהוּא יִתָּקַע בְּשׁוֹפָר גָּדוֹל וּבָאוּ הָאֹבְדִים בְּאֶרֶץ אַשּׁוּר וְהַנִּדָּחִים בְּאֶרֶץ מִצְרָיִם וְהִשְׁתַּחֲווּ לַה׳ בְּהַר הַקֹּדֶשׁ בִּירוּשָׁלָם" (ישעיהו כז, יג). ישעיהו הנביא מדגיש שקיבוץ ישראל יחדיו הוא כדי לעלות מיד ולשרת את ה׳ בירושלים, המושב המלכותי. חז"ל שאבו מפסוק זה את ניסוח ברכתנו, אך השמיטו את הקשר הרצוף לירושלים, והפרידו בין הדבקים בשלוש ברכות אחרות.

הטור הסביר את הופעתו של השופר בברכה בעזרת הפסוק הזה. בהקרבת קרבנות יש דין של תקיעה: "וּבְיוֹם שִׂמְחַתְכֶם וּבְמוֹעֲדֵיכֶם וּבְרָאשֵׁי חָדְשֵׁיכֶם וּתְקַעְתֶּם בַּחֲצֹצְרֹת עַל עֹלֹתֵיכֶם וְעַל זִבְחֵי שַׁלְמֵיכֶם וְהָיוּ לָכֶם לְזִכָּרוֹן לִפְנֵי אֱלֹהֵיכֶם אֲנִי ה׳ אֱלֹהֵיכֶם" (במדבר י, י). לכן, כתב הטור, מאחר שמטרת קיבוץ גלויות היא להשתחוות לה׳ בירושלים, ה׳ משתמש בשופר, סמל לעבודת הקרבנות, כדי להניע את הגלגל של קיבוץ גלויות. אך נדמה לי שדווקא בברכות שמונה עשרה רואים אנו שאין הדבר כן. השופר תוקע לחירותנו, בלי כל קשר לקרבנות. אדרבה, כאן השופר **מניע** את קיבוץ הגלויות, ואילו בקרבנות השופר הוא תגובה לקרבן, ומסמל את השראת השכינה **בעקבות** העבודה. למרות התאמת הרעיון של הטור לפסוק בישעיהו, נדמה לי שחז"ל

3 כלומר ירושלים קודמת לכינוס הנידחים.

ראו את השופר כקשור ישירות לקיבוץ גלויות, ואת הקרבת הקרבנות כיעד סופי, מרוחק מה, מתהליך הקיבוץ. אנו חייבים למצוא קשר ישיר בין שופר וקיבוץ גלויות.

כפי שראינו בפסוקים, אין ספק שקיבוץ גלויות אמור להוביל לעבודת ה׳ בירושלים. רעיון זה נובע מכך שהאחדות הפיזית של ישראל היא המרכבה לאחדותו ולמלכותו של ה׳ אלוקי ישראל. המטרה היא עם אחד עובד לא־ל אחד. אך, כפי שהדגשתי כמה פעמים, נוסח התפילה מבוסס על צרכים ולא על רעיונות מחשבתיים. לבניין ירושלים, היעד הסופי של קיבוץ גלויות, נגיע בהמשך התפילה, והוא מהווה צורך עצמאי של עם ישראל. אך בניסוח הצרכים, הדברים שחסרים לנו, אין קשר הדוק בין הצורך באחדות ישראל והצורך בעבודת ה׳. ברכתנו תרמוז ליעד סופי זה, כיוון שהוא מעצב את משמעות הבקשה, אך הבקשה עומדת לעצמה. לכן חוזרת השאלה בנוגע לקשר שבין שופר וקיבוץ גלויות.

שופר הוא סמל מרכזי של ראש השנה. לא זו בלבד שאנו תוקעים על כל אחת מהברכות האמצעיות של תפילת העמידה במוסף ראש השנה, אלא שיש ברכה שלמה שמוקדשת לשופר. מהו הנושא של עשרת פסוקי שופרות? עיון בפסוקים מגלה מיד שהנושא המשותף הוא התגלות שכינה. שלושת הפסוקים הראשונים עוסקים במתן תורה (בעבר), שלושת פסוקי הכתובים עוסקים בנוכחות שכינה בחיינו (בהווה), ושלושת הפסוקים האחרונים (כולל הפסוק שבו דַנוּ, "והיה ביום ההוא יתקע בשופר גדול") מדברים על הגאולה העתידית. השופר הוא "תרועת מלך", ההכרזה לפני כניסת המלך. אין התרועה סמל לנוכחות שכינה מוסתרת בתוך התהליך הטבעי, אלא היא מכריזה על גילוי שכינה הפורץ את מסך הטבע ומשנה אותו.

זו כוונת "שופר גדול". שופר גדול הוא שופר שמשנה היסטוריה, שבהופעתו מתחולל לא רק אירוע בעל משמעות מדינית או פוליטית, אלא מהפך דתי, שינוי יסודי ביחסים הרגילים של הטבע והבורא. כיום "אכן אתה א־ל מסתתר", אך "ביום ההוא יתקע בשופר גדול". השופר, כלומר התגלות שכינה מוחשית בתוך העולם, הוא הדבר שקורא לפזורי ישראל להתכנס. ממילא יש הבדל איכותי באופי ההתכנסות. עם ישראל מתקבץ מסביב לקריאתו של ה', הוא נמשך ללכת לקול השופר. קיבוץ גלויות שאינו מסביב לקריאה זו אינו אחדות ישראל האמתית, כי הוא אינו היסוד לאחדות ה'.

עניין זה, שהקיבוץ הוא סביב ה', מתבטא ביתר בהירות בשורה השנייה בברכה, בדימוי המיוחד: "ושא נס לקבץ גלויותינו". הנס הוא התורן, נס הרים, דגל מורם מעל. נשיאת נס מביאה לקיבוץ גלויות משום שמתקבצים מסביבו. הפסוק בסדר שופרות שמקדים את "וְהָיָה בַּיּוֹם הַהוּא יִתָּקַע בְּשׁוֹפָר גָּדוֹל", הוא "כָּל יֹשְׁבֵי תֵבֵל וְשֹׁכְנֵי אָרֶץ כִּנְשֹׂא נֵס הָרִים תִּרְאוּ וְכִתְקֹעַ שׁוֹפָר תִּשְׁמָעוּ" (ישעיהו יח, ג). גם השופר וגם הנס קוראים ללכת אחריהם ולהתקבץ מסביבם. מאחר שה' הוא התוקע וה' הוא הנושא את הנס, אנו מתפללים ומבקשים כינוס אשר במרכזו עומד ה'.

כדי להבהיר את זה באופן ברור עוד יותר, הוסיפו חז"ל מילה אשר אין לה כלל מקור בפסוקים – "לחירותנו". כינוס גיאוגרפי גרידא אינו קשור בהכרח לחירות. המילה חירות מקבילה לביטוי המקראי "דרור". ביטוי לכך אפשר למצוא בתרגום שמשתמש בחירות לתרגום "דרור". ר"י ב"ר יקר מסביר את המילה "חירותנו" בעזרת הפנייה לפסוק "לִקְרֹא לִשְׁבוּיִם דְּרוֹר וְלַאֲסוּרִים פְּקַח קוֹחַ" (ישעיהו סא, א). קיבוץ הגלויות אינו רק תהליך גיאוגרפי אלא תהליך של שחרור, כי

הפיזור עצמו הוא מצב של הסתר פנים, של כיסוי והאפלה. בעולם שלנו אין אנו מצליחים לשמוע את קול שופרו של הקב"ה, שופר ההתגלות. אם יתקבצו הגלויות מסביב לנס המורם של ה', התוצאה תהיה לא רק חברתית אלא רוחנית – גאולה וחירות הרוח. במילה אחת, ברמז, מכוונת אותנו הברכה לראות בפזורה סוג של שעבוד, ובשופר קריאת דרור.[4] משמעות זאת של קיבוץ גלויות איננה מפקיעה את המשמעות הפוליטית, אלא מעמיקה אותה ומעניקה למהפך הפוליטי־חברתי ממד רוחני־דתי.

עתה לחתימה, שמכניסה מושג חדש – "נדחי ישראל". הנידחים, כפי שמסתמן מההקבלה בפסוק, הם "אובדים". זוהי המשמעות בפסוק בשמואל: "כִּי מוֹת נָמוּת וְכַמַּיִם הַנִּגָּרִים אַרְצָה אֲשֶׁר לֹא יֵאָסֵפוּ, וְלֹא יִשָּׂא אֱלֹהִים נֶפֶשׁ וְחָשַׁב מַחֲשָׁבוֹת לְבִלְתִּי יִדַּח מִמֶּנּוּ נִדָּח" (שמואל ב יד, יד). מדובר באבשלום, שהוא "נידח המלך", לא רואה את פניו ומגורש. השבת הנידח היא לא רק הבאתו לירושלים, אלא החזרתו ליחסים תקינים עם אביו. פזורת ישראל היא גם הדחה, כי כשאין אחדות העם אין יסוד למלכות ואין נוכחות שכינה.

אם המוקד של הברכה היה אכן ארץ ישראל, אזי היו הנידחים נידחים מהארץ. רעיון זה היה מבוסס על הקשר הטבעי הראשוני של היהודי עם ארץ ישראל, שממנה נידח על ידי כוח שהתגבר על משיכתו הטבעית. אך כיוון שראינו שמוקד הברכה הוא פיזור ואיחוד, יוצא שהכוח הדוחה הוא הכוח המפזר, והוא מתגבר על הטבע המאחד. המצב הטבעי הראשוני של עם ישראל הוא אחדות וקיבוץ. עם ישראל

4 רעיון זה של שופר כקריאת דרור הוא כמובן היסוד של השופר של יובל. "וְהַעֲבַרְתָּ שׁוֹפַר תְּרוּעָה בַּחֹדֶשׁ הַשְּׁבִעִי בֶּעָשׂוֹר לַחֹדֶשׁ, בְּיוֹם הַכִּפֻּרִים תַּעֲבִירוּ שׁוֹפָר בְּכָל אַרְצְכֶם... וּקְרָאתֶם דְּרוֹר בָּאָרֶץ לְכָל יֹשְׁבֶיהָ" (ויקרא כה, ט–י).

הוא גוי אחד בארץ – גווייה אחת, אחדות אורגנית־מטפיזית. ממילא מובן שהחזרת חלקי הגוף לתפקוד אורגני היא חזרה לחירותנו, חזרה למצב האמתי של היחידה החיה שהיא עם ישראל.

עתה נשאל, מהו הגורם לפזורת ישראל, או, במילים אחרות, מה שורש הבעיה שאותו אנו מבקשים לתקן? התשובה הרגילה מורה על העמים כסיבה – שעבוד מלכויות. ברכתנו נותנת תשובה אחרת, שיש לה משמעות מיוחדת לזמננו היום, כשאין הגויים מעכבים. התשובה היא – חוסר התגלות, שתיקת השופר, היעדר הקריאה הגלויה מה'. הברכה כוללת קריאה להתעוררות השכינה, כדי שנתקבץ מסביבה. הקשר הזה, בין התעוררות השכינה לבין קיבוץ גלויות, מודגש בכמה פרקים בישעיהו העוסקים בגאולה. לדוגמה:

> עוּרִי עוּרִי לִבְשִׁי עֹז זְרוֹעַ ה' עוּרִי כִּימֵי קֶדֶם דֹּרוֹת עוֹלָמִים הֲלוֹא אַתְּ הִיא הַמַּחְצֶבֶת רַהַב מְחוֹלֶלֶת תַּנִּין....
> וּפְדוּיֵי ה' יְשׁוּבוּן וּבָאוּ צִיּוֹן בְּרִנָּה וְשִׂמְחַת עוֹלָם עַל רֹאשָׁם שָׂשׂוֹן וְשִׂמְחָה יַשִּׂיגוּן נָסוּ יָגוֹן וַאֲנָחָה. (ישעיהו נא, ט, יא)

בברכה הזאת אנו פותחים את סדרת הברכות העוסקות בתהליך הגאולה. סדר הברכות מלמד אותנו על התהליך. הצעד הראשון הוא כינון חברה אורגנית מאוחדת. הצעד הבא, בברכה הבאה, הוא השתתת אותה חברה על אדני הצדק והמשפט, במילים אחרות – בניין מוסדות החברה הגאולית, יסוד השכינה. אחר כך, אחרי שיש גוי אחד בארץ שמתפקד כהלכה, באים מפלת הרשעים, ניצחון הצדיקים, בניין ירושלים, ומלכות דוד. לאור זה, על כל מתפלל לזהות את הנקודה במסלול ההיסטורי שבה הוא ועם ישראל נמצאים היום.

פרק טז

משפט

א. נושא הברכה

מצד אחד, החתימה – מלך אוהב צדקה ומשפט – מורה בבירור שהנושא הוא משפט. אולם, גם תשובה בהירה זו דורשת עיון. מה בדיוק אנו דורשים? האם אנו מבקשים להישפט על מעשינו? בימים הנוראים אנו עומדים למשפט, ואז אנו בעיקר מבקשים להינצל מן המשפט על ידי מדת הרחמים. מדוע אנו מבקשים להישפט ביום רגיל? האם האדם מרגיש צורך להישפט מיד, ולא יכול לחכות ליום הכיפורים? ועוד, מה משמעות הבקשה האמצעית בברכה – "והסר ממנו יגון ואנחה"? מה הקשר בין יגון למשפט, ולמה אנו מבקשים מרגוע נפשי דווקא בברכה זאת? לשאלות אלו נוסיף כמה שאלות מתוך עיון בנוסח הברכה.

1. הברכה פותחת בשתי בקשות, להשבת השופטים ולהשבת היועצים. שתי הבקשות מתייחסות למצב בימי קדם: "השיבה שופטינו

כבראשונה, ויועצינו **כבתחילה**". בתפילה מופיעה פעם נוספת בקשה לשיבה לימי קדם; בתפילת מוסף של יום טוב אנו מבקשים על בניין המקדש: "בנה ביתך **כבתחילה**". אך בשמונה עשרה של כל יום, בניין המקדש אינו מוגדר "כבתחילה", ואילו החזרת שופטינו ויועצינו מוגדרת כך. למה? מה החשיבות של הגדרת מצב המשפט (והייעוץ) כחזרה למצב עתיק? האם אנו מגדירים תמיד את האידאל בהקשר של העבר, במקום לייחל ולהסתכל לעתיד? האם כל תקוות הגאולה אינן אלא שאיפה לחזור לתקופה מוקדמת?

2. מי הם היועצים? מה הקשר בין ייעוץ ומשפט?
3. "ומלוך עלינו אתה ה' לבדך". מה הקשר בין מלכות ה' למשפט חברתי?
4. "בחסד ורחמים". החסד והרחמים הם צורכי האדם. אך אם הנושא הוא משפט וצדק, למה אנו מזכירים חסד ורחמים?
5. "וצדקנו במשפט" (נוסח אשכנז). נוסח הברכה הוא עיבוד של הפסוק "וְאֵרַשְׂתִּיךְ לִי בְּצֶדֶק וּבְמִשְׁפָּט וּבְחֶסֶד וּבְרַחֲמִים".[1] חוץ מהיפוך הסדר, התפילה גם החליפה את שם העצם "צדק" בפועל

1 ואכן, בנוסח ספרד הנוסח הוא "בחסד וברחמים, בצדק ובמשפט", כמו בפסוק אך בשינוי סדר. את שינוי הסדר אפשר היה להסביר מתוך רצון לסיים ב"משפט" כדי לקיים "מעין חתימה סמוך לחתימה". אך ר' יהודה ב"ר יקר פירש אותו מסיבה עקרונית. "ואע"ג דכתוב בצדק ובמשפט ובחסד וברחמים, הקדים המתפלל חסד ורחמים, דאמר בתנחומא: כל ארחות ה' חסד ואמת – הקדמת חסד לאמת וצדק למשפט, דכתיב (תהילים פט, טו) 'צֶדֶק וּמִשְׁפָּט מְכוֹן כִּסְאֶךָ חֶסֶד וֶאֱמֶת יְקַדְּמוּ פָנֶיךָ'. מכלל שיש להקדים חסד לרחמים, כי אמת היא מדת רחמים, וחסד עומד בימין הרחמים".

"וצדקנו". מהו בדיוק "וצדקנו במשפט"? מה הקשר בין "וצדקנו" לבין ה"צדקה" שבחתימה – מלך אוהב צדקה ומשפט?

6. זו הברכה היחידה שבחתימתה אנו מכנים את ה' בתואר "מלך". למה?
7. "מלך אוהב צדקה ומשפט". בברכת התשובה ציינתי שמטבע כל חתימה אמור להיות "ברוך העושה את מה שביקשנו". החתימה מגדירה את ה' כבעל היכולת לספק את הבקשה. אם ברכתנו היא בקשה למשפט, החתימה הייתה צריכה להתנסח כ"ברוך השופט בצדק" או משהו דומה. למה הברכה מתייחסת לאהבת ה' למשפט במקום ליכולתו לעשות אותו?
8. רוב השאלות מדגישות את שאלתנו המקורית. נוכל לסכם על ידי חזרה עליה – מהו הנושא של ברכה זאת, על מוקדה הלא בהיר ותוכנו המתחלף? או בקיצור – מה אנו מבקשים?

ב. "הטועים במשפט על דעתך ישפטו"

הגמרא (ברכות כט ע"א) מנסחת "תפילה קצרה" לשעת הדחק. לאדם שאינו יכול להתפלל את כל תפילת העמידה הארוכה נתקן נוסח מקוצר. בתפילה הקצרה מופיע ביטוי קצר של כמה מילים במקום כל אחת מן הברכות האמצעיות. יש להניח שהביטוי מתמצת את תוכן הברכה. במקום ברכת המשפט, אנו מוצאים בתפילה הקצרה את הצירוף "והתועים במשפט על דעתך ישפטו". יש מחלוקת בראשונים מי הוא זה שישפוט את התועים האלה. ר' יונה מפרש שהקב"ה ישפוט את התועים. בהתאם לכך, הברכה היא בקשה למשפט הרשעים על ידי האלוקים.

בנוסח הברכה הארוכה, זה מתאים במיוחד לשורה השלישית – "ומלוך עלינו אתה ה' לבדך".

אולם רש"י מפרש שהתועים ישפטו בדין תורה. כלומר, יש כאן בקשה להחזרת מערכת המשפט היהודי – הסנהדרין ובתי הדין. פירוש זה מתאים במיוחד לשורה הראשונה של הברכה – השיבה שופטינו כבראשונה. מפרשים אחרים הביאו רעיונות דומים, לדוגמה לקרוא "והתועים במשפט על דעתך יִשְׁפֹטוּ" (בבניין קל ולא בבניין נפעל). אז פירוש המשפט הוא שהדיינים שדנים לא לפי דין תורה יחזרו לדון על דעתך – על פי התורה. מבחינת התוכן פירוש זה דומה לפירוש רש"י – בקשה להחזרת מערכת בתי הדין התורני.

ג. הפסוקים

כהרגלנו, נעיין במקורות הברכה במקרא. הפתיחה, וכן החתימה, נלקחו מישעיהו.

אָשִׁיבָה שֹׁפְטַיִךְ כְּבָרִאשֹׁנָה וְיֹעֲצַיִךְ כְּבַתְּחִלָּה
אַחֲרֵי כֵן יִקָּרֵא לָךְ עִיר הַצֶּדֶק קִרְיָה נֶאֱמָנָה.
צִיּוֹן בְּמִשְׁפָּט תִּפָּדֶה וְשָׁבֶיהָ בִּצְדָקָה. (ישעיהו א, כו-כז)

בפסוקים אלו אין אזכור של מלכות ה' עלינו, וכן אין אזכור של הסרת היגון והאנחה. נראה שפסוקים אלו מחזקים את שיטת רש"י,[2] אך אם

2 ואז יש להסביר מדוע הוסיפו חז"ל לברכה את המוטיבים הנוספים.

נעיין בפרק בישעיהו בפסוקים שקודמים לפסוקים הללו, נמצא את שבועת ה׳:

> לָכֵן נְאֻם הָאָדוֹן ה׳ צְבָא־וֹת אֲבִיר יִשְׂרָאֵל
> הוֹי אֶנָּחֵם מִצָּרַי וְאִנָּקְמָה מֵאוֹיְבָי.
> וְאָשִׁיבָה יָדִי עָלַיִךְ וְאֶצְרֹף כַּבֹּר סִיגָיִךְ וְאָסִירָה כָּל בְּדִילָיִךְ. (שם כד-כה)

פסוקים אלו מזכירים דווקא את פירושו של ר׳ יונה – האלוקים מעניש את הרשעים. נדמה שלא התקרבנו לפתרון החידה.

ד. ימי קדם

נחזור לשאלה הראשונה. מדוע איננו מסתפקים בבקשת שופטים ויועצים טובים אלא מבקשים לחזור לדגם מן העבר, לשופטינו כבראשונה וליועצינו כבתחילה? כדי לענות על שאלה זו נעיין בהופעה המקראית הראשונה של הביטוי "צדקה ומשפט" שמככב בחתימה.

כשה׳ מחליט להשמיד את סדום, הוא קודם משוחח עם אברהם.

> וַה׳ אָמָר, הַמְכַסֶּה אֲנִי מֵאַבְרָהָם אֲשֶׁר אֲנִי עֹשֶׂה. וְאַבְרָהָם הָיוֹ יִהְיֶה לְגוֹי גָּדוֹל וְעָצוּם וְנִבְרְכוּ בוֹ כֹּל גּוֹיֵי הָאָרֶץ. כִּי יְדַעְתִּיו לְמַעַן אֲשֶׁר יְצַוֶּה אֶת בָּנָיו וְאֶת בֵּיתוֹ אַחֲרָיו וְשָׁמְרוּ דֶּרֶךְ ה׳ **לַעֲשׂוֹת צְדָקָה וּמִשְׁפָּט** לְמַעַן הָבִיא ה׳ עַל אַבְרָהָם אֵת אֲשֶׁר דִּבֶּר עָלָיו. (בראשית יח, יז-יט)

דרך ה׳ היא צדקה ומשפט. קיום עקרונות אלו ביסוד ביתו של אברהם, הוא המסביר את בחירתו להיות אב לגוי גדול ועצום אשר יתברכו בו כל גויי הארץ. "כי ידעתיו" מוסבר על ידי רש"י במקום כ"לשון חיבה... שהמחבב את האדם מקרבו אצלו ויודעו ומכירו". הרמב"ן מציע פירוש אחר, "גדלתיו ורוממתיו". על פי שני הפירושים כאחד, ה׳ מסביר שהבסיס ליחס האישי והאוהד שלו לאברהם הוא ציווי הצדקה והמשפט. מובן, אם כן, מדוע הפרק הראשון בישעיהו תולה את החורבן בנטישת דרך הצדקה והמשפט. איך יימנע חורבן ירושלים? "לִמְדוּ הֵיטֵב, דִּרְשׁוּ מִשְׁפָּט, אַשְּׁרוּ חָמוֹץ, שִׁפְטוּ יָתוֹם, רִיבוּ אַלְמָנָה" (ישעיהו א, יז). כל מערכת היחסים בין הקב"ה לעם ישראל מבוססת על דרך צדקה ומשפט. העיר המתוארת באותו פרק – "מְלֵאֲתִי מִשְׁפָּט, צֶדֶק יָלִין בָּהּ, וְעַתָּה מְרַצְּחִים" (שם כא), היא עיר שה׳ אינו "יודע" אותה כפי שהוא ידע את אברהם. התיקון למצב הוא הפסוקים הרשומים בברכתנו:

> וְאָשִׁיבָה שֹׁפְטַיִךְ כְּבָרִאשֹׁנָה וְיֹעֲצַיִךְ כְּבַתְּחִלָּה אַחֲרֵי כֵן יִקָּרֵא לָךְ עִיר הַצֶּדֶק, קִרְיָה נֶאֱמָנָה. צִיּוֹן בְּמִשְׁפָּט תִּפָּדֶה, וְשָׁבֶיהָ בִּצְדָקָה. (ישעיהו א, כו-כז)

על פי ניתוח זה, נדמה לי ש"כבתחילה" ו"כראשונה" אינם מתייחסים לתקופה היסטורית מסוימת בימי בית ראשון. ההתחלה כאן מורה על היסוד, על מידותיו של אברהם. הפסוקים מדברים על חזרה למידות שעליהן נוסד עם ישראל, לדרך ה׳ שאברהם הנחיל לבניו ולביתו. אותן המידות הן "ההתחלה" וה"כראשונה" של עם ישראל ובסיס מערכת יחסיו עם ה׳. פגיעה ביסודות החברה הצודקת פירושה הפרעה ביחסים

בין ישראל והאלוקים. במילים אחרות – מילותיו של ישעיהו – אם עיר אינה עיר הצדק, ה׳ אינו מולך עליה.

לפיכך, נושא הברכה הוא תיקון החברה. רק חברה שתתבסס על עקרונות המשפט והצדק תוכל להוות בסיס לקשר בין ישראל לה׳. היחסים האישיים עם ה׳ אינם מבוססים על חסידות אישית (שוודאי הייתה לו לאברהם), אלא על צדק חברתי. הדבר הזה מוכח מהפסוקים הנאמרים יום יום בהנחת תפילין, וגם מהווה מקור לנוסח הברכה:

וְאֵרַשְׂתִּיךְ לִי לְעוֹלָם
וְאֵרַשְׂתִּיךְ לִי בְּצֶדֶק וּבְמִשְׁפָּט וּבְחֶסֶד וּבְרַחֲמִים
וְאֵרַשְׂתִּיךְ לִי בֶּאֱמוּנָה וְיָדַעַתְּ אֶת ה׳. (הושע ב, כא-כב)

צדק ומשפט הם מרכיבי האירוסין בינינו ובין ה׳. הברכה עוסקת בחברת צדק – אך בקשה לחברת הצדק היא בעיני חז״ל ביטוי לכמיהה לחזרה ליחסי האירוסין האינטנסיביים שאפיינו את יחסי ה׳ עם אבי האומה, אברהם.

בימים שאותה מידה של צדק ומשפט חסרה, אנו מרגישים כמיהה זו כ״יגון ואנחה״. מצד הרגשת החסר, שממנה נובע הצורך להתפלל ולהתחנן, הדרישה למשפט נובעת מהרגשה פנימית של אובדן, של ניכור מה׳. אין אנו מבקשים יותר צדק מתוך בעיה אישית שבה המתפלל צריך ישועה מגורם העושק אותו, אלא מתוך תחושת היעדר נוכחות שכינה בתוכנו. חז״ל אבחנו ניכור זה כנובע מחסרון משפט וצדקה. יגון ואנחה אינם סימנים לצורך גופני, כגון רעב או חולי, או

למצוקה נפשית הנובעת מצרה,[3] אלא לשכול, לאובדן ערך ודרך. אנו מתאבלים על המצב הקיים ומתחננים להחזרת האירוסין. אם נחזור לחברה של משפט וצדקה, אזי ממילא יוסרו יגון ואנחה, כי אז נתארס בצדק ובמשפט ובחסד וברחמים – ונדע את ה'.

מוקד הברכה אינו משפט במובן הצר של בית דין המעניש עבריינים, אלא כמאפיין בסיסי של חברה הדואגת לצדק חברתי. לכן האמצעים הנדרשים הם לא רק שופטים אלא גם יועצים, שרים ומחנכים – כל המוסדות של חברה מתוקנת. משפט בתורה איננו רק "משפטים", מה שלומדים היום בפקולטה המכשירה עורכי דין. משפט פירושו איזון וחוק במובן הכללי של התנהגות נאותה ברמה החברתית; הכוונה ב"משפט" היא לחלוקה צודקת של משאבי החברה ואיזון בין דרישות הפרט. כך אנו מוצאים בתורה את חושן המשפט על לב אהרן, שאיננו קשור לשפיטה, אלא לעמידה של כל השבטים השונים מאוחדים לפני ה'. כך יש להבין את שאלת מנוח את המלאך, "מַה יִּהְיֶה מִשְׁפַּט הַנַּעַר וּמַעֲשֵׂהוּ" (שופטים יג, יב). מנוח אינו שואל מה יהיה עונשו של שמשון, אלא איך יש לחנכו. זאת הסיבה שאנו מבקשים צדקה – צדק. צדק מתקיים כאשר כל אחד מקבל את המגיע לו, לא רק כשכר ועונש, אלא גם מצד זכויותיו החברתיות והאנושיות. "וצדקנו במשפט" היא בקשה שנהיה זכאים ולא חייבים, שבדרכי המשפט נגיע לצדק אישי וחברתי.

כיוון שבקשתנו לחברה מתוקנת אינה מבוססת על גאווה לאומית או שאיפות פוליטיות, אלא על הכמיהה לקשר עם הקב"ה ברמה הלאומית, אנו מיד ממשיכים ומבקשים "ותמלוך עלינו אתה ה' לבדך".

3 כפי שהסברנו את "עניינו" בברכת גאולה.

חברת הצדק היא הבסיס להחזרת מלכות ה׳. מעשי אנוש בכינון חברת הצדק אינם אלא השתקפות של שלטון ה׳ בעולם. היהדות מעולם לא האמינה בחזון האנרכיה הקמאית, כמו זו שתיאר ז׳אן ז׳ק רוסו, אף אם עומד מעליה האלוקים. אדרבה, התקופה הישראלית הקרובה ביותר למצב ההוא, תקופת השופטים, מתוארת בשלילה כ״אין מלך בישראל איש הישר בעיניו יעשה״. התורה שואפת לכונן חברה עם מוסדות, ועוסקת במינוי מלך ובהעמדת שופטים. מלכות ישראל אינה סותרת את מלכות ה׳ אלא היא השתקפותה והיישום המעשי שלה.

ממילא מובן מדוע דווקא בברכה זאת חותמים במלכות. הנושא העיקרי של הברכה הוא, בסופו של דבר, מלכות ה׳. אנו מבקשים שה׳ ימלוך על החברה שלנו, לצורך כך אנו חייבים שהיא תהיה חברת צדק ומשפט.

ה. החתימה

בברכת התשובה הסברתי שהחתימה אינה מדברת על פעילות אלוקית, אלא על רצון אלוקי, כיוון שנושא הברכה איננו בקשה לעשייה של ה׳. התשובה היא בעיקרון מעשה אנוש, שלהצלחתו דרוש סיוע אלוקי. מצב דומה שורר כאן. חברת הצדק והמשפט אינה יכולה לרדת מושלמת מן השמים. אנו חייבים לבנות אותה. פרק א בישעיהו הוא תוכחה ודרישה לעשיית צדק על ידי העם, ולא נבואה על גאולה מן השמים. אם אלוקים ינחית עלינו שופט צדק, הצדק ייעשה, אך לא יהיה זה בסיס לאירוסין בינינו לבין ה׳. החברה זה אנחנו. ישעיהו דרש ״דִּרְשׁוּ מִשְׁפָּט אַשְּׁרוּ חָמוֹץ שִׁפְטוּ יָתוֹם רִיבוּ אַלְמָנָה״. פנייתנו אל ה׳ נובעת מהבנתנו שאין אנו מצליחים בכוחות עצמנו. אכן, ה׳ מבטיח שהוא

"יצרף כַּבֹּר סיגיך ויסיר כל בדיליך", אך קודם הוא דורש "רַחֲצוּ הִזַּכּוּ הָסִירוּ רֹעַ מַעַלְלֵיכֶם מִנֶּגֶד עֵינָי, חִדְלוּ הָרֵעַ" (ישעיהו א, טז). לכן אין אנו חותמים "ברוך שופט הצדק", כי אין אנו מבקשים שהוא ישפוט, אלא שיעזור לנו לשפוט. המפרשים מסבירים ש"אוהב צדקה ומשפט" פירושו אוהב את מי שעושה צדקה ומשפט (ב"ח סי' קיח, פמ"ג שם). פירושים אלו מתאימים לפירוש רש"י ל"כי ידעתיו" שציטטנו למעלה. אנו פונים למי שאוהב ויודע את בעלי הצדק והמשפט ומבקשים שקיום הצדק והמשפט מצדנו יתקן את היחסים בינינו לבינו, "וארשתיך לי לעולם, וידעת את ה'".

רעיון זה מסביר את שינוי החתימה בעשרת ימי תשובה מ"מלך אוהב צדקה ומשפט" ל"המלך המשפט". אנו מבינים את השינוי של "הא־ל הקדוש" ל"המלך הקדוש" כנובע מיסוד המלכות בתקופת ראש השנה. אך בברכת המשפט כבר מופיעה מלכות כל השנה. מה פשר השמטת ה"אוהב" בימים הנוראים? לאור דברינו התשובה ברורה. בימים אלו ה' באמת שופט אותנו בעצמו. בעשרת ימים אלו אין ה' אוהב את המשפט שאנו עושים, אלא הוא דן ושופט כל יצור וכל חברה. בראש השנה כולנו יחידים העומדים למשפט לפני כיסא הכבוד, והברכה מתוקנת בהתאם.

סדר הגאולה העולה משתי הברכות האחרונות ברור. קודם יצירת חברה – קיבוץ גלויות, ואחר כך עיצובה כחברת צדק ומשפט, על פי צוואת אבינו אברהם. "ציון במשפט תפדה, ושביה בצדקה" – זה הבסיס לגאולה, ועוד הרבה צעדים ושלבים לפנינו.

פרק יז
מינים

א. נושא הברכה

השאלה המרכזית הנוגעת לברכת המינים איננה טקסטואלית בעיקרה אלא מוסרית. ברור למדי מה מבקשים בברכה הזאת. השאלה היא למה אנו מתכוונים בדיוק כשאנו מבקשים את אובדן הרשעים? ולמי אנו מתכוונים?

הגמרא בברכות עוסקת באובדן הרשעים:

> בשכונתו של ר' מאיר היו בריונים אשר היו מצערים אותו הרבה. ר' מאיר היה מתפלל עליהם שימותו. אמרה לו ברוריה אשתו: מה דעתך – משום שכתוב "יתמו חטאים"? האם כתוב חוטאים? חַטָאִים כתוב! ועוד, לך אל סוף הפסוק, "ורשעים עוד אינם". מאחר שייתמו חטאים, ורשעים עוד אינם. אלא, בקש רחמים

עליהם שישובו בתשובה, ורשעים עוד אינם. הוא בקש רחמים עליהם והם חזרו בתשובה. (ברכות י ע״א; בתרגום)

בקטע זה הביעו חז״ל את התנגדותם לתפילה שמבקשת אובדן אישי של הרשעים. כך אנו מתפללים גם בימים הנוראים ש״כל הרשעה כולה כעשן תכלה״ – רשעה, ולא רשעים. אך כאן, בתפילה היומית, אנו מבקשים את השמדת הרשעים, הזדים, המינים, והאויבים. למה?

מאחר שיש הרבה נוסחאות לברכה, שעברה צנזורות שונות, חיצוניות ופנימיות, במהלך תולדות עם ישראל, אתחיל בהצגת נוסח מסוים. אני מניח שרוב הקוראים אינם אומרים את הנוסח הזה בדיוק, אך אני חייב להתייחס לנוסח מסוים. נוסח זה הוא הנוסח שאני אומר, והוא משרת את מטרותיי.[1]

ולמלשינים אל תהי תקוה
וכל המינים כרגע יאבדו
וכל אויביך מהרה יכרתו
ומלכות זדון מהרה תעקר ותשבר ותמגר
ותכניע במהרה בימינו
ברוך אתה ה׳, שובר אויבים ומכניע זדים.

1 למיטב הבנתי נוסח זה, הנמצא בסידור ר׳ יעקב עמדן, מתקרב בצורה המדויקת ביותר לנוסח אשכנז המקורי, מלבד המילה הראשונה: ״ולמלשינים״.

ב. ברכת המינים

הברכה מכונה בפי חז"ל "ברכת המינים". לברכה זו מעמד והיסטוריה ייחודיים. בעצם ברכה זו היא הברכה התשע עשרה. כך מתארת הגמרא את היווצרותה:

> רבן גמליאל אומר: בכל יום ויום מתפלל אדם שמונה עשרה. הני שמונה עשרה, תשעה עשרה נינהו? אמר ר' לוי: ברכת הצדוקין (המינים) ביבנה תקנוה (רש"י – לאחר זמן מרובה). תנו רבנן, שמעון הפקולי הסדיר י"ח ברכות לפני רבן גמליאל על הסדר ביבנה. אמר להם רבן גמליאל לחכמים: כלום יש אדם שיודע לתקן ברכת הצדוקין? עמד שמואל הקטן ותקנה. לשנה אחרת שכחה והשקיף בה (רש"י – חשב לזכור אותה) שתים ושלש שעות ולא העלוהו. (ברכות כח ע"ב)

אנו רואים שברכת המינים, נוסחתה ותוכנה, איננה רק בעיה לאדם בן דורנו. היא הייתה בעיה גם לרבן גמליאל הנשיא. רבן גמליאל נאלץ לחפש אחר האדם היחיד שהיה מסוגל לנסח את הברכה. לבסוף אפילו אותו אדם, שמואל הקטן, "שכח" את הברכה שהוא עצמו חיבר, שכחה שמעידה על קושי בהזדהות עם תוכן הברכה. נראה שמבוכה והיסוס מאפיינים את יסוד הברכה הזאת, וקיים קושי בסיסי בעצם מהותה.

מקובל להסביר שרבן גמליאל הגיב לתנאים הקשים של תקופתו. הכובשים הרומאים דיכאו את הקהילה היהודית בארץ ישראל, וכתות כופרים הפעילו עליה לחץ מבפנים. בתקופה הזאת מתארגנות הכתות

של הנוצרים־היהודים, והם עדיין חלק מהקהילה היהודית. מקובל לראות במילה "מלשינים" שבנוסח תחליף למילה ספציפית יותר. ברוב הנוסחים הישנים נמצא הכינוי "משומדים", ובחלקם מופיע "נוצרים" במפורש. גם הכינוי "צדוקים" בגמרא הוא ללא ספק תחליף לנוצרים או למינים.

ועדיין, חריפות הקללה שבתוך הברכה הזאת ודאי מעוררת מבוכה, במיוחד בתפילה יומית. הברכה מעמיסה מארה על גבי מארה – תעקור, תשבר, תמגר, ותכניע, ומרחיקה כל תקווה. מעבר לעצם הרתיעה מהזדהות כל כך נלהבת עם השמדה, יש לזכור את הדגשותינו החוזרות שברכות השמונה עשרה מביעות את צורכי האדם הבסיסיים. האם השמדת הרשעים היא באמת צורך בסיסי של האדם?

ג. מלכות זדון

עיון בברכה מגלה שיש לה שני חלקים נפרדים, שמתייחסים לשני סוגים שונים של אנשים. הנקודה הזאת מתבהרת בצורה ברורה בחתימה, שהיא כפולה – שובר אויבים ומכניע זדים. בדרך כלל, קיים עיקרון ש"אין חותמים בשניים" (ברכות מט ע"א), כלומר שבחתימת הברכה לא יופיעו שני עניינים. הסיבה שברכתנו אינה מפרה את הכלל הזה היא כנראה משום ששני הסעיפים קרובים כל כך ונחשבים לנושא אחד. ואף על פי כן, עצם המבנה הכפול מציין שיש כאן שני תכנים שונים, הגם שהם קרובים מאוד זה לזה. יש בברכה התייחסות ל"אויבים" ויש התייחסות ל"זדים". הרעיון הזה נתמך באופן ברור על ידי הירושלמי, בסוגיה המקבילה לבבלי שציטטנו לעיל, בנוגע למניין שמונה עשרה הברכות: "כולל של מינים ושל פושעים במכניע זדים" (ירושלמי ברכות

ה, ג). מהירושלמי עולה שהייתה ברכה קדומה – מכניע זדים – שאליה הוסיפו התייחסות למינים ולפושעים. ברכת מכניע זדים משמשת כאכסניה לתוספת המאוחרת של ברכת המינים. נשים לב, שבעוד מהבבלי משמע שכל הברכה היא תוספת על המסגרת הקדומה של שמונה עשרה ברכות, מהירושלמי משמע שמניין הברכות לא השתנה כשהוסיפו את ברכת המינים. מכל מקום, בנוגע לתוכן הברכה, הירושלמי מוכיח את טיעוננו – יש שני נושאים נפרדים שמתחברים יחד, ברכת המינים וברכת מכניע זדים.

הזדים שבחתימה הם אזרחי מלכות הזדון של גוף הברכה. אכן, ברוב הנוסחים היום כתוב גם בגוף הברכה "והזדים" ולא "ומלכות זדון". נדמה שזהו תיקון הצנזור, שזיהה נכונה למי הכוונה בביטוי "מלכות זדון". בחז"ל, מלכות זדון מציינת את האימפריה הרומית, התגלמות הרשע והשעבוד. חז"ל ראו במלכות רומי את המלכות הרביעית בסדר שעבוד מלכויות, המלכות שנמשכת עד ימינו. אם כן, הביטוי אינו מתייחס לחוטאים אינדיווידואליים, וגם לא לאויבים לא־יהודים אישיים, אלא למלכות הרשע, לייצוג הרע בעולם, למוקד ההתנגדות למלכות ה'. זהו מושג זהה למושג עמלק, שאיננו מציין אויב פוליטי־לאומי של עם ישראל, אלא אויב ושונא של ה', אותו גורם שיש נגדו "מִלְחָמָה לַה' בַּעֲמָלֵק מִדֹּר דֹּר" (שמות יז, טז).

אם כן, אין בברכה הזאת בקשה להציל אותנו מאויב שמצר לנו. המקום לבקש הצלה מצרה מסוימת הצוררת לנו הוא בברכת הגאולה, בשש הבקשות הראשונות. לעומת זאת בחלק זה של התפילה איננו מבקשים הצלה שלנו מבעיות הזמן, אישיות או לאומיות, אלא את קיום הבטחת תהליך הגאולה. הברכה עוסקת ברע כהווה קיים, בפגיעה במלכות ה' בעולם. מיד אחרי שביקשנו ייסוד חברת הצדק תחת מלכות

ה׳ (ברכת השיבה שופטינו), אנו פונים כלפי חוץ ומזהים את האויב של מלכות ה׳, **מלכות** הזדון. עתה מובנת הלשון המיליטנטית של הברכה. הברכה אינה מתארת עשיית צדק או ענישה, נושא שכלול בלשון מתונה הרבה יותר בברכה הקודמת. הברכה הזאת מתארת ניצחון, ניצחון ה׳ על כוחות הרשע, המאיימים למחוק את שמו יתברך מן העולם. הניצחון במלחמה הזאת הוא אכן צורך בסיסי של האדם.

כדי להבין את הרעיון הזה, אנו חייבים לחזור ולהדגיש לעצמנו את העובדה שהיהדות מתייחסת לרע כמציאות מטפיזית אמתית. הרע קיים כעיקרון מטפיזי ונוגד את רצון ה׳ ומלכותו. כמובן, אין לרע מציאות עצמאית מרצון ה׳, כי ה׳ אחד והכול ממנו – כפי שאמר ישעיהו הנביא, ה׳ ״יוֹצֵר אוֹר וּבוֹרֵא חֹשֶׁךְ, עֹשֶׂה שָׁלוֹם וּבוֹרֵא רָע״ (ישעיהו מה, ז). אך בתוך עולם הבריאה, הרע איננו נובע רק ממידותיהם של בני אדם חלשים. יש גם ממד של הרע כעצמה, כאנטיתזה לטוב האלוקי. חז״ל תפסו דמויות כמו נמרוד או עשו כתואמות אברהם ויעקב, כולם בעלי כוחות גדולים. בקבלה, כוח זה נקרא סמאל, סטרא אחרא, ולפעמים הוא עולה לדרגה דמונית ממשית. כל זה מתמצה בפסוק שציטטנו בנוגע לעמלק – ״מִלְחָמָה לַה׳ בַּעֲמָלֵק מִדֹּר דֹּר״. חז״ל מסבירים ״שאין שמו מלא ואין כסאו מלא עד שימחה שמו של עמלק כולו״.[2]

אחרי שבברכה הקודמת ביקשנו שה׳ ימלוך ״עלינו אתה לבדך בחסד וברחמים״, אנו מבינים שחברה יהודית המאופיינת בצדקה ובמשפט בארץ ישראל אינה מספיקה. מלכות ה׳ אינה יכולה להתקיים כל עוד בעולם הרחב שולטים כוחות המוקדשים למחיקת שמו הקדוש.

2 ועיין רש״י שמות יז, טז.

לכן, איבוד – איבוד טוטלי, מחיקת שם עמלק כולו – הוא צורך בסיסי של המתפלל על גאולת העולם. אנו בעיצומה של מלחמה, לאו דווקא מלחמה פוליטית־ארצית (אף על פי שזה חלק חשוב מהצורה של מלחמה זו), אלא מלחמה קוסמית בין כוחות הטוב והרע. אין מגמתנו נקמה ולא ישועה אישית, אלא גאולה, גאולת העולם כולו וגאולת השכינה, פוליטית ורוחנית.

ד. המינים

זוהי, אם כן, המסגרת המקורית של הברכה. יש בעולם הרחב מציאות של רשע ומלכות הזדון, ואנו מתעוררים להתנגדות טוטלית לעצם קיומה. למסגרת הזאת הוסיפו חז״ל התייחסות למינים. אלו הם ללא ספק יהודים, כדוגמת כתות הנוצרים בארץ ישראל בשנים שלאחר החורבן. בצירופם לברכת מכניע זדים, חז״ל אומרים שאין אנו דואגים לשלומם הרוחני אלא להשמדתם. הגענו למצב שאין אנו מתייחסים אליהם כחוטאים פרטיים שהכלל של ״יתמו חטאים ולא חוטאים״ חל עליהם, אלא כנציגי מלכות הזדון, כשליחי הרע. איך קורה המעבר הזה, מחוטאים לכוחות הרשע?

אין תשובה פשוטה לשאלה הזאת, אך נדמה לי שהיא נמצאת בהבנת הרקע של ״מכניע זדים״. ברמה האישית, חז״ל לא יתפללו לאובדן היחיד הרשע. אין זה נובע רק מרחמנות או מאהבת ישראל, אלא מהבנת המטרה האמתית של ההתנגדות. כפי שאמרה ברוריה לר׳ מאיר, אנו מתנגדים לרע, לחטא, ולא לרשעים ולחוטאים. יש אנשים מסוימים שמציקים לר׳ מאיר, אך שורש הבעיה הוא החטא, וממילא האויבים של היום יהפכו לידידים של מחר מכוח התשובה. מצד שני,

קיימת "מלכות זדון", ארגון שמאגד את הרשעים ומכוון אותם למטרה אידאולוגית. במבט של "מלכות", היחידים מתבטלים. אנו חייבים להתנגד לכוחות הרשע ולהילחם בהם, ולא להסתתר מאחורי הרעיון המופשט של "הרע". היהדות לא מאפשרת פציפיזם לפני הרע. השלמה עם קיום הרע היא שיתוף פעולה ותמיכה בו, וזה עצמו מהווה פגיעה במלכות ה׳ וקידוש שמו בעולמו. לכן – וזאת הנקודה הקשה של ברכה זו – אי אפשר להצטרף להתנגדות לרע, למלכות זדון, ולא להיות מוכן ליישם את זה גם על אנשים ספציפיים. התפיסה של התנגדות לרע תוך כדי שמירה על יחס אוהב ואוהד כלפי כל יהודי היא נאיבית ואולי כוללת גם סתירה פנימית. מי שיודע מראש שהוא לעולם לא יגנה אף יהודי, עוקר את עצם ההתנגדות שלו לרשעה עצמה. ובלי התנגדות טוטלית לרשעה עצמה, אין אנו חלק מיסוד מלכות ה׳.

בשלב מסוים בהיסטוריה, החליטו חז״ל לצרף במפורש את המינים מבפנים לבקשת אובדן האויבים מבחוץ. זה יכול היה לקרות רק אם המינים הצטרפו, בצורה זו או אחרת, לכוחות הרשע, ללוחמים נגד מלכות ה׳. אין זו החלטה קלה לחז״ל, ובפועל הם מתקשים למצוא אדם שידע לנסח את הברכה. הסיבה היא פשוטה – אין בקשה לאיבוד והשמדה באה בטבעיות למי שמחויב לטוב ומבקש את ניצחונו. השמדה, מצד עצמה, אינה חלק טבעי של הטוב. אפילו שמואל הקטן, מחברה של הברכה, "שוכח" אותה לשנה אחרת ורק לאחר שעות מספר הוא הצליח לאומרה. קשה להזדהות עם תוכן ברכה זו, כי הכלי – ההשמדה, נוגד את המטרה – הטוב. לא הורידו את שמואל הקטן מן העמוד, כי ידעו שהססנותו אינה נובעת מהזדהות עם המינות, חלילה, אלא להפך, היא נובעת מהזדהותו עם הטוב. ועם כל זה, לבסוף הברכה נאמרה ונתקנה.

שמואל הקטן הוא בעל המימרה "בנפול אויבך אל תשמח" (אבות ד, כד). אין ספק שזוהי התכונה שהכשירה אותו לנסח את ברכת המינים. שמואל הקטן נדרש לתרגם את המלחמה ברע לפגיעה ביחידים, ולכן רק הוא, שמחייב לא לראות בנפול הרשעים שמחה אישית, מסוגל לנסח את הברכה. רק אדם כמותו מובטח שלא יהפוך את המלחמה נגד הרע לנקמה אישית. אין הוא נלחם נגדם אישית, אלא רק בגלל הזדהותם עם עקרון הרע. אין ברירה – ההתנגדות לרע חייבה אותו גם להתנגד למצטרפים לדגל הרע. אך לשנה אחרת, הוא שכח את המילים. המילים, גם אם הן נחוצות, נשארות זרות ומנוכרות.

בקיצור, יש אכן סתירה בין העיקרון של ברוריה לבין העיקרון של התנגדות לרע. ברוריה מבקשת להפריד בין הרע לבין מפעיליו, אך ברכתנו מזכירה לנו שבפועל מלכות הרשעה מורכבת מרשעים הדוגלים בה, ואי אפשר להתנגד לרע בלי להיות מוכן ללחום בפועל נגד אותם אנשים. אנו חיים עם הסתירה הזאת ולא בנוחיות, כפי שגם שמואל הקטן, כותב הברכה שנוגדת את גישתה של ברוריה, התקשה עם נוסח ברכתו.

בפועל, למי צריך לכוון באמירת הברכה? בקבלה קיימת נטייה לדלג לחלוטין על היחידים שבתוך הברכה. בשם האר"י ז"ל מובא שהכוונה ב"מלשינים" היא "לקליפות, וכן ראויים לכוון" (יסוד ושורש העבודה, שער ה פרק ב). בחסידות יש כמה מאמרים שמקהים את החדות של הפגיעה האישית על ידי ההזדהות של המתפלל עם הזדים. כך מובא בשם ר' דוד מטאלנא: "מחצית העולם נגועים במינות ואפיקורסות. האם חושבים אתם שמחצית מן האנשים? לא! בכל אחד מחצית של עצמו" (קובץ נצח דוד). בכל מקרה אינני חושב שהמתפלל חייב לכוון ליהודי מסוים. אך המתפלל צריך להיות מוכן לעשות כן,

שאם לא כן הוא עוקר משורשה את התנגדותו לרע ואת הזדהותו עם כוחות הטוב ועם מלכות ה׳.[3] הברכה מתקיימת במתח שבין שני הקטבים האלו.

אנו ממשיכים לקוות ולהתפלל ליום שכל הרשעה כולה כעשן תכלה, ואז "ותמלוך אתה ה׳ לבדך על כל מעשיך, בהר ציון משכן כבודך ובִירושלים עיר קדשך ככתוב בדברי קדשך, יִמְלֹךְ ה׳ לְעוֹלָם אֱלֹהַיִךְ צִיּוֹן לְדֹר וָדֹר הַלְלוּיָהּ".

בפרק הבא נפנה להשתקפות הראי של ברכתנו, מאובדן הרשעים נתקדם לשכר טוב של הצדיקים.

3 הריעב"ץ כותב בפירוש הסידור שהברכה מכוונת לעקירת יצר הרע של עבודה זרה, "וגם אם לא הגיע הזמן מכל וכל, שלא לסלק הבחירה, מכל מקום עלינו להשתוקק אל הזמן ההוא".

פרק יח

מבטח צדיקים

לאחר ברכת המינים, שבה אנו מבקשים שה' יפעל נגד שונאיו, באה ברכה המבקשת שכר טוב לאוהביו. במבט ראשון נראות הברכות מקבילות, עונש לרשעים לעומת שכר לצדיקים. אך לאור הסברנו בנוגע לברכה הקודמת, נצטרך לבדוק היטב הנחה זאת. טענתי בפרק הקודם הייתה שאין ברכת המינים בקשה לעונש או לנקמה, אלא לתיקון עולם באמצעות מיגור כוחות הרשע וניצחון כוחות הטוב. אם כן, מדוע יש צורך להוסיף ברכה נפרדת המבקשת שכר לצדיקים? ביתר הרחבה – למה אנו מבקשים דווקא לצדיקים? כל דבר שנצרך לעם ישראל, אנו מבקשים בצורה כללית – דעת, סליחה, רפואה, גאולה, פרנסה.[1] מה בדיוק אנו רוצים בעבור הצדיקים, ולמה?

1 וגם בברכה זו אנו מוסיפים "ושים חלקנו עמהם", אך עיקר נוסח הברכה מכוון לצדיקים כקבוצה נפרדת. עצם ההפרדה בין הצדיקים כעיקר ושאר ישראל כנספח מעצים את המוקד השונה והייחודי של ברכה זו, בניגוד לכל שאר הברכות.

בברכה מופיעה רשימה של הראויים לשכר – צדיקים, חסידים, זקני עם ישראל, פליטת הסופרים, גרי הצדק ואנחנו. על כולם אנו מבקשים המיית רחמים.[2] לאחר מכן אנו מבקשים שכר טוב לקבוצה נפרדת – "כל הבוטחים בשמך באמת". נדמה שיש התייחסות מיוחדת בברכה הזאת לנושא הביטחון. בחתימה הא־ל מתואר כ"משען ומבטח", ובמעין החתימה אנו מדגישים "כי בך בטחנו". נראה שאפשר היה לתאר ברכה זאת כברכת הביטחון, ואכן, שם הברכה הזאת בירושלמי (ברכות ד, ג) הוא "מבטח לצדיקים". עלינו להבהיר מושג יסוד זה בטרם ניגש להסבר הברכה עצמה.

א. ביטחון

במחשבה היהודית התנהל דיון בן מאות שנים בנוגע ליחס בין החיוב לבטוח בה' לבין הצורך בעשייה אנושית כדי לפתור בעיות אישיות וכלליות. בספרות המוסר נושא זה מכונה שאלת הביטחון וההשתדלות. במחשבה הדתית הכללית קיימת נטייה לרומם את מידת הביטחון מעל לכול, דבר שלפעמים מעניק לתודעה הדתית מידת־מה של התבדלות ואי־מעורבות מעשית. אך היהדות מעולם לא דגלה בסוגים השונים של פציפיזם שמאפיינים חלק מן העולם הנוצרי. הרעיון שהעולם הזה איננו זירה לפעולה דתית, ויש לנקוט יחס של השלמה כלפי הרע בעולם, זר לאתוס היהודי. דוגמה בולטת היא היחס לרפואה. יש כתות נוצריות שרואות בחולי מבחן של הביטחון. כיוון שהחולי נראה בבירור כיד ה', התנגדות לו מתפרשת כחוסר השלמה עם רצון הא־ל וחוסר ביטחון

2 "יהמו נא רחמיך ה' אלוקינו".

בו יתברך. לעומת זאת, חז"ל דרשו דרשה מיוחדת – "'וְרַפֹּא יְרַפֵּא' (שמות כא, יט), מכאן שניתנה רשות לרופא לרפא". הדעה המקובלת רואה במלאכת הרפואה שליחות קודש, וגם אלו שהעדיפו עקרונית פעולה דתית במקום הזדקקות לרפואה, לא דגלו בהשלמה עם המחלה. גם הרמב"ן, שטען שבזמן בית ראשון היו שלומי אמונה הולכים לנביא ולא לרופא, התיר הליכה לרופא, ואף היה רופא בעצמו.

ובכל זאת, לפעמים נשמעת הטענה שבפועל אנו אמורים לסמוך רק על ה', והחיוב לפעול ולהשתדל הוא בגדר מטלה אלוקית, סוג של גזרת הכתוב, מעין חיוב להפגין מאמץ מצדנו אף שבאמת אין לנו יכולת אמתית להשפיע. בעולם הישיבות מסופר על אחד מגדולי בעלי המוסר של הדור הקודם שהיה קונה כרטיס פיס מדי שבוע, והסביר: "פרנסתי תלויה לגמרי בידי ה', אך אנו מצווים בהשתדלות. אני יוצא ידי חובת ההשתדלות בקניית כרטיס הפיס, וה' יפרנס אותי כפי רצונו". אנו מוצאים פסוקים רבים שמביעים את הרעיון הזה – "רַבּוֹת מַחֲשָׁבוֹת בְּלֶב אִישׁ וַעֲצַת ה' הִיא תָקוּם" (משלי יט, כא).

לעומת זה, ר' יצחק עראמה, בעל עקידת יצחק, היה מהראשונים שהבחינו שיכולת האדם להיות אחראי לסביבה שלו היא יסוד דתי ומתוך כך נובע גם חיובו לפעול. ללא יכולת פעולה בעלת סיכוי הצלחה להשפיע אין משמעות לבחירה החופשית, שהיא כמובן אחד מן היסודות לחיים הדתיים. בדרשת עקידת יצחק לפרשת וישלח, ר' יצחק עראמה מתייחס להכנות של יעקב אבינו למפגש עם עשיו. הוא הסביר שהייעוד הדתי של האדם מבוסס על חירותו, ומבחינה מעשית אין קיום לחירות ללא יכולת לפעול. אם לרשעים אין באמת יכולת לבצע מעשים רעים עם תוצאות, אם אין הם יכולים לפעול רע, אין להם באמת חופש לבחור ברע. אם אין הצדיקים יכולים לתקן ולעשות

טוב, הבחירה שלהם בטוב היא חסרת משמעות. לכן, ציווי ה' לאדם לבחור בטוב מחייב גם את קיום היכולת המעשית לעשות טוב ולשנות את מהלך הדברים בעולם. מצב זה מחייב מערכת של חוקים, חוקי הטבע, אשר האדם יכול להשתמש בהם מתוך ציפייה סבירה שהוא יגיע לתוצאות מכוונות. אם בריאות הגוף היא יעד רצוי, חייבת להיות לאדם דרך להשיג בריאות ולרפא מחלות, כדי שתהיה אפשרות לאדם הבוחר לעשות טוב על ידי בחירה באותה דרך. לכן, מערכת המצוות מחייבת שהאלוקים יגביל את פעילותו, שהוא יצמצם את נוכחותו בעולם, כדי להטיל לאדם אחריות על מעשיו ועל סביבתו. אם האלוקים אחראי לגמרי לכל תוצאה, האדם אינו אחראי לדבר, וממילא אינו בעל אופי מוסרי.

התוצאה המתבקשת היא, שכדי לפעול על פי רצון ה', כדי להגשים את צלם אלוקים שבו נברא האדם, האדם חייב לפעול כאילו אין אלוקים. לדוגמה – כשאני עובר ליד אגם ורואה אדם טובע, אם אני מושפע מדי מן האמונה שהכול תלוי רק בו יתברך, אגיע למסקנה שאין טעם לקפוץ למים. ה' יצילנו ללא עזרתי, או לחילופין, יטביעו למרות מאמציי. ואולם אני מצווה לא לעמוד על דם רעי, כלומר, אם אני עומד ולא פועל, דמו בראשי, כי אני, ורק אני, אחראי למותו. יש לי אחריות טוטלית לרעי. האמונה אומרת שה' הרג אותו; המוסר, מוסר התורה, אומר שאני הרגתי אותו, בשב ואל תעשה. שמעתי פעם מאמר חסידי המבוסס על רעיון זה. שאל החכם – אינני זוכר מי בדיוק בעל המאמר – מאחר שברור שכל מה שברא האלוקים והעניק לאדם מכוון לעבודת הבורא ויש לו ייעוד, מה תפקידו של יצר האפיקורסות, שהרי אף הוא חלק מהאדם. התשובה היא שהכפירה היא מרכיב חיוני בהתנהגות המוסרית, כיוון שברגע של

החלטה מוסרית האדם חייב לבחור כאילו הכול מונח על כתפיו, בלי שהיכולת האלוקית תשפיע. עם המרכיב ה"כפירתי" הזה אדם עובד את ה׳.

אם כן, מה מקומה של מידת הביטחון? התשובה המקובלת היא שהביטחון מתחיל אחרי שאנו מחליטים מה לעשות. קודם מחליטים ללכת לרופא, כי זוהי ההחלטה הנכונה, ואחר כך הולכים לרופא בביטחון שה׳ יעניק לרופא את היכולת לרפא. כך מסביר בעל עקידת יצחק את מעשיו של יעקב אבינו. קודם הוא תכנן איך להינצל מעשיו הרשע, אחר כך הכין את מחנהו לכל אפשרות, ורק אז התפלל לה׳ שיצליח בדרך שבחר.

ב. היחס בין ביטחון להשתדלות

הפתרון הזה לבעיית הביטחון וההשתדלות אינו עונה על השאלה מי באמת אחראי למה שקורה לנו, אלא רק מציע לנו הדרכה מעשית כיצד לפעול. יש בו הוראה ליטול אחריות על סביבתנו, תוך כדי ביטחון שהכול בידי ה׳. השאלה היא, כמובן, איך מעשינו משתלבים ביכולת האולטימטיבית של אדון כול.

לדעתי, אם אנו מקבלים ברצינות את העקרונות שתיארתי קודם, אנו חייבים להגיע למסקנה שונה מהמקובל בנוגע למהות מידת הביטחון בה׳. בדרך כלל, השורה התחתונה בשאלה זאת מוצגת כך: תחליט מה אתה רוצה, פעל כדי להשיגו, ובטח בה׳ שהוא יעניק לך את מבוקשך. לדעתי יש בהצגה זאת שתי בעיות:

האם הביטחון הזה מבוסס? למה אנו מאמינים שה׳ ייתן לנו כל מה שנרצה?

האם ביטחון כזה ראוי ומשובח? נדמה שיש בו יותר גאווה וביטחון עצמי מאשר ביטחון ואמונה בה׳.

לדעתי, יש להציע נוסחה אחרת:

ראשית חייב אדם להחליט מהו היעד הנכון, כלומר מה רצוי מבחינה ערכית ולא רק מה הוא רוצה. קל לדעת מה תאב הלב, קשה יותר לדעת מה רצון ה׳; כלומר, מהי הדרך הנכונה בסיטואציה אנושית אמתית ומורכבת. לבחינה מסובכת זו ניתנו לנו כמה כלים: שכל אנושי, חוש הצדק והמוסר, הוראת המצוות, דוגמאות סיפורי האבות, ועצת חכמינו ז״ל ורבותינו.

שנית, לאחר החלטה ובד בבד עם התחלת הביצוע, אנו בוטחים בה׳ שידאג שאכן בחירותינו יובילו לתוצאה הטובה באמת. כפי שבצעד הראשון יש הבדל בין להחליט מה אתה רוצה לבין להחליט מה ראוי שיהיה, כן גם בשלב הזה יש הבדל בין לבטוח שה׳ יאפשר להגשים את החלטותינו, לבין לבטוח שהוא יקיים את היעד של החלטותינו – עשיית הטוב. ההבדל נעוץ בעובדה הפשוטה שלמרות הכלים הנפלאים שיש לאדם לתכנן את הדרך הנכונה והראויה, בכל זאת הטעות, במיוחד בבחירה המוסרית, היא תופעה נפוצה שתמיד אורבת לפתח. בהתחשב בתסבוכת של המצב האנושי, בייחודיות של כל מצב והתאמתו החלקית בלבד למודלים ההלכתיים ולתקדימים קודמים, בהתחשב בעקלקלותה של נפש האדם ובקושי לגלות את עצת ה׳ בעולם, קיימת תמיד סכנת הטעות. ואולם, אם באמת ובתמים השתדלתי להציב לעצמי את הדרך הנכונה, תוך נטילת אחריות לעצמי ולעולם הסובב אותי; אזי אני בוטח בה׳ שאם צדקתי, יקיים את תכניתי, ואם טעיתי, יפר עצתי. אם אנו מחויבים לתכלית הטוב, אנו יכולים לסמוך עליו יתברך להשגת אותה תכלית סופית, אם צדקנו בהחלטותינו

אם לאו. במילים אחרות, אנו בוטחים בו שיצילנו מטעויותינו ויקיים את שאיפותינו.

הביטחון הזה אינו מבוסס רק על חסדי ה׳, אלא על אופי השותפות שתיאר בעל עקידת יצחק. ה׳ רוצה שנקבל עלינו אחריות לעולם, כדי שנהיה בפועל בעלי בחירה חופשית והתפתחות מוסרית. ההשגחה האלוקית, מצד שני, מחויבת לעשיית טוב. התוצאה היא שותפות – אנו נוטלים אחריות והוא מבטיח לדאוג לתוצאות טובות. אם – ורק אם – אנו מקבלים על עצמנו את האחריות האלוקית, ומנסים להחליט כפי שלמיטב יכולתנו והבנתנו היה ה׳ מחליט, אזי ה׳ מקיים את אחריותו האולטימטיבית להשגיח על העולם ולהביא להשגת היעד המוסרי הטוב ביותר. מאחר שהתפתחות הבחירה החופשית והחירות האנושית היא בעצמה בפסגת היעדים המוסריים, ה׳ מסכים קודם כול לקיים את החלטותינו – בכך שהוא שומר על חוקיות הטבע. לאחר מכן הוא שומר על אלו שבוטחים בו בזמן שהם לוקחים על עצמם את האחריות לפעול בלעדיו ומציל אותם מטעויותיהם.

ג. ברכת מבטח לצדיקים

עתה אפשר להבין את הברכה. אין כאן ברכה כללית המבקשת שה׳ ייטיב לטובים, אלא בקשה שהוא יקיים את הביטחון של אלו שלוקחים על עצמם אחריות לעולם. אנו לא מבקשים פרנסה, או רפואה, או גאולה, שלהן יש ברכות אחרות. כאן אנו מבקשים **שכר טוב** – לא שכר למעשים טובים אלא שכר של הטוב, של קיום ייעוד הטוב, כלומר, להגשמת מידת הביטחון. השכר הטוב הזה מובטח למי שבוטח באמת, דהיינו בדרך שתיארתי, לא ביטחון מצד אופטימיות בעלת גוון דתי,

אלא מחויבות לקידום הטוב בעולם. שכר טוב איננו רק פרנסה או רפואה, אלא הגשמת היעד הרצוי של מי שניסה לקחת אחריות מוסרית ולפעול בהתאם. כפי שהברכה הקודמת נאמרת על רקע "מלחמתי" במידת מה – מלחמת האור והחושך, כך ברכה זו מכוונת לאלו הפעילים בהתמודדות עם הרע, אלו שמקדמים את היעד של קידוש שם שמים בעולם וכינון ממלכת ה'.

בדרך הזאת יש להבין את השמות שמופיעים ברשימת ה"צדיקים" בברכה. הברכה מכוונת ראשית כול לעסקני ציבור, "זקני עמך בית ישראל", וכן "פליטת סופריהם", האנשים שנושאים באחריות ציבורית, מנהיגים ורבנים. מזה, לדעתי, יש להסיק שגם ה"צדיקים והחסידים" הם אנשים שמגלים אחריות לסביבתם, גם אם בתחום פרטי יותר. אילו רק היינו מבקשים שה' ייתן שכר לטובים, לא היה כלל צורך לפרט רשימה כה ארוכה. די היה לבקש שכר לצדיקים. מטרת הרשימה היא להבהיר שמדובר באלו האחראים, איש איש בתחומו, לעולמו של הקב"ה.

ועוד דבר – קשה שלא להבחין באווירה העגומה שמאפיינת את הברכה. הדבר בולט במיוחד בביטוי "פליטת סופריהם". פליטה איננה רק שארית, אלא רומזת לשרידים שניצלו. כשגומרים לאכול, מה שנשאר על הצלחת הוא שארית ולא פליטה. פליטה היא מה שהצליח להגיע למפלט, מי שברח מאסון או ממלחמה. בברכה הזאת הצדיקים הם פליטה אומללה, שריד קטן של מה שהיה פעם. גם אם הייתה מציאות זאת נכונה בתקופת חיבור הברכה, לא היה מקום לציין זאת אם הברכה מבטיחה שכר לצדיקים במובן הרגיל. אך מאחר שמבקשים שכר טוב, הגשמת הביטחון, לאלו שבוטחים בו באמת, הדבר מובן. יש קבוצה של אנשים שחייהם מוקדשים לייעוד, להגשמת הטוב, אך נדמה שהוא רחוק מהם. המאבק על תיקון עולם במלכות ש־די עלול

להביאם, לפחות לפעמים, לסף ייאוש. בעבורם אנו מבקשים שמושא ביטחונם לא יאכזב – שלא יבושו כי בך בטחו.

אותו דבר נכון לגבי קבוצה אחרת, די חריגה בבקשותינו. הקבוצה האחרונה ברשימה (לפני שאנו כוללים את עצמנו) היא "גרי הצדק". נדיר למצוא התייחסות מיוחדת לגרים ביהדות, מהסיבה הפשוטה שאחרי סיום הגיור אין ולא צריכה להיות התייחסות מיוחדת. גר צדק שייך לצדיקים, ולהפך, גר רשע שייך לרשעים. שכר מצוות הגר הוא שכר הצדיקים. אך כאן, שלא מדובר בשכר מצווה אלא בשכר ביטחון, יש מקום מיוחד ונפרד לאלו שנקטו צעד רדיקלי, שהחליטו החלטה מוסרית מעבר למצופה מיהודי מלידה, והשליכו יהבם וכל עולמם על ה׳. הביטחון שטמון בהחלטה כזאת ראוי לבקשה מיוחדת ל"שכר טוב".[3]

וכך אנו מגיעים ל"סמוך לחתימה". "ושים חלקנו עמהם ולעולם לא נבוש כי בך בטחנו". כפי שהסברתי, התנאי לביטחון הוא שהיחיד ניסה באמת ובתמים לקבל החלטה מוסרית־ערכית־אמונית, מנותקת מנגיעות אישיות ומתאוות הלב. רק אז אפשר לבטוח בה׳ שיפעל לטוב, כיוון שרק אז ההחלטה שלנו הייתה מבוססת על הטוב. ואכן – מי יכול לומר בבטחה שכך עשה? לכן אנו מתפללים גם על זה – עזור לנו להיכלל בקבוצות הרשומות למעלה, ולא נבוש. עזור לנו לקבל החלטות בדרך הנכונה, כדי שניכלל בין הבוטחים בשמך באמת, בוטחים ב"משען ומבטח לצדיקים".

3 בדומה, ר"י ב"ר יקר טוען שהחסידים שבברכה הם בעלי תשובה, בניגוד לצדיקים שהם צדיקים גמורים. בעלי תשובה מחליטים החלטה שכוללת שינוי חד בעולמם האישי ודורשת ביטחון רב בה׳. משום כך בברכה הממוקדת בענייני ביטחון יש מקום מיוחד לבעלי תשובה.

עתה מובן היחס לברכה הקודמת. ברור ששתי ברכות אלה הן זוג. כפי שראינו, הברכה הקודמת אינה מדברת על עונש לרשעים, אלא על מלכות ה׳, על השמדת המרי והשלילה למלכות ה׳ בעולם. הברכה שלנו מדברת על הצד השני – קיום מלכות ה׳. אלא שמלכות ה׳ בעולם איננה נשארת בידי ה׳, אלא תלויה במעשי האדם. אנו אמורים לתקן עולם. הברכה מבקשת שה׳ ישתלב, מאחורי הקלעים, בניסיונות שלנו ובהשתדלות שלנו להביא לניצחון הטוב. הצד שלו בהשתדלות שלנו לתקן עולם הוא הביטחון. ועל זה אנו סמוכים ובטוחים.

פרק יט

ירושלים ודוד

א. ירושלים ודוד

"ולירושלים עירך ברחמים תשוב". כמיהת הגאולה מכוונת לירושלים, מכון כיסא ה', בשתי הופעותיה העיקריות: בניין בית המקדש וכינון מלכות בית דוד. אנו שואפים לבניין מעון לשכינה ולייסוד מלכות פוליטית אידאלית. במבט ראשון, המטרה הראשונה היא נושא ברכתנו, שפותחת בשכינה ועוסקת בבניין ירושלים, והמטרה השנייה היא נושא הברכה הבאה, ברכת צמח דוד.

בעיוננו בברכת המינים, ציטטתי את דברי הירושלמי "כולל של מינים ושל פושעים במכניע זדים". המשך המימרה בירושלמי הוא "ו[כולל] של דוד בבונה ירושלים" (ירושלמי ברכות ד, ג). כלומר, בירושלמי אוחדו שתי הברכות, בונה ירושלים וברכת מלכות דוד,

לברכה אחת.[1] השילוב מודגש בחתימת הברכה בירושלמי: "ברוך אתה ה', אלוקי דוד ובונה ירושלים".

כאמור, אין אנו נוהגים כירושלמי ואנו אומרים ברכה מיוחדת בשם צמח דוד. במדרש תנחומא (פרשת קרח, יב) מבואר:

> "כָּל תִּשָּׂא עָוֹן וְקַח טוֹב" (הושע יד, ג). אמרו ישראל: רבונו של עולם, בזמן שבית המקדש קיים היינו מקריבין קרבן ומתכפר ועכשו אין בידינו אלא תפילה. טוב בגימטריא י"ז. תפלה י"ט? הוצא מהן ברכת הזדים שתקנו ביבנה, ואת צמח דוד שתקנו על שום "בְּחָנֵנִי ה' וְנַסֵּנִי" (תהילים כו, ב).

המדרש מחזק את עמדת הירושלמי שעקרונית ברכת דוד אינה ברכה עצמאית, אולם בשלב מסוים הוחלט להוציא את דוד מברכת ירושלים ולהקדיש לו ברכה לעצמו,[2] וכך, ביחד עם תוספת ברכת המינים, גדלה התפילה משבע עשרה ברכות לתשע עשרה ברכות. נשאלת השאלה – למה לאחד שתי ברכות אלו? הלא ההבדל ביניהן ברור – הראשונה עוסקת בגאולה רוחנית והשנייה בגאולה פוליטית; ובהתאם לקביעתנו החוזרת שהברכות מבוססות על צורכי האדם, ברור שאלו הם שני צרכים שונים. ובכל זאת אנו רואים שיש למסורת התפילה היהודית משיכה חזקה לאחדן. הנה, אף לאחר שהנושאים הופרדו לשתי ברכות, דוד ממשיך להופיע בברכת ירושלים – בסוף הברכה, אנו מוסיפים "וכסא דוד עבדך מהרה לתוכה תכין". המצב היום, שבו יש

1 וכך נשמר מספר הברכות: שמונה עשרה ולא תשע עשרה.

2 בסיבה לכך ובקשר לפסוק "בחנני ה' ונסני" נדון בפרק הבא.

ברכה מיוחדת לצמח דוד, ובכל זאת בקשה על כיסא דוד מוכנסת גם לברכת ירושלים, מוכיחה מעל לכל ספק את הסירוב ההלכתי לאפשר הפרדה בין ירושלים לדוד.[3]

המסקנה המתבקשת היא שלא ייתכנו בניין ירושלים והשראת השכינה בה בלי בית דוד. בברכת צמח דוד אין אזכור לירושלים, וכנראה אפשר לתאר את היעד שבמצמיח קרן ישועה בלי ירושלים. אך אי אפשר לתאר את בניין ירושלים ללא דוד. זאת היא נקודת המוצא שלנו בהבנת ברכת ירושלים.

ב. ירושלים הרוחנית וירושלים הפוליטית

ברכתנו פותחת בבקשה שה׳ ישוב לירושלים וישכן בה את שכינתו. אילו לא הייתה באה בסוף בקשה לכינון כסא דוד, היינו מסיקים בפשטות שהבקשה היא לקִרבת ה׳ ולהשראת שכינתו בתוכנו. ירושלים היא מושב השכינה, מושג רוחני, חוויה שהיא בעיקרה פנימית, המתהדהדת בנבכי הנשמה שמבקשת את שאהבה.

כְּאַיָּל תַּעֲרֹג עַל אֲפִיקֵי מָיִם כֵּן נַפְשִׁי תַעֲרֹג אֵלֶיךָ אֱלֹהִים.
צָמְאָה נַפְשִׁי לֵאלֹהִים לְאֵל חָי
מָתַי אָבוֹא וְאֵרָאֶה פְּנֵי אֱלֹהִים. (תהילים מב, ב–ג)

3 בנוסח הרמב״ם לא מופיעה הבקשה על בית דוד בברכת ירושלים. בספר פרי עץ חיים מובא ״שפעם אחת נכנס חכם אחד לפני מורי (הכוונה לאר״י) זלל״ה, ונסתכל במצחו ואמר לו שמימיו לא התפלל תפילה כראוי. ושאלו החכם למה. ואמר לו שלא אמר ׳וכסא דוד עבדך מהרה לתוכה תכין׳ בברכת תשכון״ (היא ברכת לירושלים, על פי הפתיחה בנוסח הספרדים).

הנפש הבודדת, הצמאה, משתוקקת לבוא בית ה', לירושלים, מקום המפגש בין האדם לקב"ה, מעון השכינה.

בניגוד לבקשה רוחנית זו, אנו מצפים להקדשת ברכה נפרדת לציפיות הפוליטיות של עם ישראל. החזרת מלכות בית דוד, עצמאות פוליטית, שחרור משעבוד מלכויות ושגשוג מדיני, הם דברים חשובים ובעלי משמעות רוחנית, אך נפרדים במהותם מצורך הנפש הצמאה לדבוק בשכינה. כך היינו מקבלים ברכה אחת – ירושלים – בנושא הרוחני, וברכה אחת – דוד – בנושא הפוליטי, אחת בנושא גלות השכינה ואחת בנושא שעבוד מלכויות.

אם כן, מה היא המשמעות של הוראת הירושלמי לכלול את דוד בבונה ירושלים, הוראה שאנו אכן ממלאים גם כיום אף שיש ברכה עצמאית לצמח דוד? התשובה המתבקשת היא שעצם החלוקה בין גאולה רוחנית לגאולה פוליטית היא בלתי מבוססת ומטעה. עצם המושג של החזרת השכינה לירושלים הוא בלתי שלם ללא ביטוי פוליטי, בלי כיסא דוד. הביטוי המלא והסופי של שיבת ה' לירושלים, של השראת שכינתו שם, הוא "וכסא דוד מהרה בתוכה תכין". תחום הפעילות שבו מתבטאת השכינה איננו רק הנשמתי, הפנימי והחווייתי, אלא דווקא בחברה, בסדרי שלטון, ברמה הלאומית של עם ישראל. ה' נמצא בתוכנו לא כשאנו חווים חוויה רוחנית מסוימת, אלא כשהיעדים החברתיים והפוליטיים הנכונים של עם ישראל מתממשים לפי רצונו יתברך. היעדר שלטון יהודי הוא בעצמו היעדר שכינה. לכן אי אפשר להפריד בין המקדש לבין ירושלים כבירת ישראל. בפועל בהיסטוריה – וכן גם על פי דין – נבנה המקדש בירושלים רק אחרי שדוד קבע בו את בירת ישראל. חז"ל מדגישים שאף שה' לא מינה את דוד לבנות את המקדש, דוד הוא זה שרכש את הקרקע,

הכין את התכניות, ואף בנה שם מזבח. בצדק מוגדר ה׳ כ״מקדש דוד״.

הרעיון שהשראת שכינת ה׳ בעולם מעורבת בהצלחה הפוליטית של כנסת ישראל גרם לא אחת למבוכה לאלו שניסו להבין את היהדות, ואף לרתיעה בקרב חלק מעם ישראל. הפרדת הרוחני מהמדיני היא רעיון מושרש בנצרות ומשם הגיע לחשיבה הרווחת בעולם המערבי. עצמה פוליטית ויעדים פוליטיים נתפסו כמגושמים מדי מלהיות חלק מחזון הגאולה הרוחנית. אך היהדות, לא זו בלבד שהיא מאמצת בהתלהבות את התקוות הפוליטיות של עם ישראל, אלא שהיא רואה בהן חלק אינטגרלי מעצם הגאולה הרוחנית והעלאת השכינה מעפרה. אין אנו מתביישים לשאוף ולהתפלל לצמיחת קרן דוד וישועתו, ובצורה גלויה אנו אומרים שכך תתגשם גם מלכות ה׳. בקצרה, מלכות ה׳ תלויה בכינון כסא דוד, ומלכות ישראל היא מלכות ה׳.

ג. ברכת ירושלים

יש ארבע בקשות מה׳ בברכה:

1. לשוב לירושלים
2. לשכון בתוכה
3. לבנות אותה בניין עולם
4. לכונן בה כיסא דוד.

ארבעת השלבים מגלים לנו את עומק היעדר השכינה בעולם. הבעיה היסודית היא קודם כל ההיעדר. הקב״ה עזב, גלה מירושלים. בעקבות

נבואות הנביא יחזקאל קובעת הגמרא בראש השנה (לא ע"א) שהשכינה גלתה מירושלים בעשר גלויות. גלות השכינה לא נתפסת במחשבת ישראל כהיעדר ידיעה של ה' או מיעוט השגחה. גלות השכינה מתבטאת במשהו רוחני יותר – העולם אינו משקף בפועל את מלכותו של ה'. קשה לציין מה ההבדל המעשי בין השגחת ה' מרחוק להשגחתו מקרוב, תוך שבתו בתוכנו. נראה שההבדל אינו ביכולתו לפעול, אלא בתהודה שיש לפעולותיו בתוכנו. כלומר, האם אנו מרגישים את קרבתו אלינו במעשיו, בדבקות ובאהבה, או שאנו רק מקבלים את התוצאות מבחינה ממשית? ההבדל הוא בתחום היחסים בינינו לבין ה' ולא בהשגחה עצמה.

שנית, אנו מוסיפים בקשה שירושלים, עיר ארצית שבה אנו חיים, תהיה ביתו של הקב"ה – לא רק מקום שאפשר לחוש בו כאורח כביכול, אלא מעון ובית. ביום כלות מלאכת הבית שאל שלמה המלך בעצמו את השאלה הפשוטה:

> בָּנֹה בָנִיתִי בֵּית זְבֻל לָךְ מָכוֹן לְשִׁבְתְּךָ עוֹלָמִים. כִּי הַאֻמְנָם יֵשֵׁב אֱלֹהִים עַל הָאָרֶץ?
> הִנֵּה הַשָּׁמַיִם וּשְׁמֵי הַשָּׁמַיִם לֹא יְכַלְכְּלוּךָ
> אַף כִּי הַבַּיִת הַזֶּה אֲשֶׁר בָּנִיתִי?! (מלכים א ח, יג, כז)

אם שלמה, החכם מכל אדם, תמה בנוגע לאפשרות לבנות בית לה', לא אני אהיה זה שאסביר אותה. אך בכל זאת המסקנה ברורה. למרות הקושי הרעיוני והתיאולוגי, במידה מסוימת העולם הזה ובניין אדם, בית ועיר, מהווים משכן לכבודו. מלך מלכי המלכים שוכן **בתוכנו**, ואנו, מאמצינו, ובניין מעשה ידינו, הם הבית אשר בו הוא שכן.

נדמה לי שזה עומד ביסוד הביטוי בברכה "כאשר דברת". במעט מאמץ היינו יכולים למצוא מקור בתנ"ך לכל בקשה שלנו בשמונה עשרה. למה דווקא בבקשנו "שכון בתוכה" אנו אומרים "כאשר דברת"? התשובה עתה פשוטה. כל דבר אחר שאני מבקש, אני מבקש כיוון שאני בעצמי יודע שהוא צורך שלי. אדם צריך פרנסה, דעת ורפואה, וגם יודע שהוא זקוק לקִרבה אלוקית. אך מי יעז לומר שיש לו צורך שה' ישכון בתוכו? הלא אנו אפילו איננו מבינים איך דבר כזה אפשרי. הלא "השמים ושמי השמים לא יכלכלוך"? לכן דווקא ברכה זו יש צורך לבסס על דברי ה'. כל בקשתנו מבוססת על זה שה' אמר "ועשו לי מקדש ושכנתי בתוכם". אני אכן מבקש, אבל רק בגלל שאתה אמרת.

שלישית, בניין העיר. כי, אם הקודם נכון, אין זו רק מטפורה פואטית. "ושכנתי בתוכם" איננו רק בלבבם ובנפשם. אם העולם משמש בית לה', הוא בהכרח נראה אחרת, גם במונחים ארציים. אם ה' שוכן בירושלים, אז היא תיבנה ותיכונן. משמעות החיבור הבלתי מובן בין הקב"ה לעולם היא שהעולם הפיזי, הגשמי, הוא מעון השכינה. כמובן, אין מלכות ה' תלויה בעצים ובאבנים, בזהב וכסף ונחושת. אך אנו דוחים את הקריאה התיאולוגית שמבקשת להפוך את מלכות ה' לרעיון רוחני, מנותק מן העולם הגשמי־מעשי. במקרים רבים מטרת קריאה כוזבת זו היא לשכנע אותנו שלא לפעול לקידום כינון מלכות ה', אלא לחכות לה פסיבית, לצפות שתרד מן השמים. יכול להיות ששכונת המלאכים יפה יותר, וראויה יותר להיות בירת המלכות, אך ה' בחר לשכון בתוכנו, והעיר של בני האדם, עץ ואבן, היא עיר ה'.

ורביעית, כיסא דוד. אם ה' שוכן בעיר בני האדם, אזי הוא גם מולך בעיר של בני אדם. שכינה בתוך העולם היא מלכות פוליטית־חברתית אמתית. בסופו של דבר, ברור שלא הארכיטקטורה של העיר

משמשת כמעון השכינה, אלא מעשי בני אדם, החברה ומוסדותיה וכל הדרכים שבהן האדם מתעלה מעל הבדידות הטרנסצדנטלית שלו כדי ליצור עולם טוב יותר. חברה היא תוצאה של אדם שמתעלה על בדידותו, ולכן ראויה להוות בסיס לאלוקים מתעלה ונשגב. כבר באיחוד הראשון בין אדם לזולתו אמרו חז"ל, "איש ואשה, שלום ביניהם – שכינה ביניהם". החברה היהודית, התחברות של יחידים יחד והתאחדותם לפי חוקי ה', היא, מחוץ ליתרונות ההדדיות שיש בו, הבסיס האולטימטיבי למעון שכינה. כינון כיסא דוד, שכלול חברה ומוסדותיה, הוא השלב האחרון ביסוד מלכות ה' בתוך העולם.

ד. מעין חתימה

השורה האחרונה לפני החתימה של ברכה חייבת להיות מעין חתימה. בנוסח אשכנז, השורה האחרונה היא "וכסא דוד מהרה לתוכה תכין" כשהחתימה היא "בונה ירושלים". הגם שהסברנו את הקשר האמיץ בין מלכות דוד ובניין ירושלים, נשאלת השאלה האם כיסא דוד יכול להיחשב "מעין חתימה"? בנוסח הירושלמי אין בעיה – אומרים "בנה אותה בקרוב בימינו בנין עולם וכסא דוד מהרה בתוכה תכין", ואז חותמים באותה כפילות, "אלוקי דוד ובונה ירושלים". אך בנוסח שלנו, שדוד מופיע בו במעין חתימה אך לא בחתימה, נראה שיש חריגה מן הכלל ש"מעין חתימה סמוך לחתימה". ואכן, בנוסח בני ספרד סדר שתי הבקשות האחרונות הפוך, כך שכיסא דוד בא קודם ואחריו "ובנה אותה בקרוב בימינו בנין עולם" משמשת כ"מעין חתימה סמוך לחתימה". אפשר להניח שהחלפת הסדר באה לפתור את הבעיה ההלכתית של "מעין חתימה סמוך לחתימה".

הב״ח (סי׳ קיח) טוען שכיסא דוד הוא ממש מעין חתימה. מטרת בניין ירושלים, כך הוא כותב, היא להיות בסיס לכיסא מלכות דוד. נדמה שזו בדיוק הנקודה שהסברתי למעלה.

ר׳ אברהם בן הגר״א מסביר שחותמים בהווה – בונה ירושלים – כי הקב״ה בונה עירו ירושלים בכל עת ובכל זמן. ויהי רצון שיראנו בבניינו וישמחנו בתיקונו.[4]

4 מסביר ר׳ שמעלקא מניקלשבורג זי״ע ״שכל מה שמתקן האדם הוא גורם תמיד בבנין ירושלים של מעלה, אבן על אבן, ולכן אומרים בונה ירושלים כי בכל יום נבנה לאט לאט. והפרוש ׳והראנו בבנינו ושמחנו בתיקונו׳ הוא שיראנו בשכלנו מה שאנו פועלים בתיקונו, ועל ידי זה נשמח בזה התיקון״ (ספר דברי שמואל, בחוקותי קלב, א).

פרק כ

צמח דוד

בעיוננו בברכת ירושלים ראינו שמזכירים את כיסא דוד בבונה ירושלים, אף שלדוד מוקדשת ברכה נפרדת. הנחתי שכיסא דוד מסמל את התפקיד הפוליטי־ממלכתי של ירושלים, ומצטרף עם תפקידה הרוחני לכדי ברכה אחת. רוב מפרשי הירושלמי מניחים שלשיטתו אין כלל ברכת צמח דוד, והגאולה הפוליטית כלולה בברכה הקודמת. מאידך גיסא, על פי הנוסח שלנו יוצא שדוד מופיע בברכת ירושלים ואף זוכה לברכה נפרדת, והדבר הזה אומר דרשני. מה באמת אנו מבקשים בברכה נוספת זו, וכלפי איזה צורך של האדם הוא מכוון?

הברכה מתאפיינת בשימוש בלשון ציורית ומטפורית במיוחד. נושא השורה הראשונה הוא "צמח דוד" והפעולה היא "הצמחה". השורה השנייה מדברת על הרמת "קרן דוד", ובחתימה שני הדימויים מחוברים – "מצמיח קרן ישועה". המפרשים בספר

ירמיהו[1] מסבירים שצמח דוד הוא נכד עתידי של דוד המלך, בן שצומח מהגזע העתיק. הפירוש המקובל לקרן דוד הוא שמדובר בקרנו של איל, קרן שמונפת לפניו בגאווה. נתייחס למקורות המקראיים של ביטויים אלו כדי להבין את מקומם בתפילה. למה משתמשת הברכה בלשון כה ציורית כדי לבטא את נושא הישועה? למה ביאת המשיח מתוארת כצמיחה?

א. צמח

בתהילים קלב מתואר בניין המקדש על ידי דוד. בסוף ה׳ אומר לו:

נִשְׁבַּע ה׳ לְדָוִד, אֱמֶת לֹא יָשׁוּב מִמֶּנָּה,
מִפְּרִי בִטְנְךָ אָשִׁית לְכִסֵּא לָךְ...
כִּי בָחַר ה׳ בְּצִיּוֹן, אִוָּהּ לְמוֹשָׁב לוֹ.
זֹאת מְנוּחָתִי עֲדֵי עַד פֹּה אֵשֵׁב כִּי אִוִּתִיהָ...
שָׁם אַצְמִיחַ קֶרֶן לְדָוִד עָרַכְתִּי נֵר לִמְשִׁיחִי.

כאן, כמו בברכתנו, אנו מוצאים גם את דימוי הצמיחה וגם את דימוי הקרן. יש מקומות נוספים שישועת ישראל מתוארת בלשון צמיחה. לדוגמה:

בַּיּוֹם הַהוּא אַצְמִיחַ קֶרֶן לְבֵית יִשְׂרָאֵל. (יחזקאל כט, כא)
הִנֵּה יָמִים בָּאִים נְאֻם ה׳ וַהֲקִמֹתִי לְדָוִד צֶמַח צַדִּיק. (ירמיהו כג, ה)
בַּיָּמִים הָהֵם וּבָעֵת הַהִיא אַצְמִיחַ לְדָוִד צֶמַח צְדָקָה. (שם לג, טו)

1 על הפסוק ״אַצְמִיחַ לְדָוִד צֶמַח צְדָקָה״, ירמיהו לג, טו.

מעיון בהופעות המילה צמח במקרא עולה כי כמעט כל השימוש בלשון צמיחה במשמעות מטפורית (ולא בנוגע לצמח הארץ) מתייחס לישועת ה׳ ולביאת המשיח, זרע דוד. לא פלא, אם כן, ששמו של המשיח הוא "צמח".

שְׁמַע נָא יְהוֹשֻׁעַ הַכֹּהֵן הַגָּדוֹל אַתָּה וְרֵעֶיךָ הַיֹּשְׁבִים לְפָנֶיךָ כִּי אַנְשֵׁי מוֹפֵת הֵמָּה כִּי הִנְנִי מֵבִיא אֶת עַבְדִּי צֶמַח. (זכריה ג, ח)

וְאָמַרְתָּ אֵלָיו לֵאמֹר, כֹּה אָמַר ה׳ צְבָא־וֹת לֵאמֹר: הִנֵּה אִישׁ צֶמַח שְׁמוֹ וּמִתַּחְתָּיו יִצְמָח וּבָנָה אֶת הֵיכַל ה׳. (שם ו, יב)[2]

ב. ערך ותהליך

המוח האנושי מתוכנת להעריך מצבים. כשאנו מעריכים דבר מה, או משווים בין שני דברים, אנו מעניקים לכל מצב משקל אבסולוטי, לפי קנה מידה מסוים שמתאים. מצב זה שווה עשר נקודות, מצב אחר עשרים, וכך אנו יודעים שהשני שווה יותר מהראשון. כך נגיע למסקנה שיש להעריך את השני יותר מהראשון, הוא "יקר" יותר, ושווה ורצוי יותר. דוגמה ברורה ומוכרת היא בבית ספר. כמה שווה תלמיד, האם הוא תלמיד "טוב" או לא? המורה נותן לו ציון שמודד את הישגיו. הבעיה שאני רוצה להתייחס אליה איננה העובדה שכלי המדידה אינם מדויקים מספיק. זאת בעיה ידועה, והיא בעיה פרקטית הנובעת מכישלון בביצוע

2 על פי פשט הכתובים, וכך פירשו רוב המפרשים, הכוונה בפסוקים היא לזרובבל ולבניין בית שני. עם זאת ברור שהשם צמח מתייחס לגואל מבית דוד. חז"ל ייחסו את הפסוקים ואת השם הפרטי "צמח" למשיח.

ולא בפגם בעצם הגישה ההערכתית. באמצעות שיפור במבחנים נתגבר על בעיה זאת. כל מורה טוב מודע לכך שיש פגמים בשיטת ההערכה שלו, אבל אין זה מקעקע את עצם המטרה של המבחן – להעריך את הישגי התלמיד. במצב אידאלי, המבחן הוא מושלם, ונותן תוצאות מדויקות. ניקח, לדוגמה, בוחֵן מושלם – האלוקים – ויום מבחן אולטימטיבי – יום הדין. התמונה המקובלת מראה את ה׳, שופט כל הארץ, שוקל את האדם, זכויותיו ועוונותיו, ומגיע לציון סופי. אכן, דימוי המאזניים השוקלים את האדם נפוץ בחז״ל כדי להביע את מידת הדין.[3]

אולם, ישנה בעיה אחרת בשיטת הערך האבסולוטי, וזאת בעיה בעצם הגישה ולא בביצוע המעשי. ניקח דוגמה פשוטה: יש לי שני תלמידים. האחד מחונן, חריף ורציני, ובאופן קבוע מקבל במבחנים ציונים בין תשעים למאה. השני הוא מוגבל, איטי, וחסר ריכוז, ובקושי מצליח להשיג ציון עובר. במהלך השנה, במאמצים כבירים, הוא מצליח להתקדם ומשפר את ציוניו עד שמגיע לציון 75. התלמיד הראשון, כרגיל, השיג ציון 95.

במדד הרגיל, הראשון עדיין תלמיד ״טוב״ יותר – טוב בכעשרים נקודות. הוא יודע יותר. אך אנו יודעים שיש ערך מסוים בלימודי השני ובהישגיו, ואלו לא נמדדו על ידי המבחן עצמו, ואינם באים לידי ביטוי בציון שלו. הערך הזה איננו הערך האבסולוטי של ידיעותיו, אלא ההתקדמות שלו מ־65 ל־75. זהו ערך שאי אפשר למצוא בעזרת קנה המידה המוחלט אלא רק בקנה מידה שמודד תהליך, התקדמות ותנועה.

נשים לב שמדובר בשני מדדים שונים לחלוטין; אין כל דרך להשוות בין המדדים או לתרגם מזה לזה. מה שיש בתלמיד השני

3 לדוגמה, ראש השנה יז ע״א.

חסר לחלוטין בתלמיד הראשון, ושתי ההערכות אינן ניתנות למדידה בסקאלה אחת. יש כאן שני סוגים שונים של ערך. ערך ההתקדמות הוא הערך של תנועה, של תהליך, וזהו סוג ערך אחר מאשר הערך המוחלט.

בספר הזוהר (ואתחנן, דף רס עמוד א) מובא חילוק זה דרך ההבדל בין המלאכים, שנקראים עומדים, לבין בני האדם, שהם מהלכים. ה׳ אומר ליהושע הכוהן הגדול, "ונתתי לך מהלכים בין העומדים האלה". ברור שהמלאכים נמצאים ברמה גבוהה יותר מאשר אנשים – הם "שווים" יותר. זאת הערכה אבסולוטית. אולם יש לאדם ערך שחסר לחלוטין אף למלאך הגבוה יותר, וזהו ערך ה"הליכה". העובדה שהאדם הולך לקראת ערך גבוה יותר (אף שגם הערך המיועד הזה נמוך מערך המלאכים) מעניק לו ערך, סוג ערך, שאין למלאך כלל. ההיסטוריה היהודית פותחת בציווי ההליכה – "לֶךְ לְךָ מֵאַרְצְךָ וּמִמּוֹלַדְתְּךָ וּמִבֵּית אָבִיךָ אֶל הָאָרֶץ אֲשֶׁר אַרְאֶךָּ" (בראשית יב, א). בכל הפרשיות העוסקות באברהם אבינו, הוא מתואר כהולך וכמתהלך, הולך ונוסע, עד שה׳ מצווה אותו פעם נוספת "הִתְהַלֵּךְ לְפָנַי וֶהְיֵה תָמִים" (יז, א). התמימות של אברהם אינה נמצאת בדרגה אבסולוטית של שלמות, דרגה זו שייכת לה׳ לבדו. התמימות, מצב השלמות של אברהם, היא בכך שהוא "מתהלך לפני". בשביל אברהם, שלמות היא **בהשתלמות**, בהליכה לפני ה׳.

היחס בין האדם לאלוקים מחייב את ההערכה התהליכית. בקנה מידה אבסולוטי, האדם תמיד ייכשל, כי קנה המידה האבסולוטי נמדד ביחס לאלוקים, לשלם המוחלט. ציון אבסולוטי מושלם איננו מאה, ולא מאה אלף, אלא אין־סוף. להיות מושלם בסקאלה הזאת הוא להיות "כאלוקים יודע טוב ורע". להיות נברא בצלם אלוקים, כפי שהבהרנו בפרקים קודמים, אין פירושו להיות מושלם כאלוקים, אלא להיות

בהליכה לקראת האלוקים, ללכת אחריו (או לפניו) ולשאוף אליו. **השלמות** האלוקית משתקפת **בהשתלמות** האנושית. הפער הוא אין־סופי, ולכן בהכרח ההישג האבסולוטי הוא חסר משמעות כשלעצמו, אך הערך הוא לא בהישג אלא בעצם ההליכה לקראתו. צמצום הפער, גם אם מידת הצמצום היא קטנטונת ביחס למטרה, הוא ערך של שלמות בסקאלה התהליכית. בלשון חז״ל, ״מקום שבעלי תשובה עומדים אין צדיקים גמורים יכולים לעמוד״.

יש לחזור ולהדגיש (כפי שעשינו בפרק על הקדושה) שיש קשר הדוק בין שני סוגי ההערכה, קשר שמבוטא במונח ״צלם אלוקים״. התנועה היא בעלת ערך רק בגלל שהיא תנועה אל המוחלט. שיטוט איננו השתלמות. אברהם היה ״הולך ונוסע הנגבה״, וגם אם ״הולך ונוסע״ רומז לכמה תעתועי הדרך, ״הנגבה״ מורה על יעד, ולכן קבעו חז״ל שאין נגבה אלא בית המקדש. שאיפה להגיע עד השמים היא שלמות, תנועה לשם תנועה היא בעיה נוירולוגית. יעד ההליכה, יעד התשובה, הוא האין־סוף. אמרו חז״ל ״גדולה תשובה שמגיעה עד כסא כבוד שנאמר שׁוּבָה יִשְׂרָאֵל **עַד** ה׳ אֱלֹהֶיךָ״. האדם איננו רק אדם, אולם הוא גם איננו אלוקים. האדם הוא צלם אלוקים, כלומר, אדם הדורש את האלוקים, אדם הנע אל האלוקים, אל הערך המוחלט. כיוון שאנו מעריכים את המוחלט, אנו מעריכים את תהליך ההתקרבות אליו. ההשתלמות של האדם נגזרת מן השלמות האלוקית.

״צמח״, לדעתי, מציין את ההערכה התהליכית. כשאנו מבקשים ישועה בברכה הזאת, אין אנו מבקשים מצב מסוים, כפי שביקשנו כשביקשנו פרנסה, רפואה, וקיבוץ גלויות. דברים אלו אפשר למדוד בקנה מידה מוחלט ובציון אבסולוטי. יש כמות מסוימת הדרושה לנו ואנו רוצים אותה ולא יותר. אולם, כשאנו מבקשים ישועה, אין אנו

מבקשים כמות מסוימת. אנו מבקשים צמח – צמיחה. אנו מבקשים שה׳ יצמיח את צמח הישועה, שיתחיל לגדול, שיתרומם כקרני האיל. אנו מבקשים להיות חלק מתהליך, להשתלב בהליכה האין־סופית אל ה׳, להיות שותפים לתמימות של אברהם אשר התהלך לפני ה׳.

ג. ישועה

מדוע נבחרה ברכה זאת להביע בקשה זאת?

התשובה נמצאת בברכה עצמה. יש תופעה ייחודית בברכה הזאת. ראינו בברכות האחרות שה״מעין חתימה״ יכולה להופיע באחת משתי צורות. או שהיא עצמה בקשה, שמסכמת את הבקשות כולן של אותה ברכה, כדוגמת ברכת ירושלים, קיבוץ גלויות, ומכניע זדים, או שהיא שבח שמנמק את הבקשה, בצורת ״כי אתה בעל היכולת של הדבר שאני מבקש״, כדוגמת ברכת סליחה, רפואה וגאולה.

לברכתנו יש את הצורה השנייה – ״כי לישועתך קוינו כל היום״, אך פירושה שונה. האם סיבת בקשתנו ממנו לישועה היא שאנו מקווים לישועתו? המטבע הקבוע היה מחייב מעין חתימה בצורת ״כי אתה מושיע ומגן״, או ״כי אתה מצמיח ישועה״. מה פירוש השבח, כי לישועתך קוינו כל היום?

התשובה היא כי ביטוי זה מסביר את ה״מצמיח״ של החתימה. הסיבה שאנו מבקשים צמיחה, ולא מידה מסוימת של גאולה, היא משום שאנו **מקווים כל היום לישועתו**. המטרה האמתית של הברכה אינה הפתרון, הישועה הנמדדת שיעניק ה׳, אלא ה׳ בעצמו – כי לישועתך, **שלך**, קווינו כל היום. איננו מבקשים מידה מסוימת של עצמאות פוליטית, או כלכלה משופרת. אנו מבקשים את השלמות

האלוקית עצמה, את האין־סוף. אין תקרה לבקשה הזאת, כי אם הייתה תקרה, לא היה מדובר בישועת ה'. אנו מבקשים **צמיחת** הגאולה, התנועה האין־סופית אל ה'. המצב האנושי שממנו נובעת בקשה זאת הוא התקווה – כי קיווינו – המתמדת כל היום. אנו, בהגדרת צלם האלוקים, מוגדרים כמקווים, כשואפים, אל ישועת ה'. הצורה שישועת ה' מוענקת לאדם היא הצמיחה, התהליך, ולא הכמות האבסולוטית.

בדרך כלל, מעין חתימה בצורה הזאת מגדירה את האלוקים – "כי אתה...". בברכה הזאת היא מגדירה את המתפלל – "כי לישועתך קיוינו כל היום". המטרה זהה – אנו תלויים בדבר הזה בך ורק בך.

זה ההבדל בין ברכת הגאולה המוקדמת וברכתנו. גאולה ניתנת לכימות. הבקשה מתייחסת לבעיה ספציפית, בדומה לחולי ורעב, והפתרון הוא הגאולה. ישועה אינה מתייחסת לבעיה מסוימת אלא למצב האנושי המוגבל אך שואף לאין־סוף. להיות אדם פירושו להיות נזקק לישועה, כי אנו שואפים להיות כאלוקים, יודעי טוב ורע. השאיפה הזאת אחרי האין־סוף, אחרי הבלתי־אפשרי, היא בקשת צמיחת הישועה.

ד. דוד וירושלים

יוצא שהיחס בין ברכת ירושלים לברכת דוד הפוך מהיחס שתיארנו בפתח הפרק הקודם. ברכת ירושלים איננה ברכה "רוחנית" דווקא – אדרבה, היא מצהירה על "התגשמות" השאיפות הרוחניות בתהליך הגאולה באמצעות חיבור בין השראת השכינה בירושלים ובין כינון כיסא דוד בתוכה. זוהי ברכה "פוליטית" – פוליטית־רוחנית. התכנים של הברכה ההיא, בדומה לכל הברכות הקודמות, הם בני כימות, מוגדרים. אנו

רוצים את בניין המקדש, כינון מלכות דוד, השראת השכינה. ברכת דוד הנפרדת, ברכת צמח דוד, בניגוד לכך, היא בקשה ששייכת לתחום הלא־אנושי, לתחום האין־סוף עצמו. ירושלים פירושה שכינת ה' פה, בתוך העולם. ברכתנו מתייחסת לצמח דוד – וזהו דבר שנמצא בשמים, או, ליתר דיוק, שצומח אל השמים. בברכה הקודמת ביקשנו מקדש, בברכה הזאת אנו שואפים ומקווים לישועת ה'.

בפרק הקודם ציטטתי את התנחומא שהסביר קיום ברכת צמח דוד (בנוסף על "שבע עשרה" הברכות ה"תקניות", כמניין טו"ב) במה שנאמר "בְּחָנֵנִי ה' וְנַסֵּנִי" (תהילים כו, ב), וזה מבלי להסביר מה הקשר בין הברכה לפסוק זה. עתה הדבר מבואר. הגמרא בסנהדרין (קז ע"ב) מסבירה שפסוק זה עמד בשורש כישלונו של דוד.

> אמר רבי יהודה אמר רב: לעולם אל יביא אדם עצמו לידי ניסיון שהרי דוד מלך ישראל הביא עצמו לידי ניסיון ונכשל.
>
> אמר לפניו: רבש"ע מפני מה אומרים אלוקי אברהם אלוקי יצחק ואלוקי יעקב ואין אומרים אלוקי דוד?
>
> אמר: אינהו מינסו לי ואת לא מינסית לי.
>
> אמר לפניו: רבש"ע, בחנני ונסני שנאמר "בְּחָנֵנִי ה' וְנַסֵּנִי" וגו'...
>
> מיד "וַיְהִי לְעֵת הָעֶרֶב וַיָּקָם דָּוִד מֵעַל מִשְׁכָּבוֹ" וגו' (חטא בת שבע).

האבות, מסביר הקב"ה, עמדו בניסיון ולא כן דוד. דוד מבקש להיבחן, לקבל ניסיון כמו ניסיונות האבות. אכן, הגמרא לומדת מזה שאל לאדם לבקש ניסיון, כי אין הוא יודע אם יעמוד בו, כפי שדוד לא עמד בניסיונו. אך לבסוף, תמורת הבקשה הזאת, בחנני ה' ונסני, דוד אכן מקבל ברכה על שמו בשמונה עשרה, כמו האבות. בבקשה שלו להיבחן, דוד מחפש

את הצמיחה, כי רק על ידי הניסיון אדם גדל וצומח. דוד שאף לעלות לדרגות גבוהות יותר, וזה אפשרי רק על ידי הניסיון. הבקשה הזאת, בחנני ה׳ ונסני, זהה ל״תקווה״ של ״לישועתך קיוינו כל היום״, והיא יסוד בקשת ״את צמח דוד עבדך מהרה תצמיח״. שתיהן אחת הן, בקשת הגידול והצמיחה.

ה. משיח

היחס הדיאלקטי בין שלמות והשתלמות, בין שלמות ה׳ להליכת האדם לקראתו, הוא יסוד במושג המשיח ואחרית הימים. האמונה שיש יעד ומטרה להיסטוריה היא אמונת יסוד ביהדות. היעד הזה חייב להיות השלמות. כמו שכל יחיד נברא בצלם אלוקים, כך גם האנושות כולה נבראה בצלם. מצד אחד, אנו מאמינים בביאת המשיח ובמציאות המסוימת שתשרור בתקופתו. מצד שני, אין זו רק אמונה אינטלקטואלית במצב עתידי. השאיפה, התקווה, לעתיד ההוא מתורגמת למציאות בהווה, לתנועה ולצמיחה. משיחיות היא ההבדל בין עמידה במקום – ולא חשוב באיזו דרגה, נשגבת ככל שתהיה – לבין תהליך התקדמות והשתלמות; כלומר, ההבדל בין מיתה לבין חיים ושאיפות. השאיפה למחר מגדירה אותנו היום – כי לישועתך קיווינו **כל היום**. בעזרת ה׳, ובהיענותו לתפילתנו, אנו נעים עכשיו לכיוון ההוא. זוהי פסגת בקשותינו והאחרונה שבהן. אחרי שביקשנו את כל מה שחסר לנו, אותם דברים מוגדרים שאנו רוצים להוסיף לחיינו, אנו מבקשים שה׳ יעמידנו **בדרך** ההתקדמות המתמדת לישועתו. במילים אחרות – אחרי בקשת כל תנאי החיים, אנו מבקשים את החיים, החיים האמתיים הערכיים עצמם.

פרק כא
שומע תפילה

א. בקשת שומע תפילה

הבקשה האחרונה בסדרת הבקשות בתפילת עמידה היא ברכת שומע תפילה.

הפעם הדברים באמת נראים פשוטים. אין בברכה הזאת ניסוחים חריגים ולא מליצות עמומות. נושא הברכה ברור ובהיר – אנו מבקשים מה' שישמע לתפילותינו. הכול מובן מיד, ובלי ספק, והפעם הפרק יהיה קצר מאוד.

אכן כן – אך נותרה שאלה אחת קטנה. אין ספק שנושא הברכה הוא בקשה שה' ישמע לתפילתנו. אך נשאלת השאלה – מדוע? מדוע אנו צריכים לבקש שה' ישמע לבקשות שכבר ערכנו? איזו תוספת בקשה יש בברכה הזאת?

נשווה שני מבני תפילה:

א. אני מבקש שה' ישלח לי רפואה שלמה.

ב. אני מבקש שה' ישלח לי רפואה שלמה וישמע את בקשתי שישלח לי רפואה שלמה.

ג. האם יש הבדל בין שני המבנים? ליתר דיוק, האם ביקשתי משהו נוסף במבנה השני? ואם נטען שכל תפילה אינה מקובלת בלי בקשת קבלה, נצטרך להוסיף עוד בקשה – שתתקבל גם בקשת שומע תפילה!

ד. אני מבקש שה' ישלח לי רפואה שלמה, ושישמע את בקשתי שישלח לי רפואה שלמה, ושישמע את בקשתי שישמע את בקשתי...

חזרנו, אם כן, לשאלה המוכרת. מה באמת אנו מבקשים בבקשה הזאת?

ב. צורך האדם בתפילה

כבר בתחילת דיוננו הגדרתי את הברכות האמצעיות, הבקשות, כבקשת **צרכים**. חז"ל הגדירו את הצרכים הבסיסיים של האדם. כל בקשה מגדירה צורך אחר של האדם. שלוש עשרה ברכות אמצעיות אלו מגדירות את הצרכים הקבועים והבסיסיים של האדם בעומדו מול הבורא, מול המשביע לכל חי רצון. יישום הגדרה זאת לברכתנו מביא למסקנה שהתפילה היא צורך האדם, לא פחות מאוכל, בריאות, דעת וגאולה. אם, כפי שטענתי בפרק הראשון, אנו עובדים את ה' בכך שאנו שוטחים לפניו את צרכינו, במקרה הזה אנו עובדים אותו בזה שאנו שוטחים לפניו את הצורך שלנו להתפלל לו.

עיון בברכה מגלה מיד שאין אנו מבקשים סיוע **ביכולת** להתפלל, אלא שתתקבלנה תפילותינו. לאור הנאמר לעיל, הדברים ברורים.

עבודתנו את ה׳ מתבטאת בזה שאנו צריכים להתפלל **אליו**, להתקרב אליו בתפילה. אין לי צורך מיוחד לבטא מילים מסוימות בבית הכנסת. יש לי צורך דחוף וחיוני, צורך קיומי, לעמוד לפני ה׳, לדבר אתו, לעובדו ולשרתו. הצורך הזה איננו קיים כדי לקבל את כל אותם דברים שביקשתי בברכות הקודמות. ברגע הזה אני לא בא לפניו כי הוא בעל הרפואה, או אדון הסליחות. גם אם לא היו לי כל אותם צרכים שבאים לידי ביטוי בשתים עשרה הברכות הקודמות, עדיין היה לי צורך להתפלל. במילים אחרות, יש כאן צורך דתי. לאדם יש, מלבד הצורך לפרנסה, לסליחה, לדעת ולגאולה, גם צורך לתקשורת ולדבקות עם האלוקים.

ההבדל בין בקשה לסיפוק צרכים אחרים לבין עצם הצורך לעמוד בקשר תקשורתי עם הקב״ה מודגם יפה בגמרא במסכת תענית.

> שמואל הקטן גזר תעניתא וירדו להם גשמים קודם הנץ החמה (כלומר, לא הספיקו כלל להתחיל בתענית). כסבורין העם לומר שבחו של ציבור הוא. אמר להם: אמשול לכם משל למה הדבר דומה, לעבד שמבקש פרס מרבו. אמר להם: תנו לו ולא אשמע קולו. (תענית כה ע״ב)

זה, לדעתי, פירוש ״קבלת״ תפילתנו. אילו היינו זוכים למילוי כל צרכינו, אך בלי שנצטרך לבקש עליהם מן המלך, לא ייחשב זה כזכות אלא כהחמצה. היינו מדושנים אך מנודים. בברכת שומע תפילה אין אנו מבקשים היענות חיובית לבקשות הקודמות – כל ברכה כוללת בתוכה בקשה להיענות. אנו מבקשים קבלה ממש, שהנייר שעליו הגשנו את בקשתנו יתקבל בתוך ספרו של הקב״ה. אנו מבקשים שהוא לא רק ייתן לנו, אלא שגם ישמע קולנו.

הוכחה לכך אפשר למצוא בהמשך הברכה, במה שנראה כבקשה צנועה למדי – "ומלפניך מלכנו ריקם אל תשיבנו". האם עכשיו אנו מתפללים ומבקשים להיענות חלקית, סמלית, לבקשותינו הקודמות? ודאי שאשמח בכל מידה של טוב שיעניק לי ה', אך האם בבקשה עצמה אנו מבקשים היענות חלקית? כשביקשתי רפואה, האם ביקשתי קצת רפואה, שלא אשוב בידיים ריקות? ודאי שלא! ביקשתי **רפואה שלמה** לכל מכותינו. כשביקשתי פרנסה, האם אמרתי שאני מבקש חצי סעודה ליום? כשביקשנו את בניין ירושלים, האם רמזנו שגם קצת שיפוצים ברובע היהודי יספיקו? לא ולא! ביקשתי בכל ברכה את מלוא הטוב האלוקי, סיפוק כל צרכיי. אין זה אומר שאני מצפה לקבל את מילוי כל בקשותיי. בדיעבד, אם יעניק לי ה' אחוז קטן ממה שביקשתי, אשמח ואודה לו על מתנת החינם שברור לי שלא מגיעה לי בזכות. אבל בבקשה עצמה, איננו מצמצמים את המבוקש. דווקא בגלל שאלו צרכים חיוניים, ואין מקור אחר שיכול לספק אותם, אנו מגישים לאדון כול את הרשימה כולה, ובזה אנו מקיימים את חובת עבודת ה'. לשאוף לפחות מהכול איננו אנושי וגם לא השתקפות של התלות המוחלטת של הנברא במלך אדון כול.

אם כן, אחרי שביקשנו את הכול, מדוע אנו מבקשים שה' לא יחזיר אותנו "ריקם"? האם זה מעין ברכה בדיעבד, עמדת משנה? האם אנו מנהלים משא ומתן בשוק הבקשות – אם לא הכול, אז לפחות חלק? נדמה לי שלא. הברכה הזאת איננה עוסקת בבקשות הקודמות. הברכה הזאת עוסקת בתקשורת ובדבקות, בקשר עם ה'. דיברנו, ביקשנו, התפללנו – ואנו מבקשים עתה שהתפילה הזאת

תהיה תקשורת אמתית, שתהיה כלי לקשר מהותי עם ה'. אנו מבקשים תן לנו משהו ואל תחזיר אותנו ריקם, לא כדי לקיים במקצת את המבוקש בברכות הקודמות, אלא כדי לקיים ולמלא את הצורך של האדם לקשר משמעותי עם האלוקים. "ריקם" כאן אינו מורה על אי־נתינת דבר, אלא על הריקנות עצמה. אל תחזיר אותנו מעמדת התפילה ריקים, חסרי משמעות, אבודים ובודדים. אין זה "ריקם", אלא "ריקם **מלפניך**". כשהמלך משלח מישהו מלפניו, משמעות הדבר יכולה להיות פיטורין, ניתוק הקשר, כפי שאברהם שלח מעליו את בני הפילגשים. אנו מבקשים לא להישלח מלפניו, אלא לקבל מידיו משהו שיעיד על קשר קיים וחי בינינו. "להחזיר ריקם" פירושו לזרוק אותנו החוצה. לא להחזיר ריקם פירושו לקבל את תפילתנו – ואותנו – לפניו.

ג. רחמים

המילה "רחמים" מופיעה שלוש פעמים בברכה (ארבע בנוסח ספרד). נדמה שיש קשר מיוחד בין קבלת תפילה ורחמים.

מעניין להשוות ברכה זו לברכה שאנו אומרים כשיש לנו צורך דחוף בעזרה. בעת צרה קובעים תענית ומתפללים תפילת "עננו". "עננו ה' אלוקינו ביום צום תעניתנו כי בצרה גדולה אנחנו". בכל ברכה זו לא מוזכרת מידת הרחמים ולו פעם אחת! בדרך כלל (ואין זה כלל של מאה אחוז), נמצא אזכור של מידת הרחמים בהקשר של תפילות על מחילת החטא ובקשות סליחה. הגם שיש יוצאים מן הכלל בשפע, הריבוי של רחמים בברכתנו ודאי מורה על קשר מיוחד ויוצא

דופן. הפתרון נמצא בהסברנו למעלה. הרחמים בברכתנו אינם אמצעי להשגת משהו אחר, אלא תוכן הבקשה עצמה. אנו לא מבקשים שיותן לנו דבר מה ברחמים, אלא מבקשים את הרחמים עצמם. הרחמים אינם דרך להגביר את סיכויינו לקבל פרנסה או ישועה, אלא הם המבוקש עצמו. הקשר האישי שאנו מחפשים עם הקב"ה כולל תפילה מצדנו ורחמים מצדו יתברך.

המפרשים העירו שהשורש של "רחמים" הוא רחם. המשמעות היסודית של הרחמים הוא מה שהאם מרגישה כלפי ולדה, שמתחיל לרחוש בתוכה. אין זה זהה לחמלה שאדם מרגיש כשהוא רואה עני ברחוב, רגש שמבוסס על חובה מוסרית.[1] הרחמים אינם נובעים מחובה מוסרית אלא מתחושת האחדות, כפי שהאם היא אחד עם עוברה. בארמית "רחם" פירושו אהבה, ואין לו קשר כלל עם אומללות של האהוב. גם בעברית, לא תמיד הרחמים קשורים לעזרה של חזק לחלש. "הֲתִשְׁכַּח אִשָּׁה עוּלָהּ מֵרַחֵם בֶּן בִּטְנָהּ, גַּם אֵלֶּה תִשְׁכַּחְנָה וְאָנֹכִי לֹא אֶשְׁכָּחֵךְ" (ישעיהו מט, טו). רחמים כאן הם ההפך משכחה. אישה מעוברת מודעת בכל רגע לחיים ברחמה, שתמיד נמצאים בתודעתה. הרחמים נובעים מהאחדות הפנימית, מההיקש ההדדי, ורגש האחדות הזה מעורב ממילא בדאגה ובאחריות.

במילים אחרות, רחמנות אינה נובעת מקושי ומצוקה אלא מצרכינו ומתלותנו בה', בהיותנו מקבלים חסדיו ורחמיו. לכן, בניגוד לכל ברכה אחרת, פותחת הברכה (בנוסח ספרד) בקריאה "אב הרחמן". אב שאוהב כפי שאב אוהב ומרחם. ועל כן חותמים "כי אתה שומע תפילת עמך ישראל **ברחמים**".

1 "רחמנוס", כפי שמבוטאת המילה רחמנות ביידיש, באנגלית pity.

ד. תפילות של מי

בדרך כלל, לא הדגשתי את ההבדלים, המזעריים ברובם, שבין נוסח אשכנז לנוסח ספרד. במקרה הזה, יש בחתימה הבדל קטן אך משמעותי בין שני הנוסחים. בנוסח אשכנז החתימה היא "כי אתה שומע תפילת עמך ישראל ברחמים". בנוסח ספרד אומרים "כי אתה שומע תפילת כל פה".

ההבדל ברור. נוסח אשכנז מתייחס רק לתפילת ישראל. אנו מכירים חתימה כזאת בברכת הרפואה, ובמידה רבה ההתייחסות לעם ישראל ברורה ברוב הברכות. בנוסח ספרד יש הרחבה מכוונת ומפורשת בברכת שומע תפילה, לפנות אל ה' כשומע תפילת כל פה, כל באי עולם. המקור לנוסח, כפי שציינו המפרשים הראשונים, הוא הפסוק "שֹׁמֵעַ תְּפִלָּה עָדֶיךָ כָּל בָּשָׂר יָבֹאוּ" (תהילים סה, ג).

לאור מה שהסברתי למעלה, הבסיס לנוסח אשכנז ברור. הנוסח אינו רומז שה' אינו שומע תפילות של לא־יהודים. אולם, יש קשר מיוחד שנוצר בין היהודי המתפלל, הבא לפני מלכו ונכנס ליחס אישי אתו בעבודה ובתפילה. אין זה אומר שהקב"ה יענה ליותר בקשות של יהודי מאשר בקשות של לא־יהודי. כפי שראינו, הברכה אינה עוסקת במילוי הבקשות האחרות, אלא בקשר ובדבקות עם ה'. קבלת התפילות **ברחמים**, קבלת הפנים למתפלל לפני ה' ובנוכחותו, שיח של דבקות, כל אלו הם חלק מן הברית בין ישראל ואלוקיו, בין מלך ישראל ועמו המשכין בתוכו את שמו – ועשו לי מקדש ושכנתי בתוכם.

כשבנה המלך שלמה את בית המקדש, הוא ביקש, בצורה מפורשת, שה' ישמע תפילות וימלא בקשות. קודם הוא התייחס לתפילות עם ישראל, שבנו את הבית:

וְשָׁמַעְתָּ אֶל תְּחִנַּת עַבְדְּךָ וְעַמְּךָ יִשְׂרָאֵל אֲשֶׁר יִתְפַּלְלוּ אֶל הַמָּקוֹם הַזֶּה
וְאַתָּה תִּשְׁמַע אֶל מְקוֹם שִׁבְתְּךָ אֶל הַשָּׁמַיִם וְשָׁמַעְתָּ וְסָלָחְתָּ...
בְּהִנָּגֵף עַמְּךָ יִשְׂרָאֵל לִפְנֵי אוֹיֵב...
בְּהֵעָצֵר שָׁמַיִם וְלֹא יִהְיֶה מָטָר...
וְאַתָּה תִּשְׁמַע הַשָּׁמַיִם וְסָלַחְתָּ לְחַטַּאת עֲבָדֶיךָ וְעַמְּךָ יִשְׂרָאֵל...
רָעָב כִּי יִהְיֶה בָאָרֶץ דֶּבֶר כִּי יִהְיֶה...
כָּל תְּפִלָּה כָל תְּחִנָּה אֲשֶׁר תִהְיֶה לְכָל הָאָדָם לְכֹל עַמְּךָ יִשְׂרָאֵל
אֲשֶׁר יֵדְעוּן אִישׁ נֶגַע לְבָבוֹ וּפָרַשׂ כַּפָּיו אֶל הַבַּיִת הַזֶּה.
וְאַתָּה תִּשְׁמַע הַשָּׁמַיִם מְכוֹן שִׁבְתֶּךָ וְסָלַחְתָּ וְעָשִׂיתָ וְנָתַתָּ לָאִישׁ
כְּכָל דְּרָכָיו אֲשֶׁר תֵּדַע אֶת לְבָבוֹ כִּי אַתָּה יָדַעְתָּ לְבַדְּךָ אֶת לְבַב
כָּל בְּנֵי הָאָדָם. (מלכים א ח, ל-לט)

אולם מיד אחר כך שלמה מתפלל על תפילות האחרים.

וְגַם אֶל הַנָּכְרִי אֲשֶׁר לֹא מֵעַמְּךָ יִשְׂרָאֵל הוּא וּבָא מֵאֶרֶץ רְחוֹקָה
לְמַעַן שְׁמֶךָ.
כִּי יִשְׁמְעוּן אֶת שִׁמְךָ הַגָּדוֹל וְאֶת יָדְךָ הַחֲזָקָה וּזְרֹעֲךָ הַנְּטוּיָה, וּבָא
וְהִתְפַּלֵּל אֶל הַבַּיִת הַזֶּה.
אַתָּה תִּשְׁמַע הַשָּׁמַיִם מְכוֹן שִׁבְתֶּךָ וְעָשִׂיתָ כְּכֹל אֲשֶׁר יִקְרָא אֵלֶיךָ
הַנָּכְרִי
לְמַעַן יֵדְעוּן כָּל עַמֵּי הָאָרֶץ אֶת שְׁמֶךָ לְיִרְאָה אֹתְךָ כְּעַמְּךָ יִשְׂרָאֵל
וְלָדַעַת כִּי שִׁמְךָ נִקְרָא עַל הַבַּיִת הַזֶּה אֲשֶׁר בָּנִיתִי. (מא-מג)

שתי התפילות תיעננה, כי ברור שה׳ שומע את שתיהן. אך יש הבדל מודגש. לתפילת עמו ישראל ה׳ עונה כי הוא ״יודע את לבבו״, כלומר,

ההיענות נובעת ממידת הרחמים כפי שפירשתי למעלה. אצל הנכרי סיבה זאת חסרה, ואתה הרחמים. לכן, הברכה הזאת, ברכת הרחמים, נעוצה בקשר בין עם ישראל והקב״ה.

בנוסח ספרד, השורה האחרונה מרחיבה את היקף הברכה ומשקיפה על היום ש״עדיך כל בשר יבואו״. הפסוק בתהילים אכן אינו מכריז שה׳ ישמע תפילות כל הבאים אליו, אלא ההפך. ה׳ שומע תפילה, ולכן אליו יבואו כל בשר, ״שומע תפילה, עדיך כל בשר יבואו״. התפילה היא הגורם למשהו גדול יותר, ההתקרבות אל ה׳. התפילה גורמת שייווצר מצב כזה, שכל בשר יחפש את ה׳ ויתקרב מארץ רחוקה אל בית ה׳ בירושלים. זהו חזון וחלום. בנוסח ספרד, לא יכלו לסיים את התפילה בלי לרמוז ליעד זה.

פרק כב
עבודה

א. רצה

הרמב"ם מגדיר את שלוש הברכות האחרונות של שמונה עשרה כ**הודיה**.[1] בהלכות תפילה קובע הרמב"ם שיש לתפילה מבנה משולש:

> חיוב מצוה זו כך הוא, שיהא אדם מתחנן ומתפלל בכל יום ומגיד שבחו של הקדוש ברוך הוא, ואחר כך שואל צרכיו שהוא צריך להם בבקשה ובתחנה, **ואחר כך נותן שבח והודיה לה'** על הטובה שהשפיע לו, כל אחד לפי כחו. (הלכות תפילה א, ב)

1 הגם שהודיה היא השם הפרטי של השנייה מתוך שלוש ברכות אלו – ברכת "מודים".

לחלוקה זו השלכות הלכתיות. לדוגמה, אפשר לבקש צורכי יחיד בברכות האמצעיות ולא בראשונות או באחרונות.[2] כמו כן, הטועה בברכה מן האמצעיות חוזר למקום שטעה, אך הטועה בשלוש האחרונות חוזר להתחלת המחלקה ההיא, לברכת "רצה".[3]

החלוקה הזאת מעלה ומחדשת שאלה יסודית ביחס לברכת רצה. מהו ההבדל בין ברכת רצה לבין הברכה שקדמה לה, ברכת שמע קולנו? שתיהן מבקשות את קבלת תפילותינו. השאלה הזאת קיימת בכל מקרה, שכן אין סיבה לחזור על אותה בקשה פעמיים; אך הגדרת הראשונה כ"בקשה" והשנייה כ"הודיה" מחזקת את השאלה שבעתיים. איך יכול להיות שמה שנדמה, פחות או יותר, כאותה ברכה יהיה פעם בקשת צורכי האדם ופעם "שבח והודיה"?

ב. הגדרת החלוקה הפנימית של תפילת שמונה עשרה

הגמרא בברכות (לד ע"א) מגדירה את החלוקה המשולשת של תפילת שמונה עשרה במונחים אחרים מאשר הרמב"ם.

> אמר רב יהודה: לעולם אל ישאל אדם צרכיו
> לא בשלש ראשונות ולא בשלש אחרונות אלא באמצעיות,
> דאמר רבי חנינא:
> ראשונות דומה לעבד שמסדר שבח לפני רבו,

2 ראה שלחן ערוך אורח חיים קיב, א.

3 שם קיג, על פי הגמרא בברכות לד ע"א.

אמצעיות דומה לעבד שמבקש פרס מרבו,
אחרונות דומה לעבד שקבל פרס מרבו ונפטר והולך לו.

המשל שבפי רבי חנינא זר לאוזני האדם המודרני. כל מי שבא להתפלל מרגיש צורך בחוויה דתית, רוצה להתקרב לאלוקים או לבקש דבר שנחוץ לו. לעומת זאת המאמר בגמרא מציג את התפילה במסגרת של עבודת המלך, מסגרת שכמעט איננה נתפסת על ידינו בעולם נטול מלכים של ממש וספוג בעקרונות השוויון והחופש.

אין זו רק שאלה של חוסר הכרת טקסי מלכות ובאי־תודעת העבדות. אנו חונכנו, ולא רק בחינוך פורמלי, בדרך שממעיטה בערך היחס של עבד לאדונו ולמלכו. עד לפני כמאה וחמישים שנה עוד שרר בחברה המערבית יחס חיובי לערך ה"שירות". ערכי הדמוקרטיה, הערך השוויוני לכבוד האדם, והדגש ההולך ומתחזק על הזכויות האוניברסליות של האדם, כולם חברו יחד כדי לבטל ערך זה. אנו בזים לביטול העצמי שעומד בבסיס השירות. מצד אחד, השירות מבוסס על ההכרה שהמשרת עומד בפני מי שטוב ממנו ועליון ביחס אליו; ואילו הדבר הראשון שאנו לומדים, גם כבני התרבות המערבית וגם כיהודים, הוא שכל הנבראים בצלם הם שווים. מצד שני, אנו רגילים לראות במימוש עצמי ערך עליון, וממילא שירות יעדי אדם אחר אינו משתלב ב"שירות" לעצמנו. כמובן, אמונתנו קובעת שמלכו של עולם, בורא שמים וארץ, אינו כלול בשוויוניות הכללית הזאת, אך אנו כבר איבדנו את ההבנה הטבעית למשמעות היחס של עבד למלכו, בהיעדר כל דוגמה מחיינו ותודעתנו האזרחיים. השימוש במטפורות חברתיות בנוגע לאלוקים מבוסס על כך שהן מובנות וטבעיות. כשאנו

פונים לה' בתואר "אבינו", הדבר מיד מתקשר ליחס לאבא האנושי, אך כשאנו פונים ל"מלכנו", חסרה המסגרת הטבעית שממנה הביטוי יונק משמעות.

לא חסרים לנו רק מלכים חיים. **כל** העמדות הסמכותיות, הן פוליטיות הן חברתיות, נעדרות היום סממני מלכות – יראה וכבוד. מנהיגינו הפוליטיים הם שכנינו, וגם אבות במשפחה אינם פטריארכים, כפי שמורים היום כבר אינם "חכמים וזקנים". זאת הסיבה שהלכות כבוד ומורא בנוגע אליהם (כגון לא ישב במקומם, עמידה בפניהם, לא יסתור את דברם) אינן טבעיות והפכו להיות, במקרה הטוב, טקסיות, מעין חוקים במקום משפטים. העקרונות הגדולים של חירות ושוויון השוו את כל המעמדות בחברה, וממילא כל המושג של עבודה ושירות, בנוגע למלך מורם מעם, נתרוקן ממשמעות. דרוש מאמץ מיוחד כדי להבין ולהפנים את המשל התלמודי וליישמו בנוגע לקב"ה, ובפרט בתפילה.

ג. קיבל פרס ונפטר

בנוגע לשני החלקים הראשונים של השמונה עשרה, המשל התלמודי אכן משנה, אך אינו מחולל מהפך של ממש במשמעותם. השבח שבא בהתחלה הוא עדיין שבח, אלא שעתה הוא שבח למי שנערץ ולא רק למי שאנו מנסים לשחד כדי שימלא את הבקשה. הבקשות הן עדיין בקשות, ניסיונות לספק את צרכינו, אם כי הן מוגשות לא רק כדי לקבל אלא גם מתוך הכרה שה' הוא אדון הכול. אך בנוגע לחלק השלישי, נדמה שאימוץ המשל של רבי חנינא מחולל הבנה חדשה לחלוטין. "נפטר מרבו" הוא חוויה שאין אנו מכירים

כלל כדוגמתה בעולם המודרני ויידרש לנו מאמץ דמיוני ניכר כדי להבינה – ולא כל שכן כדי להתחיל לחוות זאת כחוויה פנימית קיומית.

ל"נפטר מרבו" יש ריח כמעט פיאודלי. נדמה לי שאף אחד לא "נפטר" מן האחר היום. זוהי פעולה שעושים כשעוזבים מי שיש צורך ברשותו כדי לעזוב – לדוגמה עבד מלפני רבו, או אביר בימי הביניים מלפני אדונו. מי שעומד לפני הקב"ה (והתפילה מוגדרת כ"עמידה בפני המלך") אינו יכול לקום ולעזוב כשמתחשק לו. כשעוזבים את האדון, "נפטרים", וזאת על ידי שמברכים אותו ומודים לו על חסדו בקבלתו אותנו לפניו. בעברית, בכל המסגרות, ברכת הפרידה היא ברכת השלום – וזו תהיה הברכה האחרונה בשמונה עשרה. בהבנה רחבה יותר, להיפטר מלפני ה' משמעו להביע מה שכלול בכך שאני עוזב את נוכחותו כדי לצאת לעולם הרחב, לעולם שהוא ברא. שתי הברכות האחרונות בסדרה משתלבות ללא קושי בהבנה הזאת. קודם מודים לו, על כל מה שיש בעולמנו, ואחר כך מברכים לשלום, מתפללים לשלום, לא כצורך שלנו אלא משום שזוהי ההגשמה של רצונו כלפי העולם. לשני המושגים הללו נגיע בפרקים הבאים. עתה אנו חייבים להבין את הברכה הראשונה בסדרה, כחלק ממסגרת "נפטר מרבו" – ברכת העבודה, ברכת רצה.

ד. עבודה

הברכה מכונה בפי חז"ל ברכת עבודה. עבודה היא כינוי לעבודת בית המקדש, ואכן לא זו בלבד שעבודת המקדש מופיעה פעמיים בברכה, היא גם חוזרת בחתימה, "המחזיר שכינתו לציון". אילו הייתה הברכה

בקשה על קבלת תפילותינו, החתימה הזאת אינה מתאימה. החתימה הייתה צריכה להיות מעין "הרוצה בתפילה", בדומה לחתימת ברכת שומע תפילה. אדרבה, ברור שמסגרת הברכה משלבת את הבקשה על קבלת "אשי ישראל ותפילתם" בתוך עניין רחב יותר של החזרת עבודת בית המקדש, הקרבנות, הקטורת, סידור הלחם, הנסכים והמנחות.

במבט ראשון אנו מבחינים בהבדל אחד, קטן אך רב משמעות, בין הברכה הקודמת לבין הברכה הזאת. לפני כן עסקנו בקבלת תפילה, עתה אנו עוסקים בקבלת קרבנות. מורי הגרי"ד סולוביצ'יק זצ"ל הדגיש רבות את המשמעות המיוחדת של המילה "רצה" – מילה הלקוחה מעולמם של הקרבנות. הנביא חוזה ש"עולותיהם וזבחיהם לרצון על מזבחי" (ישעיהו נו, ז). מטרת הקרבנות היא להיות לרצון, למצוא חן בעיני ה', למלא אחר רצונו. בצורה זו או אחרת, המילה רצון חוזרת בכל פרשת הקרבנות. כבר בהקרבה, התורה מצווה שהיא תהיה "לִרְצֹנְכֶם" (ויקרא יט, ה; כב, יט; כג, יא). אדם שקרבנו הצליח בייעודו "נִרְצָה לוֹ" (ויקרא א, ד). אם כן, הברכה מבקשת שתפילותינו ימצאו חן וחסד בעיני ה', כעולה וכקרבן על גבי המזבח, כפי שהוא הבטיח בנוגע לבית המקדש.

ברגע שאנו מעמידים את הברכה הזאת בהקשר של "נפטר מרבו", ההבדל בינה לבין הברכה הקודמת, וכל החלק הקודם, מתבהר. "שמע קולנו", כפי שהדגשתי בפרק הקודם, עסק **בצורך** האדם. ביקשנו שיתקבלו תפילותינו, שתיווצר תקשורת בינינו לבין האלוקים. נושא הברכה היה יחסינו עם ה', ויחסים אלו הם צורך שלנו. ברכת רצה איננה בנושא צורך שלנו. עם כל החשיבות שיש לבית המקדש, חז"ל ראו בתפילה בזמן הזה קיום ותחליף לאותו צורך שממלא המקדש. לפחות ברגע זה, שאנו עומדים בתפילה, ועוסקים ב"עבודה שבלב",

אין אנו חווים צורך קיומי נוסף לעמוד ולשרת בבית המקדש. כמובן, יש לנו צורך להרגיש את קרבת האלוקים ואת השכינה שיש במשכן ה׳ – אך לכך הוקדשה ברכה אחרת, ברכת ירושלים; אין אנו מרגישים כרגע חיסרון ביכולת לשרת את ה׳ – אנו עושים זאת בעצם התפילה.

בקשת "רצה" עוסקת בהיפוכו של עניין – לא בצורך שלנו במשהו, אלא ב"נפטר מרבו". במה שוודאי נראה כתעוזה קיצונית, אולי אפילו כחוצפה, אנו מבקשים שתפילתנו תתקבל לרצון, שתמצא חן בעיניו. אין אנו מתפללים על צרכינו, אלא בשבילו יתברך. אחרי שהתפללנו, אחרי שכביכול העסקנו את ה׳ לכמה דקות טובות בהקשבה לנו, אנו מבקשים ומאחלים לו שזאת תהיה חוויה מקובלת, חוויה "נעימה" גם בשבילו. מטרת האיחול אינה לגרום לכך שהקב"ה יענה בחיוב לבקשתנו, האיחול הוא חלק משירותנו את האדון. כפי שה׳ אמר שהוא רוצה ומתרצה בריח הניחוח של הקרבנות, שעולים לרצון, כך אנו רוצים שאמרי פינו יהיו לרצון. האם זה אפשרי? האם זו חוצפה? האפשר לאדם לחשוב שה׳ ייהנה מתפילתו? אינני יודע למה – אך התשובה היא חיובית, אפשר ואפשר, כי כך אמרה התורה בנוגע לעבודת הקרבנות. בספרות החסידות הפך רעיון זה לאחד מיסודות הקיום האנושי – יעד האדם הוא לגרום "נחת רוח ליוצרו".[4] השאיפה לגרום "נחת" לה׳ היא יסודית באישיות הדתית. אין אנו יכולים באמת

4 המקור הוא בברכות יז ע"א, "אשרי מי שגדל בתורה ועמלו בתורה ועושה נחת רוח ליוצרו וגדל בשם טוב ונפטר בשם טוב מן העולם". כחיוב על האדם מצאנו מאמר בתנחומא, בראשית ד: "כך שנו רבותינו ז"ל הבונה בית חדש מברך שהחיינו כדי שיעשה נחת רוח ליוצרו". בספרות החסידות הועמד הרעיון כיעד העיקרי של קיום עובד האלוקים, לדוגמה מאמר זה של האור המאיר: "עם ישראל עיקר מגמת נפשם בתורה ובתפילה ומעשה המצוות רק לעשות נחת רוח ליוצרם" (ויקרא פרשת אמור).

לספק שירות לקב"ה, שאינו חסר דבר, אך אנו יכולים לגרום לו "נחת", כפי שילד גורם להוריו, כי זה מה שהקב"ה מבקש מבניו.[5]

ה. אשי ישראל

"ואשי ישראל ותפילתם באהבה תקבל ברצון". הביטוי "אשי ישראל", המתייחס כנראה לקרבנות, העמידה קושי למפרשים. הלא אין בימינו קרבנות, ואם כן למה אנו מבקשים שהם יתקבלו ברצון? בטור (סימן קכ) מובאים שלושה תירוצים. אחד מציע לחבר את "אשי ישראל" למעלה, כך שהוא נמצא בבקשת "השב" ולא בבקשת "קבל" – כלומר,

> והשב את העבודה לדביר ביתך ואשי ישראל,
> ותפילתם באהבה תקבל ברצון.

תירוץ שני רואה ב"אשי ישראל" שם נרדף לתפילתם, מאחר שהתפילות כנגד קרבנות נתקנו.[6]

התירוץ השלישי – וזה עניננו כעת – מתבסס על מדרש:

> ובמדרש יש, מיכאל שר הגדול מקריב נשמתן של צדיקים על המזבח של מעלה ועל זה תיקנו ואשי ישראל.[7]

5 רש"י (תהילים ה, יג) מפרש את המילה "רצון" כ"נחת רוח".

6 הבית יוסף מסביר ש"אשי ישראל ותפילתם" הם דבר אחד, כלומר, תפילות ישראל שהן בגדר קרבנות. הב"ח מסביר שאשי ישראל הם התפילות הקבועות, שחרית מנחה ומעריב, שהם כנגד קרבנות, ו"תפילתם" – שאר תפילות היחידים שמתפללים נדבה.

7 טור סימן קכ, מבוסס על תוספות מנחות קי ע"א.

נשמות הצדיקים הן קרבנות, והמלאך מיכאל, השר הגדול, הוא הכוהן המקריב אותן. ברור לכול שאין כאן בקשה לקבלת הבקשות הקודמות. וכי מה קשר יש בין נשמות הצדיקים לבין זכותנו לקבל את מה שביקשנו בתפילה שלנו? מעולם לא מצאנו בקשה לקבל משהו "תמורת" הקרבת נשמותיהם של צדיקי ישראל. הרעיון זר לגמרי לתורת ישראל. לפי הסברנו, שמדובר בבקשה שעבודת עם ישראל תהיה לרצון, לריח ניחוח, ולנחת רוח בפני הבורא, הדבר מובן.[8] זהו הקרבן הגדול, שקיים בכל הדורות ובכל הזמנים, ואנו מבקשים שיעלה לרצון לפניו, שתהיה לו נחת רוח מעולמו.

ו. מחזיר שכינתו לציון

כיוון שהברכה עוסקת בבקשה שתפילתנו תהיה לרצון, אנו עוברים מיד לבית המקדש, המודל האידאלי של חוויית הרצון בעולמנו. כיוון שרצוננו הוא שתהיה נחת רוח לה' מעולמו ומעבודתו, אנו מבקשים שישיב את העבודה לדביר ביתו. ואל מי פונים בבקשה שתהיה עבודתנו לרצון? כמובן, למי שיחזיר שכינתו לציון, הבטחה שמעידה שה' אכן רוצה בעבודתנו, בתפילותינו, במעשינו ובנשמותינו. כיוון שה' הבטיח להשיב שכינתו לציון, אנו יודעים שמסיבה שמעל להבנתנו, הוא רוצה בעבודתנו, והיא מסוגלת להיות לרצון ולריח ניחוח. אל מי שעדיין מתכנן את ביתו בציון אנו פונים, גם היום, ומבקשים שעבודתנו הדלה תתקבל לרצונו.

8 עצם המושג של קרבן העשוי מנשמות הצדיקים מחייב דיון נפרד ואכמ"ל, אולם בהקשר של יציאה מלפני המלך כ"נפטר מלפני רבו", ובקשת שלומו של המלך, הדברים מובנים.

יש שני פנים לעבודת ה׳. הראשון, שניסיתי להסבירו בכל הפרקים הקודמים, החל מההקדמה לפרק הראשון, היא בהכרתנו שהכול ממנו והכול תלוי בו. השני, המופיעה ב״ברכת העבודה״, הוא רצוננו לתת לו, למי שאינו זקוק לדבר מאתנו, משהו מעצמנו. זה מתבצע באמצעות הקרבת קרבן או באמצעות תחליף – תפילה. הבקשות כוללות את שני הצדדים של עבודת ה׳; כי עצם הבקשה וההכרה שהכול מאיתו הן נתינת נחת רוח לה׳ והקרבה **לרצונו**. זה מה שאנו מפרטים בברכת רצה.

פרק כג
הודאה

הברכה השבע עשרה היא הברכה הארוכה ביותר בתפילת שמונה עשרה. בגלל אורכה נהגו מדפיסי הסידורים לחלקה לכמה קטעים, עד שלפעמים שוכחים שמדובר בברכה אחת. למרות אורכה, אין ספק בדבר הנושא המרכזי שבה. הפועל "להודות", בצורה זו או אחרת, חוזר ארבע פעמים בברכה, פעמיים בפתיחה ופעמיים בחתימה. טבעי ששם הברכה הוא "הודיה". משימתנו הראשונה היא להבין את המילה הזאת. מהי באמת המשמעות של "להודות"?

א. הודיה

המשמעות הראשונה והפשוטה ביותר היא נתינת תודה, הבעת רגש מסוים כתגובה לקבלת מתנה ממישהו אחר. החיוב להודות למי שנותן הוא מן הנושאים הראשונים בחינוך. כבר בסביבות השנה השנייה של החיים, עוצרים את העולל כשהוא מקבל ממתק מדודתו, ודורשים

שיגיד "תודה". במובן זה, הודיה היא הבעה במילים של רגש, תחושה חיובית וחמה כלפי מי שמתנדב וגומל לך דבר טוב. קריאת הברכה במשמעות זאת מעניקה קריאה רצופה ומובנת, המבוססת על האמת הלוגית והמוסרית שאנו חייבים תודה לבורא, שמעניק לנו אין־סוף חסדים, ערב ובוקר וצהריים.

יש רק מקום אחד שקריאה בהבנה זאת איננה מתיישבת לגמרי, והיא בפתיחת הברכה. "מודים אנחנו לך שאתה הוא ה' אלוקינו ואלוקי אבותינו". רגש התודה בא בצמוד לאובייקט שמחייב אותו. על מה, על אילו חסדים, אנו מודים במשפט פותח זה? האם על "חיינו המסורים בידיך, ונשמותינו הפקודות לך, ונסיך שבכל יום עמנו"? נראה שלא, כי לפני הרשימה הזאת יופיע שוב פועל – "נודה לך ונספר תהלתך". אפשר כמובן לטעון שאנו מודים לקב"ה על כך שהוא "ה' אלוקינו", אולם פירוש זה נראה דחוק. אם כוונתנו לכך שהוא מסכים להיות מלכנו ולדאוג לנו, מדוע לא נפרט זאת, כפי שהמשך הברכה עושה בנוגע לנסים ולנפלאות שבכל יום.

ב. הודאה

יש בעברית משמעות אחרת לפועל "להודות", והיא הודאה והסכמה בעובדות.[1] יש הודאה בחטא או באשמה, כגון "וְסָמַךְ אַהֲרֹן אֶת שְׁתֵּי יָדָו עַל רֹאשׁ הַשָּׂעִיר הַחַי וְהִתְוַדָּה עָלָיו אֶת כָּל עֲוֹנֹת בְּנֵי יִשְׂרָאֵל

1 לצורך נוחות ההבחנה אשתמש בצורה המשנאית, הודאה, במשמעות של הכרה בחיוב, לעומת הודיה, במשמעות הרגילה של תודה.

וְאֶת כָּל פִּשְׁעֵיהֶם לְכָל חַטֹּאתָם" (ויקרא טז, כא). בלשון חז"ל יש הודאה בחיוב ממוני, כמו בכלל ההלכתי "הודאת בעל דבר כמאה עדים דמי". במובן רחב יותר, הודאה היא הכרה באמת מסוימת, לרוב באמת מחייבת. במשמעות זאת, אין האדם מודה **על** משהו, אלא מודה **שמשהו** – לדוגמה "מודים אנחנו לך **שאתה** הוא ה' אלוקינו". אין אנו מודים לקב"ה ומביעים תודה על היותו אלוקים, אלא מודים שהוא אלוקים ומקבלים זאת על עצמנו.

לפי זה, משמעות ההודיה משתנה בהמשך הברכה, מאחר שה"נודה לך... על נסיך שבכל יום עמנו" נראה קרוב יותר למשמעות הראשונה.

ג. שבח

אם נבדוק את השימוש בפועל להודות בתנ"ך, במיוחד בספר תהילים, נגלה שימוש תכוף במשמעות נרדפת ל"לשבח". המילה מופיעה ללא מושא ישיר וגם ללא פירוט האובייקט **שעליו** מודים. דוגמה פשוטה ומוכרת מופיעה בתחילת פסוקי דזמרה – "הודו לה' קראו בשמו". אפשר כמובן לטעון שיש כאן הבעת תודה, אך מוזר הוא שאין הסבר למה ועל מה מודים לאלוקים. יש כמה עשרות דוגמאות לשימוש זה בתהילים, ונדמה לי שאנו אינסטינקטיבית מבינים אותם כשבח. כך מצורפת ההודיה לרשימת פעלי השבח בסוף תפילת נשמת – "להודות להלל לשבח לפאר לרומם להדר לעלה ולקלס".

דוגמה בולטת ומשכנעת נמצאת בתפילת שלמה שציטטנו בדיוננו בברכת שומע תפילה.

בְּהִנָּגֵף עַמְּךָ יִשְׂרָאֵל לִפְנֵי אוֹיֵב אֲשֶׁר יֶחֶטְאוּ לָךְ, וְשָׁבוּ אֵלֶיךָ **וְהוֹדוּ אֶת שְׁמֶךָ**
וְהִתְפַּלְלוּ וְהִתְחַנְּנוּ אֵלֶיךָ בַּבַּיִת הַזֶּה.
וְאַתָּה תִּשְׁמַע הַשָּׁמַיִם וְסָלַחְתָּ לְחַטַּאת עַמְּךָ יִשְׂרָאֵל
וַהֲשֵׁבֹתָם אֶל הָאֲדָמָה אֲשֶׁר נָתַתָּ לַאֲבוֹתָם. (מלכים א ח, לג-לד)

ההודאה כאן באה כחלק מתהליך התשובה ולפני הבקשה – ודאי לפני הישועה. אי אפשר לפרש כאן שהעם מודה לקב"ה על טובו שהתגלה בכך שניגפו לפני אויביהם.

פסוקים אלו מדגימים תופעה נוספת של שימוש במשמעות זו של הודיה – ההודיה מתייחסת **לשם** ה'. בפעולת השבח סביר לכוון את השבח **לשם** ה'. ראשית, כי מעשה השבח הוא פעולת דיבור, שבפועל מתייחסת לשם ה' שבמשפט; שנית, משום שהתוצאה של השבח היא ההאדרה של שם ה', של נוכחות ה' בפי הבריות. לעומת זאת, ראוי להודות במובן של רגשי תודה לה' עצמו ולא לשמו.

משמעות זאת של "הודיה" באה לידי ביטוי בסוף ברכתנו, לקראת החתימה. "וכל החיים יודוך סלה **ויהללו** את שמך באמת".

זיהינו שלושה מובנים שונים של הודיה: א. הבעת רגש; ב. הכרת האמת; ג. פעולת השבח. שלושתם שונים בתכליתם, ומובחנים באמצעות השימוש במילות יחס שונות: א. להודות על; ב. להודות ש...; ג. להודות את שמו. כל השלושה מופיעים בברכה, מפוזרים לכל אורכה. עתה אנו צריכים לגלות את המשמעות הבסיסית המשותפת שמאחורי כל המובנים הללו, ובכך להבין גם את ברכתנו וגם את המשמעות האמתית של מידה חשובה ויסודית בחיים הדתיים והמוסריים.

ד. אמונים

אף שההודיה היא ערך מוסכם ומשותף לכל התרבויות, יש בה משהו נעלם וחידתי. ברור שבאמירת תודה למי שהעניק לי משהו איני מתכוון להבטיח תשלום עתידי. אדרבה, יסוד חיוב ההודאה מבוסס על כך שדבר מה ניתן בחינם, ללא בקשה או ציפייה לתגמול. אם כן, מה בדיוק אני מבקש להביע?

כדי להבין את הפועל, וכן את המושג עצמו ואת החובה המוסרית, אני מציע שנעיין שוב במשל חז"ל שעסקנו בו בפרק הקודם. הגמרא קבעה שהברכות האחרונות דומות לעבד שקיבל פרס מרבו ונפטר והולך לו. כפי שציינתי שם, יש להבין משל זה במבט לא מודרני, כלקוח מהווי של העולם העתיק או ימי הביניים, ומתאר יחס של נתין ואדון. מה מרגיש נתין כשהוא נפטר מלפני רבו? במקום המילה הודיה, אני מציע שנחשוב על מושג אחר, על הבעת אמונים. ביחס פיאודלי הנתין נשבע אמונים לאדונו, דהיינו הוא **מכיר** ומקבל שלאדון יש ריבונות עליו ושמגיעה לו נאמנותו. במושגים מודרניים יותר, הודיה היא מעין שבועת אמונים וקבלת חיוב – לא חיוב לתגמול אלא חיוב לנאמנות ולשירות במקרה הצורך. מתנה מחייבת, לא תשלום (אף שלפעמים אנו דווקא רוצים לשלם, כדי להיפטר מהצורך בהודיה!), אלא משהו קיומי יותר. מעשה הנתינה הופך את הנותן לאדון ואת המקבל לנתין. ההרגשה הזאת היא, לדעתי, מה שאנו אמורים להביע בהודיה. כשאני אומר "תודה" אני מתחייב ומחייב את עצמי לעמוד הכן לשרת ולעזור, כפי שבצורה פורמלית יותר העמיד האביר בימי הביניים את זרועו לשירות אדונו. המתנה יוצרת יחס – יחס לא שוויוני – בין הנותן לבין המקבל, וההודיה היא ההכרה ביחס הזה.

נדמה לי שאני חוזר ומשתמש במושגים ובדימויים מימי הביניים משום שהמסחור של החברה המודרנית הקפיטליסטית הפך את ההודיה עצמה למצרך, ולאמצעי תשלום. אנו מביעים תודה באמצעות תשלום או תשר. תהליך זה רוקן את ההודיה ממשמעותה האמתית – וכמובן יהיה מגוחך ביחס לאלוקים.

המשמעות הזאת – האמונים – כוללת את ההודיה במובנה הרגיל, וגם את ההודאה, כי היא מצריכה **הכרת** האמת **והתחייבות** להתנהג בהתאם. אנו מודים (הכרה) **שאתה** הוא ה׳ אלוקינו ומודים לך **על** כל הטוב שעשית עמנו. היא גם, ביחס לאלוקים, סוג של שבח, כי חלק ממה שנתין חייב לאדונו הוא השבח, והעובדה שאנו נשבעים לו אמונים מהווה שבח. שבח הוא הכרה בעליונות הערכית של מושא השבח. להגיד ולהצהיר שה׳ הוא מלך ואדון הוא עצמו שבח. מובן גם למה היא מתייחסת **לשם** ה׳, כי האמונים הם לשם ה׳, במובן שאנו רושמים את שמנו ברשימת נאמני ה׳. ״הודו לה׳״ פירושו להתחייב כלפיו ולהישבע להיות לו עבד נאמן ומשרת.[2]

2 המהר״ל (נתיבות עולם, נתיב העבודה, פי״ח) הבין שבמשפט ״נודה לך... על חיינו המסורים בידך״, החלק השני איננו סיבת ההודאה, אלא תוכנה. אנו מודים ומוסרים את עצמנו. אף שקריאה כזאת נראה לי קשה, הבנתו את ההודאה כמסירות נפשנו לה׳ נראית לי מדויקת, וכפי שהוא מסכם: ״כאשר מזכיר בכל מקום הודאה הוא מוסר עצמו אל ה׳ יתברך בשביל הטובה שעשה אתו, כי זהו ענין הודאה... שכל הודאה מוסר עצמו אל ה׳ יתברך... ובשביל כך האדם והארץ הכל אל ה׳ ולא יצא דבר מרשותו ית׳״. המהר״ל מסביר את הקשר בין קבלת טובו של הקב״ה וחיוב ההודאה. כשאנו מקבלים משהו ממנו, אנו מצהירים מיד שהכול עדיין שייך לו.

הקשר בין הודיה לבין הצהרת אמונים עולה במפורש מתהילים.

לַמְנַצֵּחַ מִזְמוֹר לְדָוִד:
חַלְּצֵנִי ה׳ מֵאָדָם רָע, מֵאִישׁ חֲמָסִים תִּנְצְרֵנִי,
אֲשֶׁר חָשְׁבוּ רָעוֹת בְּלֵב, כָּל יוֹם יָגוּרוּ מִלְחָמוֹת...
אָמַרְתִּי לַה׳ אֵ־לִי אָתָּה הַאֲזִינָה ה׳ קוֹל תַּחֲנוּנָי.

דוד המלך ממשיך ומתחנן שה׳ יצילנו, ואז מסיים:

יָדַעְתִּי כִּי יַעֲשֶׂה ה׳ דִּין עָנִי מִשְׁפַּט אֶבְיֹנִים.
אַךְ צַדִּיקִים **יוֹדוּ לִשְׁמֶךָ** יֵשְׁבוּ יְשָׁרִים אֶת פָּנֶיךָ. (תהילים קמ)

אין כאן הבעת תודה במובן הפשוט. ההודיה שבפסוק האחרון מקבילה לישיבת הישרים לפני ה׳, כלומר, התייצבות לפניו כעבד לפני מלכו. התוכן של ההודיה כבר נרשם בפסוק קודם – ״אמרתי לה׳ א־לי אתה״. הפסוק הזה הוא הודיה במובנה הטהור – הצהרת אמונים.

ברור למה בתפילת חנוכת המקדש רואה שלמה המלך בהודיה שלב ראשון בתשובת העם, אחרי הצרה ולפני הישועה. כשהעם ניגף לפני צריו, זוהי תוצאה של התנכרותו לה׳. כשבתגובה לעונש באים העם לחזור ולהיגאל, הצעד הראשון הוא להצהיר נאמנות ולקבל עליהם את מלכותו, כי האפשרות להתקרב לה׳ מותנית בהיותם נתינים נאמנים שלו. כאן ההודיה אינה תגובה לרוב טוב, אלא הכנה לתשובה, אך גם זו נחשבת הודיה מכיוון שתוכנה הוא כניעה והכרה במלכותו של ה׳ וקבלת המתחייב מכך – היותנו עבדיו.

ה. הברכה

הברכה פותחת בהכרה (בלשון הודיה) שה׳ הוא אלוקינו – ״אלוקינו ואלוקי אבותינו לעולם ועד, צור חיינו מגן ישענו אתה הוא לדור ודור״. שימו לב לדגש על הקביעות והנצחיות של היחס. מה שחשוב הוא לא הדברים שקיבלנו בזמן האחרון, כדי להביע תודה עליהם, אלא היחס הקבוע בינינו שמגדיר את מעמדנו בנוגע אליו – היותנו מקבלים ולכן נתינים.

שנית, אנו ממשיכים ומפרטים את כל הטוב שאנו מקבלים, באופן קבוע, ״בכל עת, ערב ובקר וצהרים״. גם כאן הדגש הוא על ההווה ועל העתיד. הברכה איננה ״תשלום״ על מה שהעניק לנו ה׳ ביום האחרון אלא הצהרת אמונים כתגובה ליחס הקבוע בינינו. אכן, האמונים הללו הם ללא גבול, מאחר שהתלות בינינו היא בלתי מוגבלת – ״הטוב כי לא כלו רחמיך והמרחם כי לא תמו חסדיך מעולם״.

אילו הנושא היה הודיה במובן הרגיל היינו מצפים שיודגש ״חיינו המסורים בידך **והחזרתם לנו**״, וכן ״נשמותינו הפקודות לך **והענקתן לנו בחזרה**״. אך מאחר שהודיה פירושה נאמנות, נשמותינו הן בידיו תמיד, והוא אחראי להן ושומר עליהן בחסדו. אנו משבחים, מכירים ומצהירים נאמנות למי שבידיו מופקדים נשמותינו וחיינו.

בסופו של הקטע הראשון אנו אומרים ״קוינו לך״. מה הקשר לתקווה בברכה הזאת? היחס בינינו לבין הקב״ה הוא יחס של תלות. תקוותנו וביטחוננו בה׳ הם הצד השני של מטבע הנאמנות שלנו. אנו נתיניו לא בגלל שהוא שיעבד אותנו, אלא משום שהוא שחרר אותנו מעבדות מצרים, משום שהוא אלוקינו, והוא מעניק לנו את הגנתו.

יחסי אדון־נתין הם דו־סטריים, כמובן, ומבוססים על הנתינה שהוא נותן לנו. נאמנותנו ותקוותנו משולבות זו בזו.

ו. וכל החיים – הודאה פרטית והודאה כללית

החלק הראשון של הברכה מפרט את הסיבות המחייבות הודאה: "על חיינו המסורים בידיך, ועל נשמותינו הפקודות לך, ועל נסיך שבכל יום עמנו, ועל נפלאותיך וטובותיך שבכל עת". הברכה מגיעה לשיא מסוים, בהצהרת "קוינו לך". אחרי זה, ממשיכה הברכה ומרחיבה את זירת האישים־המודים:

ועל כלם יתברך ויתרומם שמך מלכנו
תמיד לעולם ועד.
וכל החיים יודוך סלה ויהללו את שמך באמת
הא־ל ישועתנו ועזרתנו סלה.

אחרי שהודיתי באופן אישי לבוראי ומלכי, אני מרחיב את היריעה לכלול את כל האנושות, ואולי אפילו את כל החי. למה?

לאור הסברנו, שהודאה פירושה הצהרת אמונים ומסירת עצמנו לידי ה', הדבר ברור. אילו הייתה הודאה רק הבעת תודה במובן הרגיל, לא היה מקום בברכה למשאלה שכל העולם יודה לשמו של הקב"ה. מובן שכל מי שיש בו רגישות מוסרית מקווה ליום שכולם ימלאו את חובותיהם המוסריות, אך אין תקווה זאת כשלעצמה חלק מהחובה להודות. אם משמעות הודיה היא נתינת תודה, אין ההודאה של אדם אחר מוסיפה דבר להודאה שלי. אך מאחר שאנו מגדירים

את ההודאה כהצהרת אמונים, כמסירת עצמנו למלך מלכי המלכים ובורא עולם, יש חשיבות עצומה להודאת שאר העולם. העובדה שרבים מעבדי המלך אינם נאמנים לו ואינם משרתים אותו מהווה מצב בלתי נסבל עבור העבד הנאמן. השאיפה שמלכותו תושלם היא חלק מנאמנותנו כלפי מלך מלכי המלכים. אנו מכירים במלכותו המוחלטת, אך עצם העובדה שלא הכול משתתפים אתנו פוגעת במלכותו.

תמיד נמצא שהאמונה והתקווה להפניית כל האנושות אל ה׳ קשורה להשלמת מלכותו של הקב״ה. דוגמה שגורה היא החלק השני של תפילת עלינו – על כן נקווה.

על כן נקוה לך ה׳ אלוקינו
לראות מהרה בתפארת עזך,
להעביר גלולים מן הארץ
והאלילים כרות יכרתון,
לתקן עולם במלכות ש־די,
וכל בני בשר יקראו בשמך
להפנות אליך כל רשעי ארץ...
ויקבלו כלם את עול **מלכותך**
ותמלוך עליהם מהרה לעולם ועד,
כי המלכות שלך היא
ולעולמי עד תמלוך בכבוד,
ככתוב בתורתך, ה׳ ימלוך לעולם ועד.

אך נדמה לי שיש כאן רעיון עמוק עוד יותר.

ז. כל החיים

ר׳ יהודה ב״ר יקר, רבו של הרמב״ן, מביא בפירושו על הסידור על הביטוי ״וכל החיים יודוך סלה״ את הפסוק בישעיהו, ״חַי חַי הוּא יוֹדֶךָ כָּמוֹנִי הַיּוֹם״ (ישעיהו לח, יט). כדי להבין את כוונתו נעיין בהקשר של הפסוק.

פרק לח בישעיהו מתאר את חוליו של חזקיהו המלך. חזקיהו ״חלה למות״, וישעיהו בא אליו ואומר לו לצוות אל ביתו ״כִּי מֵת אַתָּה וְלֹא תִחְיֶה״ (לח, א). חזקיהו מתפלל ומוענקות לו עוד חמש עשרה שנות חיים. אז כותב חזקיהו את הדברים הבאים:

אֲנִי אָמַרְתִּי, בִּדְמִי יָמַי אֵלֵכָה בְּשַׁעֲרֵי שְׁאוֹל\
פֻּקַּדְתִּי יֶתֶר שְׁנוֹתָי.\
אָמַרְתִּי, לֹא אֶרְאֶה יָ־הּ, יָ־הּ בְּאֶרֶץ הַחַיִּים,\
לֹא אַבִּיט אָדָם עוֹד עִם יוֹשְׁבֵי חָדֶל...\
כִּי לֹא שְׁאוֹל תּוֹדֶךָּ מָוֶת יְהַלְלֶךָּ,\
לֹא יְשַׂבְּרוּ יוֹרְדֵי בוֹר אֶל אֲמִתֶּךָ,\
חַי חַי הוּא יוֹדֶךָ כָּמוֹנִי הַיּוֹם,\
אָב לְבָנִים יוֹדִיעַ אֶל אֲמִתֶּךָ (ישעיהו לח, י, יח-יט)

במזמור הזה מסביר חזקיהו את ערך החיים. בהתייחסות לנושא ברכתנו, כותב חזקיהו כי אין הודאה אלא בחיים – ״כי לא שאול תודך״. לא רק פעולת ההודאה חסרה במוות, אלא גם – וזה מפתיע – האמת! ״לא ישברו יורדי בור אל אמיתך״. איך אנו, האמונים על אמונת הישארות הנפש והעולם הבא, אמורים להבין מילים אלו?

לפני שנדון בדברי חזקיהו יש להדגיש כי היהדות מעולם לא נתנה לאמונה בעולם הבא לפגוע בערך החיים בעולם הזה. ברור ביהדות שהמוות הוא ביטוי לרע, ואף שיא הרוע. התוצאה המיידית והמחייבת הלכתית היא שאדם חייב להתנגד למוות, למותו שלו ולמותם של אחרים. הגישה הפציפיסטית, במובן הפילוסופי של השלמה עם הרע בעולם, זרה לחלוטין לאמונה היהודית. בכל לוויה חוזרים על החזון שיבוא יום ו״בִּלַּע הַמָּוֶת לָנֶצַח וּמָחָה ה׳ אלקים דִּמְעָה מֵעַל כָּל פָּנִים״ (ישעיהו כה, ח). החיים הם הערך ההלכתי העליון. המוות הוא מקור הטומאה, וטומאה דוחה את הקדושה.

אני רוצה להציע את הדברים כדלהלן: החיים, בתפיסה היהודית, הם האפשרות לפעול וליצור, לגדול ולהתפתח. יצירה ובנייה הן העיקר בחיים בעולם הזה. העולם הגשמי הוא הזירה של היצירה. חז״ל הנגידו בין חיי המלאכים, שאינם פרים ורבים ואינם מתים, לבין חיי אנוש, שפרה ורבה אך מת.[3] במזמור של חזקיהו, ערך החיים סוכם במילים ״אב **לבנים** יודיע אל אמיתך״. החיים הם היכולת ללמד את הדור הבא ולעצב אותו, לקדם את ידיעת אמיתו של ה׳ ולהעבירה הלאה.

זהו ״אמיתו״ של ה׳ – היסוד והגורם לגידול וליצירה בעולם. החיים מקבלים את היסוד הזה ויכולים לגדול, המתים ״לא ישברו אל אמיתך״ כי אין הם עוסקים, לפחות לפי הבנתנו, בעשייה וביצירה. מבחינה זאת, אין הם חיים. רק ״חי חי הוא יודך״.

מה הקשר בין רעיון זה של החיים וברכת ההודאה? למה הדגיש חזקיהו שהחיים ״יודוך״ ולא המתים? הסברתי שהודיה איננה רק הבעת תודה, אלא הצהרת אמונים, הרשמה כעבד ה׳. אין זו רק הכרה

3 פסיקתא רבתי מג.

באמת, אלא התחייבות והתגייסות, מסירת הנשמה לעבודתו. לכן רק החיים מודים. רק בעולם העשייה והיצירה יש משמעות להקדשת האדם למטרת ה׳. רק מי שיכול לפעול ולקדש שם שמים על ידי הגדלת שמו בעולם – ״אב לבנים״, יכול באמת להודות, כלומר יכול להתמסר לעבודת ה׳ ולהירשם כעבדו. זוהי הודיית חזקיהו, שקיבל חמש עשרה שנות חיים מה׳. אין הוא רק מודה לה׳ ומביע תודה על דבר יקר. הוא מסביר שהחיים יקרים דווקא משום שהם מאפשרים להודות. באותן חמש עשרה שנה יוכל חזקיהו להמשיך להגדיל כבוד שמים ולבנות את מלכות ה׳, והוא מודה, הוא מתחייב להמשיך כך. בעולם שכולו טוב, עולם שאין בו התמודדות עם הרע ולא מאמץ לתקן עולם במלכות ש־די, אין משמעות להתחייבות לשרת בצבא ה׳. אם ימות, יפסיק חזקיהו להיות אזרח נאמן ועבד משרת במובן הזה, ואז ״בשאול מי יודה לך״? חי חי הוא יודך!

ח. מלך א־ל חי

ר׳ יהודה ב״ר יקר מוסיף לציטוט הפסוק ״חי חי הוא יודך כמוני היום״ את הערת המדרש: ״ומי מודה, מי שהוא חי ומשתחוה לחי, דכתיב חי חי הוא יודך״. אנו מודים לו יתברך כי אנו חיים והוא חי.[4] הכוונה היא שאין האלוקים רק מקור טוב. נהר הוא מקור מים אך אין אנו מודים לו, לא במובן הרגיל וודאי לא במובן שאני מציע להבנת הודיה בברכתנו. מה שאנו מקבלים מה׳ הוא מענק ממנו, מתת ידו וביטוי לחסדו. כיוון

4 ומוסיף הר״י ב״ר יקר, ״והמתים ישבחו מיד שיחיו כדאמ׳ בפרקי נחמות, מניע הקב״ה ראשו ומורידו על המתים והם חיים ועומדים על רגליהם ומשבחים לשמו״.

שאנו חיים, והוא חי, היחס בינינו הוא אישי. כמקבלים אנו מחויבים לנותן. אלוקים החליט שהוא צריך לשירותינו כדי להשיג את מטרותיו בעולם. אמיתו היא זאת שמחיה את העולם ואותנו ולכן אנו מתגייסים לשירותו כדי להשיג את אותם יעדים.

ט. עבודה

הדגשנו מראשית עיוננו בשמונה עשרה שהתפילה מוגדרת כעבודה. בברכה הזאת אנו מתחייבים להיות עובדים, לא בדרך מסוימת או על ידי מעשים מסוימים, אלא בעצם קיומנו. אנו מסורים ומחויבים לעבודתו; אנו מכירים ומודים שהוא ה' אלוקינו, צור חיינו ומגן ישענו. יש ראשונים שהעניקו לברכת מודים מעמד מיוחד, בנוגע להלכה שהכוונה בתפילה מעכבת בברכה אחת. גרסתנו בגמרא קובעת שהברכה שבה הכוונה מעכבת היא ברכת אבות, אולם יש גרסה שמוסיפה את ברכת מודים. שתי הברכות מגדירות את יחסנו לאלוקים, ומכריזות עליו כאלוקינו. הראשונה היא כרטיס הכניסה לנוכחותו – המתפלל מזדהה כבנו של אברהם אבינו. השנייה היא נטילת הרשות לצאת מנוכחותו ולצאת אל עולם המעשה – המתפלל מזדהה כעבד נאמן בכל אשר ילך, ומתחייב לרשותו של הקב"ה ולרצונו. מי שמודה לאלוקים אומר משהו גם על עצמו – שהוא עבד הא-ל. על כן החתימה משקפת את הכפילות הזאת – "הטוב שמך", ומצדנו, "לך נאה להודות". נאה בשבילנו להודות לך, כי היחס מתאים. אתה באמת אדוננו וזכות היא לנו לשרת בשורות עבדיך. כך אנו ממשיכים את הזהות כעובדי ה' גם בצאתנו מפעולת העבודה שבלב.

פרק כד
שלום

א. שלום

נושא הברכה האחרונה הוא השלום. כך פותחת הברכה – "שים שלום", וכך היא נחתמת – "המברך את עמו ישראל בשלום".

פירוש המילה שלום ברור. אין ספק שהשלום הוא היפוכה של המלחמה. ניגוד זה עולה בפשטות מכמה פסוקים בתנ"ך, והברור מכולם בדברי קהלת – "עֵת מִלְחָמָה וְעֵת שָׁלוֹם" (ג, ח). בעייתנו עתה איננה המובן של המילה אלא משמעות המושג, ובמיוחד כאשר הבקשה מופנית כלפי הקב"ה. מה בדיוק אנו רוצים שהוא יעשה בעבורנו כשאנו מבקשים "שים שלום טובה וברכה"?

כפי שציינתי זה עתה, לשון הברכה הזאת הוא בבירור בקשה. אנו פותחים בבקשה – שים שלום, וממשיכים בבקשות – טובה, ברכה, חן וחסד ורחמים, ושוב, ברכה ושלום. אנו יודעים שהמקום לבקשות הוא בשלוש עשרה הברכות האמצעיות. השלום הוא ודאי צורך

של האדם – אם כן, למה איננו מבקשים אותו בברכות האמצעיות, הבקשות? מה מקומו בחלק האחרון של השמונה עשרה, החלק שבדרך כלל מוגדר כ"הודיה", ואשר הגדרנו לפני כמה פרקים, בעקבות הגמרא, כ"נוטל רשות ויוצא"?

כשנבדוק את הנושאים האחרים בבקשה – טובה, ברכה, חן, חסד ורחמים, נגלה מיד שהם אינם מציינים תכנים ספציפיים. אין אנו רוצים חסד לשם עצמו, וכן לא רחמים וחן. אלו הן מידותיו של האלוקים. אנו מקווים באמצעות מידות אלו להשיג דברים אחרים, שמן הסתם ביקשנו בברכות האמצעיות. השלום נראה כשונה, כדבר הרצוי לעצמו, אך אם כן איך הוא משתלב ברשימת הנושאים האחרים בברכה?

ב. ברכת כוהנים

בפתיחת ברכת השלום אנו מוצאים את ברכת כוהנים. הקשר לברכתנו הוא כמובן השלום. ברכת כוהנים מסתיימת בשלום, וברכת שלום פותחת בו. אולם בכך לא תם הדמיון. כמו ברכת שים שלום, גם ברכת כוהנים מאופיינת בנושאים לא ספציפיים, ללא תוכן מהותי. פרט לשלום, הכוהנים מברכים את בני ישראל בברכה ובשמירה, בהארת פנים ובחנינה, ובנשיאת פנים. בולטת במיוחד פתיחת שני הפסוקים האחרונים, שבה אנו פוגשים את "פניו" של הקב"ה – "יאר ה' פניו אליך", ו"ישא ה' פניו אליך". מה פירוש ביטויים אלו?

מובן שאין אנו מבקשים שה' יעניק לנו משהו קונקרטי, בדומה לתוכן הברכות האמצעיות. בלשון אחרת, אין מדובר פה במילוי צרכים. ללא ספק, הגשמת ברכת כוהנים תתבטא ברווחים ממשיים

לעם ישראל, אך אין אותם דברים הנושא הישיר של הברכה.[1] הארת

1 המדרש (במדבר רבה נשא פרשה יא) מרבה בהסברים לתוכן של החלקים השונים של ברכת כוהנים:

יאר ה׳ פניו אליך יתן לך מאור עינים, ד״א יאר ה׳ וגו׳ שיביט בך בפנים מאירות ולא בפנים זעומות, ד״א יאר זה מאור תורה שיאיר עיניך ולבך בתורה ויתן לך בני תורה כמה דתימא כִּי נֵר מִצְוָה וְתוֹרָה אוֹר (משלי ו, כג), ד״א יאר ה׳ פניו יעמיד ממך כהנים שמאירים את המזבח כמה דתימא וְלֹא תָאִירוּ מִזְבְּחִי חִנָּם (מלאכי א, י) ואומר (ויקרא ו, ה) וְהָאֵשׁ עַל הַמִּזְבֵּחַ תּוּקַד בּוֹ לֹא תִכְבֶּה.

ויחנך הרי הם מבורכים ושמורים ושכינה ביניהם, ומנין אף חנוני בדעת בבינה, ת״ל ויחונך כמה דמצלינן אתה חונן לאדם דעת ומלמד לאנוש בינה, ד״א ויחנך יתן בכם דעת שתהיו חוננים זה את זה ומרחמים זה את זה כענין שנא׳ (דברים יג, יח) וְנָתַן לְךָ רַחֲמִים וגו׳, ד״א ויחנך יחון אותך בבנים כמה דתימא (בראשית לג, ה) הַיְלָדִים אֲשֶׁר חָנַן אֱלֹהִים אֶת־עַבְדֶּךָ ואומר (בראשית מג, כט) אֱלֹהִים יָחְנְךָ בְּנִי, ד״א ויחנך כמה דתימא (תהילים סז, ב) אֱלֹהִים יְחָנֵּנוּ וִיבָרְכֵנוּ יָאֵר פָּנָיו אִתָּנוּ סֶלָה, ד״א ויחנך יחנך במשאלותיך וכה״א (ישעיהו ל, יט) חָנוֹן יָחְנְךָ לְקוֹל זַעֲקֶךָ כְּשָׁמְעָתוֹ עָנָךְ, ד״א ויחנך שנה רבי חייא הגדול יחנה ה׳ אצלך, ד״א ויחנך יעמיד ממך נביאים כמה דתימא (זכריה יב, י) וְשָׁפַכְתִּי עַל בֵּית דָּוִיד רוּחַ חֵן וְתַחֲנוּנִים, ד״א ויחנך וגו׳ יתן חנו עליך בכל מקום שאתה הולך כמה דתימא (בראשית לט, כא) וַיִּתֵּן חִנּוֹ בְּעֵינֵי וגו׳ (אסתר ב, טו) וַתְּהִי אֶסְתֵּר נֹשֵׂאת חֵן וגו׳ ויתן אלקים חן את דניאל וגו׳ (משלי ג, ד) וּמְצָא חֵן וְשֵׂכֶל טוֹב וגו׳, ד״א ויחנך בתלמוד תורה וכה״א (משלי ד, ט) תִּתֵּן לְרֹאשְׁךָ לִוְיַת חֵן וגו׳ (משלי א, ט) כִּי לִוְיַת חֵן הֵם לְרֹאשֶׁךָ וגו׳, ד״א ויחנך במתנת חנם וכה״א (תהילים קכג, ג) חָנֵּנוּ ה׳ חָנֵּנוּ וגו׳ (תהילים קכג, ב) כֵּן עֵינֵינוּ אֶל ה׳ אֱלֹהֵינוּ עַד שֶׁיְּחָנֵּנוּ, ד״א ויחנך להוציאך משיעבוד מלכיות כמה דתימא (תהילים קכג, ג) חָנֵּנוּ ה׳ חָנֵּנוּ כִּי רַב שָׂבַעְנוּ בוּז, ד״א ויחנך לגאול אותך כמה דתימא (ישעיהו לג, ב) ה׳ חָנֵּנוּ לְךָ וגו׳.

ריבוי ההצעות מורה שאין אלו פירושים לתוכן של הפעלים ״יאר״ ו״יחון״, אלא סקירה של התוצאות המעשיות של הארת הפנים והחנינה. לצרכינו

פנים ונשיאת פנים אינם מתייחסים לקבלת דברים מאת ה', אלא **ליחס** ה' כלפינו. במילים פשוטות, הכוהנים מברכים אותנו שה' יתייחס אלינו בחיוב. נשיאת פנים היא מעין חיוך. ברובד מעט עמוק יותר, אנו מבקשים שאור פניו יאיר אלינו, כלומר, שיהיה לנו יחס קרוב, אישי ואוהב עם הקב"ה. בתחילת עיוננו, כשעסקנו בברכת חונן הדעת, הערתי ש"ויחונך" פירושו שהוא מעניק לנו מעצמו כביכול, ומתחלק אתנו בקדושתו. כך גם מסתיימת ברכת כוהנים בפרשת נשא – "ושמו את שמי על בני ישראל". אם אנו חנונים, פירושו ששמו הושם עלינו. בלשון תורה ועוד יותר בהבנת חז"ל, השם שווה לאישיות. במילים אחרות – אין אנו מבקשים דברים ספציפיים מאת ה', אלא אנו מבקשים **שלום** – התייחסות, יחסים, השתתפות ב"אורו" ובטובו.

הבקשה הזאת איננה ניסיון לקבל ברכות כדי למלא את צרכינו, אלא ניסיון להמשיך לתוך עולם המעשה את מהות הקשר הגלום בעולם התפילה עצמו. התפילה היא קודם כול, כפי שחזרנו וציינו כמה פעמים, חוויה של עבודת ה', תמצית הקשר של עובד ואדונו. בזמן התפילה אנו עומדים בנוכחות ה' – עמידה לפני המלך. עתה אנו

מעניינות במיוחד ההצעות לפסוק האחרון, והקשר בין נשיאת פנים ושלום:

> **ישא ה' פניו** וגו' יהפך פניו כלפי אצלך, לא דומה שואל שלום חבירו בתוך פניו כשואל מן הצדדין אלא ישא ה' פניו אליך יהפך פניו אצלך כמה דתימא (ויקרא כו, ט) וּפָנִיתִי אֲלֵיכֶם וְהִפְרֵיתִי.
>
> **וישם לך שלום** – שלום בכניסתך שלום ביציאתך שלום עם כל אדם. ר' נתן אומר וישם לך שלום שלום זה שלום מלכות בית דוד (ישעיהו ט, ו) לְמַרְבֵּה הַמִּשְׂרָה וּלְשָׁלוֹם אֵין קֵץ. רבי אומר זה שלום תורה שנאמר (תהילים כט, יא) ה' עֹז לְעַמּוֹ יִתֵּן וגו'... וכן ישראל מתברכים בכל יום בשלום שנא' וְיָשֵׂם לְךָ שָׁלוֹם.

עומדים לפני יציאה מנוכחותו, יציאה לעולם הרחב. בלשון חז"ל, בסוף השירות העבד "נוטל רשות ויוצא". נטילת רשות של העבד כוללת בקשה להמשיך את הקשר, להמשיך להיות עבד משרת, גם אחרי שלוש הפסיעות לאחור. אנו מבקשים שעומק החוויה של התפילה ימשיך להדהד בנו בכך שה' יאיר את פניו אלינו וישים בנו שלום טובה וברכה.

ג. שלום ומלחמה

עדיין נותרה השאלה מהי בדיוק משמעות מושג השלום ולמה נבחר דווקא השלום כמסגרת העל כדי להביע את הרעיון של המשך נוכחות השכינה בנו מחוץ לעולם התפילה. כלומר, מה הקשר בין ברכת ה' ושלום?

בספרו עקידת יצחק מתייחס ר' יצחק עראמה למושג השלום בדרשתו על ברכת כוהנים (עקידת יצחק עד). טענתו העיקרית היא שאין להתייחס לשלום רק במובן שלילי, כהיעדר לחימה. חז"ל אומרים ששלום הוא שמו של הקב"ה, והוא חתימת כל הברכות וכלליותן. לא ייתכן שפירושו הוא רק שלילת חיסרון. בין הוכחותיו, הוא מצטט את שאלת דוד המלך את אוריה החתי, בבואו מהמערכה אל ירושלים: "וַיָּבֹא אוּרִיָּה אֵלָיו וַיִּשְׁאַל דָּוִד לִשְׁלוֹם יוֹאָב וְלִשְׁלוֹם הָעָם **וְלִשְׁלוֹם הַמִּלְחָמָה**" (שמואל ב יא, ז). האם יש גם דבר כזה כ"שלום המלחמה"?! בפועל, אף על פי שברור ששלום פירושו סוף המלחמה, רוב ההופעות של השלום בתנ"ך אינן בהקשר של לחימה או התנגשות כוחות.

בעל עקידת יצחק טוען ששלום פירושו שיתוף הרמוני של חלקים נבדלים ומיוחדים עד ליצירת אחדות אינגטגרלית מתפקדת. בחברה אנושית כל אחד פועל למטרותיו האישיות, ולכן הפוטנציאל

להתנגשות עם אחרים גבוה. שלום חברתי הוא התמזגות היעדים והאינטרסים האישיים, כך שהחברה כולה מתפקדת בצורה הרמונית.[2] שלום עולמי הוא האלוקים, כי רק האלוקים יכול לספק את המסגרת והכלליות הטוטלית לחבר ביחד את כל הבריאה האינדיווידואלית הפרטית.

נתבונן קצת ברעיון זה של בעל עקידת יצחק.

לכל דבר נברא יש מטרה וייעוד אישי. זה נכון במיוחד לגבי בני אדם, ברואי צלם אלוקים, אך נכון גם לכל יצור אחר בבריאה. מצד ייחודו, מצד זה שכל דבר הוא שונה ומיוחד מעצם ברייתו, לכל דבר יש ייעוד שונה כשמודדים רק אותו. אין זה חיסרון בבריאה, אלא חלק ממטרת הבריאה. חז"ל הדגישו (בנוגע לבני אדם): "כפי שפרצופיהן שונים, כך דעותיהן שונות" (ברכות נח ע"א). הכמיהה לאחדות המבטלת כל שוני, המצויה כל כך בחלק ממיסטיקות העולם, אינה מוצאת לה אחיזה של ממש במחשבת חז"ל. לכן בעצם הבריאה של פרטי היצירה טמונים זרעי המלחמה. אמת – אמיתותו של הערך העצמי הייחודי – היא אויב השלום. כך אנו מוצאים שחז"ל נהגו לעמת בין אמת לשלום;[3] ביטוי לכך ניתן למצוא בהיתר ההלכתי ש"מותר לשקר למען השלום" (יבמות סח ע"א). מהסיבה הזאת, שלום אמתי במובן של העקידת יצחק, ולא רק שביתת נשק, קיים רק בשמים, היכן שכל הערכים הפרטיים מתיישבים באחדותו של הבורא. בסוף

2 דרך יישום מטרה זאת, לפי העקידת יצחק, היא על ידי מנהיג וחוק – מלך ותורה – אך אין זה חשוב לדיוננו.

3 לדוגמה: "רבי יהושע בן קרחה אומר מצוה לבצע, שנאמר 'אֱמֶת וּמִשְׁפַּט שָׁלוֹם' (זכריה ח, טז) – כל מקום שיש אמת אין משפט שלום יש שלום אין משפט אמת" (ירושלמי סנהדרין א, א).

ברכתנו אנו מוסיפים את הבקשה, "עושה שלום במרומיו הוא יעשה שלום עלינו ועל כל ישראל". מורי הגרי"ד סולוביצ'יק זצ"ל הסביר שאלוקים, בעצם ייחודו, משלב בין דין לרחמים, בין שלום לאמת, ובין כל התארים האלוקיים שנראים לנו סותרים. אלוקים הוא יישוב כל הסתירות (coincidentia oppositorum, בלשון ההוגה מימי הביניים ניקולס מקוסה). זהו השלום האלוקי, השלום במרומיו. אנו מתפללים שמשהו מהשלום הזה יבוא לידי ביטוי גם בעולמנו הארצי.

כפי שמסביר העקידת יצחק, שלום כזה איננו מושג על ידי ביטול ההבדלים, אלא על ידי התארגנותם יחד בדרך שמשלבת אותם בתוך אחדות אורגנית גדולה יותר. היתרונות והחסרונות של כל יצור משתלבות יחד, כך שהשלם עולה על סכום חלקיו. כך גם מסביר הר"ן (דרשות, א) את הסגולה של הציבור וכנסת ישראל – כל יחידה מביאה את הסגולה הייחודית שלה, וכל אחת מהן מאזנת את החסרונות של זולתה בתוך המכלול האורגני. זוהי המשמעות האמתית של אחדות הבריאה – לא התמזגות לתוך עיסה מטושטשת חסרת אופי, אלא מכלול המכיל את כל צבעיה של קשת בעלת חלקים ייחודיים רבים, וכל אחד מהם תורם למכלול ומשלים את משנהו. אנו מברכים בהבדלה "בורא מאורי האש" ולא "מאור האש", ומסבירה הגמרא ש"הרבה מאורות יש באש" (ברכות נב ע"א). האש, הפותחת את שבוע המעשה אחרי השבת, מורכבת מהרבה אישים, מהרבה צבעים, וזה מה שמאיר לתוך האפלה.

מאחר שה' אחד, גם הבריאה אחת היא. עובדה זו נכונה אף על פי שעצם הבריאה מכניסה את השוני והייחוד האינדיווידואלי. האחדות הכוללת נשמרת באחדות הבורא, והדיה נמצאים בנשמותינו, שנבראו בצלם הבורא. זו משמעות השלום – האחדות ההרמונית של הפרטים

השונים. מובן שזה כולל את היעדר הלחימה – כל ניסיון להסביר את השלום במובן החיובי מבלי להסביר את המשמעות השלילית הפשוטה שלו כניגוד ללחימה הוא אבסורדי ובעל סתירה פנימית. אולם, הוא כולל הרבה יותר. אם כל אחד חי בעד עצמו והגשמת ייעודיו האישיים, גם אם איכשהו יצליחו להימנע ממחלוקת מעשית ולחימה (בפועל זה קרוב לבלתי אפשרי) – עדיין זה לא ייחשב לשלום אמתי. כל עוד לא נראה את הסתירות של הבריאה, הערכים והאמונות והסגולות של כל אחד, משתלבים יחד באחדות כוללת הרמונית ובהפריה הדדית, לא נחווה באמת את שלמותו של השלום האלוקי. השלום הוא השלמות שקיימת מעל הפרטיות של דבר נברא.

זאת הסיבה שברכה זאת נשמעת כמרחפת בגבול האידאל הבלתי ניתן להשגה. מצד אחד, השלום הוא המציאות האמתית של הבריאה. מצד שני, בפועל הוא קיים רק באלוקים. הוא המציאות האמתית רק ממבט כולל, וניתן לתפיסה רק מנקודת מבטו של האלוקים. לכן השלום, בניגוד לכל נושאי הברכה האחרים בשמונה עשרה, נקרא כאן "**שלומך**", השלום שלך, של האלוקים. לכן השלום נמצא רק ב"אור פניך": "כי באור פניך נתת לנו תורת חיים ואהבת חסד וצדקה ורחמים וחיים ושלום". אין זה משהו שאנו יכולים לבקש כחלק מהבקשות הרגילות, אף שאנו יודעים כמה אנו זקוקים לו. אנו לא מבקשים מתנה ספציפית, אלא משהו מדרגה גבוהה יותר, את ההרמוניה של כל המתנות האחרות. לא עוד מתנה או מענק, אלא השלום של כולם. כשאנו נפטרים מלפני קוננו, ועוזבים את מעמד הדבקות שהיה קיים כשעמדנו בתוך שעריו, אנו מנסים לקחת אתנו משהו ממציאות עליונה זו לתוך העולם המפורט, ואף המרוסק, שבו אנו חיים.

ד. נוסח הברכה

"ברכנו אבינו כולנו כאחד". אנו מדגישים, בצורה מפורשת, את האופי של השלום. מצד אחד, ברכת השלום חייבת לכלול את **כולנו**. אין כאן רק הניסוח הרגיל בתפילה בלשון רבים, אלא הדגשה שהברכה בתוכנה חייבת להתייחס לכולנו. מצד שני, היא באה ל"כולנו **כאחד**". זוהי ברכת ההרמוניה שבשוני, של הפרטים השונים המתאחדים לכלליות אורגנית, שאינה מבטלת את ייחודיות הפרט אלא מיישבת את כולה בשלמות עליונה.

"כאחד באור פניך". השלום אינו מיוצר על ידי ה' ולא מוענק לנו כמתנה מלמעלה. הוא נובע מכך שאין אנו עומדים באור עצמנו, אלא באור פניו של האלוקים. במבט עיניו, בהסתכלות שלו, קיימים אחדות ושלום. לעמוד באור פניו פירושו להתעלות מעל הפרטיות האינדיווידואלית כדי להתקיים כביטוי לרצון היצירה של הרצון האלוקי, כשהכול מאוחד באחדותו.

פרק כה

תחנונים שלאחר התפילה

א. הנוסח לתפילה אישית

לכאורה, סיימנו את סדר העמידה. אך בכל הסידורים, מיד אחרי ברכת השלום, מופיעה תחינה המתחילה במילים "אלוקי, נצור לשוני מרע". אין לתחינה זאת צורת **ברכה** – היא אינה פותחת בברוך ואינה מסתיימת בברוך. גם מספר הברכות בתפילת עמידה ברור – י"ח, או י"ט, ואת אלו כבר סיימנו לומר. ההגדרה ההלכתית של קטע נוסף זה היא "תחנונים שלאחר התפילה" (ברכות כט ע"ב).[1]

ברור מלשון הגמרא שאין אמירת תחינה זאת חובה, שכן הגמרא התייחסה למי "**שרגיל** לומר תחנונים". כמו כן, מדברי הגמרא עולה

1 הגמרא אומרת שמי "שרגיל לאמר תחנונים אחר תפילתו" יכול לחזור להגיד יעלה ויבוא אם שכח לאומרו במקומו, כל זמן שלא גמר תחנוניו. רש"י (ד"ה תחנונים) מסביר: "כגון אלוקי נצור לשוני מרע שאנו אומרים בעמידה אחר התפילה".

שאין לתחינה נוסח קבוע כלל. לשון הגמרא מורה שיש מקום מסוים בסוף התפילה שבו אפשר להוסיף תחנונים, מבלי שנקבע לכך נוסח קבוע. זאת בניגוד לתפילת העמידה עצמה, שתוקנה על ידי אנשי כנסת הגדולה, וחזרה ונוסדה בידי רבן גמליאל ביבנה. הנוסח הקבוע בכל הסידורים, והנאמר היום בכל הנוסחאות, אינו אלא נוסח תפילת היחיד של מר בריה דרבינא. הגמרא בדף טז ע"ב מונה רשימה של אחת עשרה תפילות שהיו נאמרות, כל אחת על ידי חכם אחר, בסיום התפילה. מנהג ישראל בחר להכניס לסידור אחת מהן, אך ברור מהסוגיה עצמה שאין נוסח מחייב, ואף אין חיוב לומר נוסח כלשהו. אדרבה, עצם קיום רשימה של אחת עשרה תפילות הנאמרות על ידי אחד עשר אישים מוכיח שבעיקרון כל מתפלל ומתפלל יכול – ואולי אף אמור – לנסח את התפילה האישית שלו. לכן – בניגוד לדיוננו בשאר פרקי הספר – לא נעסוק הפעם בניתוח לשון התפילה, אלא בעצם המסגרת של "תחנונים שלאחר התפילה".

עצם ההגדרה "תחנונים לאחר התפילה" אומר דרשני. אם יש מקום להוספת תחנונים, למה לחכות לסיום תפילת העמידה? הלא כל תפילה היא תחנונים – אין תפילה אלא תחנונים. אם יש לאדם צורך או בקשה מיוחדת, הוא יכול להאריך בכל אחת מברכות השמונה עשרה כפי נושא אותה ברכה, ולהוסיף מכל נושא שעל לבו בברכת שומע תפילה. למה יש צורך במסגרת מחוץ למסגרת, איחור מכוון של תחנונים לאחר סיום החלק הקבוע של תפילת החובה? נשים לב שמצד שני הגמרא קובעת שמי שמוסיף תחנונים אחר תפילתו מצרף את אותם תחנונים לתוך המסגרת, ובכך אינו נחשב למסיים תפילתו.[2] למה, אם

2 אם אדם שכח להגיד יעלה ויבוא, וכבר סיים להתפלל, הוא חייב לחזור לראש

כן, יש שתי מסגרות מאוגדות, תפילת הברכות ותפילת התחנונים? כדי להבין נקודה זאת, אני רוצה לחזור לרעיון בסיסי בדיוננו.

בכל דיונינו למן ההתחלה חזר הרעיון שהתפילה ביהדות היא אקט פורמלי וטקסי. יש זמנים קבועים לתפילה, הנחיות איך לעמוד, ובעיקר – נוסח קבוע ומחייב. הנוסח עצמו מבוסס ברובו על פסוקי מקרא וכך משתמר בתפילה הסגנון הנשגב והנעלה של המקורות הנבואיים. כמו כן, יש הנחיה להתפלל בלשון רבים – "אמר אביי, לעולם לישתף איניש נפשיה בהדי ציבורא" (ברכות כג ע"ב). סדרת עיונים אלה הייתה מבוססת על הרעיון שנוסח התפילה כולל את יסודי המחשבה היהודית, ושחז"ל ניסחו את הברכות בקפידה.

בכל דור התמודדו בעלי המחשבה עם אופי זה של התפילה. אם תפילתנו באה לנו בירושה מאנשי כנסת הגדולה, ואסור לשנות ממטבע שטבעו חכמים, אם עלינו לחזור על אותן מילים שלוש פעמים ביום, ערב בוקר וצהריים, כל חיינו – האין זה סותר את נשמת התפילה, את משמעות התפילה כהשתפכות רגשותינו הפנימיים, את תפיסתה כהרהור ספונטני מעמקי נפשנו, כהעמקה במשמעות חיינו וכניסיון להתחבר מתוך מרכז הווייתנו עם בורא עולם, אבינו ומלכנו? האם אין האופי ההלכתי, החוקי, של התפילה מכבה את האש הפנימית הנשמתית של התפילה?

התשובה לשאלה זאת היא במידה רבה הרעיון שעמד ברקע כל דיונינו. מהפרק הראשון שקדם להתחלת לימוד הטקסט עצמו ועסק במשמעות העבודה, הדגשתי שמהות התפילה **כעבודה**, עבודת

השמונה עשרה ולהתפלל. אך אם נזכר לפני הסיום, חוזר רק לברכת רצה. על זה מוסיפה הגמרא שאם רגיל לומר תחנונים לאחר תפילתו ועדיין לא סיים את התחנונים, יכול לחזור לרצה ולהגיד יעלה ויבוא.

ה׳ – מבוססת על חיוב, על שירות ועל עבדות, ולא על צורך אישי פנימי להביע רחשי לב או לגעת באין־סוף. התפילה ההלכתית אינה קריאה נואשת בחשכת הליל של הנשמה האבודה. לא צפוי ששלוש פעמים ביום יתפלל האדם מתוך רצון פנימי עמוק, מתוך הרגשת ״כי אבי ואמי עזבוני וה׳ יאספני״. האדם **משרת** את האלוקים בתפילה, בהצהרתו שהוא תלוי בו יתברך, ובפנייה אל ה׳ בבקשותיו שימלא את צרכיו.

ההלכה מבחינה בין תפילה לזעקה. הרמב״ן חולק על הרמב״ם שקבע שתפילה היא מצווה מדאורייתא, ופסק שחובת התפילה היא מצווה מדרבנן. אך גם הרמב״ן מנה זעקה בעת צרה כמצווה מדאורייתא. הרמב״ם דן בזעקה בעת צרה, אך לא בהלכות תפילה אלא בהלכות תענית. אין זה שהיהדות חושבת שאדם המתפלל אינו יכול לזעוק ולהתחנן לה׳, אלא שהזועק מתוך שברון לבו אינו כבול בכל ההגדרות שחלות על התפילה הקבועה. התפילה ביום צום, ביום צרה, נערכת ברחובה של עיר ולא בבית הכנסת. מי שצריך לזעוק אל המלך יכול לפרוץ ולהפריע לו באמצע עיסוקיו הפרטיים מבלי לשמור על כללי הפרוטוקול, כצעקת אישה אחת מנשי בני הנביאים אל אלישע (מלכים ב ד, א) או כאישה השונמית (שם ד, כז).

התפילה הרגילה שונה. בתפילה היומית אינך יכול לפרוץ אל המלך ולזעוק את כל מה שבלבך. אדם נכנס לפני המלך, לפי כללי הפרוטוקול, ועומד ואומר את הנוסח הקבוע. המתפלל אומר את המילים שחז״ל קבעו שראוי לומר. התפילה שניסחו חז״ל כוללת את הצרכים האמתיים של האדם האידאלי, ומבטאת את היחסים האמתיים של האדם וקונו. יש בתפילה משפטים נשגבים כל כך שחז״ל אמרו עליהם, שלולא מקרא כתוב לא היינו אנו יכולים לאומרם. אין התפילה

התפרצות ספונטנית, אלא עבודה ושירות; לא האדם כפי שהוא, אלא כפי שראוי לו להיות וכפי שהוא שואף להיות.

אך עם כל זה יש לאדם הפרטי, בעכשוויות המיידית האישית שלו, צורך לדבר עם הבורא. צורך זה אינו יכול להיות מוגדר כחובה, כחלק מן המצווה והפולחן. לכן, בסוף התפילה – במובנה ההלכתי כעבודה, אנו מוצאים שחכמים אינדיווידואליים, איש איש בסגנונו האישי, אמרו את מה שליבם ציווה אותם לומר. בגמרא לא כתוב שיש חובה לומר תחנונים לאחר התפילה. רק מסופר על הנוהג של חכמים יחידים. הגמרא מציבה לנו דוגמאות מן החיים ולא כללים מן ההלכה. התחנון לאחר התפילה הוא המקום לנפש הבודדה ולא להלכה הפסוקה. אין זה סעיף בשולחן ערוך, אלא פרק בחייו של ר׳ אלעזר, של ר׳ יוחנן, של ר׳ זירא, של ר׳ חייא, של ר׳ יהודה הנשיא, של רבי ספרא, של ר׳ אלכסנדרי, של ר׳ המנונא, של רבא ושל מר בריה דרבינא (ברכות טז ע״ב).

בעיון בתפילות המובאות בגמרא, מבחינים מיד בהיעדר הלשון הנשגבת והרגילה של התפילה. אין באותן תפילות מליצות תנכ״יות ותיאורים נעלים מבמת החיים הלאומיים. התפילות מאופיינות בלשון פשוטה, בקול הנפש השקטה, קול דממה דקה המתבודדת עם יוצרה. התפילה הפורמלית נגמרה, נפטרנו מלפני המלך בברכת השלום, אנשי התפאורה התחילו לקפל את ציודם, התזמורת כבר עזבה, אך, רגע לפני שעוזבים את הארמון, היחיד מוסיף כמה מילים בודדות מתוך לבו ועומק רגשותיו. הוא נוגע בכנף בגדי המלך ומביע, במילים פשוטות, את שאיפת נשמתו האישית הפנימית.

יש אירוניה לא קטנה בעובדה שהמסורת היהודית קבעה בשבילנו גם את נוסח התפילה הספונטנית. בסידורים שלנו יש נוסח אחיד קבוע

איך להתפלל תפילה לא קבועה. עם ישראל, כנראה, התאהב בתפילת מר בריה דרבינא, "אלוקי נצור לשוני מרע ושפתי מדבר מרמה". אולי זה משקף את כישלוננו, את עוני חיינו הפנימיים. עילגי השפה נדרשו למישהו שינסח בשבילם את האישי והייחודי. ואולם, אין זה צריך להסיט מעינינו את ההגדרה הבסיסית והאופי האמתי של תפילה זאת. גם אם המילים שאולות מחכם תלמודי זה או אחר, התפילה אינה תפילה קבועה, ציבורית ונצחית, אלא תפילה אישית. וכמובן, זה המקום שהאדם אמור להוסיף, גם בלשונו העילגת, את מה שהוא צריך להוסיף, לפני שיצעד ג׳ פסיעות ויסתלק.

כדאי ומומלץ לפתוח גמרא ברכות (טז ע"ב) ולקרוא את כל התפילות המובאות שמה. כך גם עשה היעב"ץ, ר׳ יעקב עמדן, בסידורו. לאחר השמונה עשרה הוא הדפיס את כל התפילות ("המרגליות הטובות של החכמים האלוקיים") בלי לבכר את "אלוקי נצור". בסוף הוא הוסיף את המילים הללו:

> הנה הצבתי לבדנה כל תפלה כל תחנה מבעלי התלמוד אשר הופיע עליהן השי"ת מרוחו. וכל אדם יכול לחדש לעצמו נוסח הצריך אליו אשר ידע נגעו ומכאובו, יבאר מורשי לבבו כפי כוחו, אף אם לא יהיה צח הלשון. והיא היא עיקר עבודת התפילה שבלב נכון וטהור, היודע לחדש דבר ממעמקי הלב זך ובר. ישים ה׳ נכחו, וישפוך את נפשו בשיחו, לפני ה׳ בהתעטף רוחו, ולא כתפלת קבע מצות אנשים מלומדה דומה עליו למשא ומטריחו. על כן מה טובו ומה יפיו של המחדש דברי תפלה ובקשה מדעתו לפי שכלו יהולל והוא שבחו. ואל יקשור עצמו בנוסח אחד דווקא...

ב. המקום של התפילה האישית במסגרת תפילת י"ח

הגמרא בברכות (דף כח ע"ב) שואלת על המספר י"ח שנקבע למניין הברכות של התפילה היומית.

> הני י"ח כנגד מי?
> א"ר הלל בריה דרבי שמואל בר נחמני, כנגד י"ח אזכרות (שמות ה') שאמר דוד בהבו לה' בני אלים.
> רבי יוסף אמר, כנגד י"ח אזכרות שבקריאת שמע.
> רבי תנחום אמר ר' יהושע בן לוי, כנגד י"ח חוליות שבשדה.
> אמר רבי תנחום אמר ר' יהושע בן לוי, המתפלל צריך שיכרע עד שיתפקקו כל חוליות שבשדרה.

שלושה מקורות מוצגים פה למספר י"ח. הראשון – כנגד פרק "הבו לה' בני אלים" (תהילים כט). נחזור לדעה זו עוד מעט, אבל תחילה נעסוק בשתי הדעות הנוספות. רב יוסף אמר שהוא כנגד מספר שמות ה' שמופיעים בפרשת קריאת שמע. פרשת קריאת שמע היא התמצית של קבלת עול מלכות שמים. כל שם שבפרשה הוא ביטוי של קבלת עול מלכות שמים. אם כן, רב יוסף מבטא את הדעה שקבלת עול מלכות מתחלקת לי"ח נתיבים, וזה מתבטא באמירת י"ח הברכות של שמונה עשרה. כלומר, תפילת העמידה היא מעשה מפורט של קבלת מלכותו של מלך מלכי המלכים. דעה זו מתאימה לתפיסה שהצגנו – שהתפילה והבקשה מבטאות את העבדות והעבודה, כי הן מציגות את התלות שלנו בקב"ה ותלות זו מגדירה את היחסים בינינו ובין הקב"ה – הוא

האדון ומלכותו עלינו. יתר על כן, קריאת שמע אינה רק הודעה על מלכות שמים, אלא קבלה מעשית של מלכות שמים. אמירתה איננה רק ביטוי לעובדה קבועה, אלא מעשה קובע, הכרזת נאמנות המחייבת את המכריז. כמו כן, התפילה, על אף – ובעצם מחמת – אמירתה כבקשת צרכים של האדם, היא בעצמה פעולת הכרזת המלכות ויסודה. בכך שאנו מתפללים, אנו משתיתים את מלכותו עלינו, וזהו עצם יסוד המלכות.[3]

שאלת "הני י"ח כנגד מי" היא בעצם שאלה מדוע צריכים לפרט בתפילה. מדוע לא הסתפקו חז"ל בברכה ותפילה כללית אחת, "יהי רצון שתמלא את כל משאלות לבנו לטובה" (ברכות יז ע"ב), או "שמע שועת עמך ישראל ועשה מהרה בקשתם" (ברכות כט ע"ב)? אפשר היה לטעון שכך יפה וכך יאה – וכי ראוי לאדם להתיימר להגיד לקב"ה בדיוק מה הוא רוצה, כמי שמגיש רשימת קניות לחנות? האין בזה חוצפה כלפי שמיא, כלפי מי שיודע טוב יותר ממני מה רצוי לי ומה דרוש לי? התשובה היא שאדרבה, אם התפילה הייתה רק אמצעי להשיג את מבוקשנו, עדיף היה אולי לקצר ולהביע רק את תקוותנו שהוא יתברך ימלא את כל משאלותינו. דווקא משום שמדובר בעבודת ה' ובקבלת עול מלכות שמים, יש צורך להביע את העבדות בכל פרטי חיי האדם, שבכל אחד מהם יש היבט שונה של יחסי עבד־אדון. המלכות עצמה מתעצמת מכך שהיא באה לידי ביטוי לא רק בצורה כללית, אלא בכל צד וצד של חיי האדם, בדעתו, בכפרתו, ברפואתו, בגאולתו, בפרנסתו, במאווייו הלאומיים, ובהגיון לבו הפנימי.

הביאור האחרון בגמרא למספר י"ח הוא של ר' יהושע בן לוי – כנגד י"ח חוליות שבשדרה. הכוונה היא ברורה – תפילה מבטאת

3 כי, כידוע, אין מלך בלא עם.

הכנעה. הרעיון די דומה לקודם, כי ההכנעה ו"התפקקות כל החוליות שבשדרה" מהוות עמדת האדם לפני המלך. כאן הריבוי שבמספר י"ח מבטא בצורה ישירה את הריבוי באישיות של האדם – אדם חייב להכניע את כל החוליות שבשדרתו, כל צד שבאישיותו. אמירה סתמית וכללית הייתה יכולה לבטא יחס של קבלת מלכות, אך מבלי ביטול כל צד של התנגדות. מלכות ה' דורשת ש"כל עצמותי תאמרנה ה' מי כמוך", וזה מחייב הכנעת כל חוליה בנפרד, בזו אחר זו.

קיים הבדל – דק אך חשוב – בין שתי הדעות. מניין י"ח שמות שבקריאת שמע מדגיש את ריבוי פני המלכות, את הרוממות, ומתוך כך את מחויבות האדם. מניין י"ח חוליות שבשדרה מדגיש את שפלות האדם, את ההכנעה העצמית, שלפני המלך. קריאת שמע נאמרה בפה – ובלב, ואילו כפיפות קומה נעשתה בגוף עצמו. המעשה הראשון הוא אינטלקטואלי, השני קיומי. הראשון עיקרו התחייבות וקבלה, השני עיקרו ביטול – ביטול זקיפות הקומה של השדרה, זקיפות הקומה הטבעית של האדם. ואולם המשותף לשתי הדעות רב על השונה. שתיהן מדגישות שי"ח ברכות הן מסגרת של עבודת המלך, של הכנעה וקבלת מלכותו. את אריכות הברכות וריבוין אין להבין כניסיון להעשרת שיח האדם ושיפור ביטוי רחשי לבו אלא כביטוי מלא ליחסי עבד ומלך.

הדעה הראשונה בגמרא, כנגד י"ח אזכרות שאמר דוד, היא קצת שונה. בפשטות, תהילים בכלל ופרק כט בפרט, הוא ביטוי לשבח.[4] האם יש להסיק מדעה זו שהתפילה היא בעיקר שבח? רש"י (ברכות

4 המהר"ל (נתיב העבודה פרק ט) הסביר שבמזמור זה, שמות ה' מייצגים י"ח "מדריגות **הרחמים**", אך כפי הנראה אין זה פשט המזמור. רש"י, כפי שנראה, הסביר אחרת.

כח ע"ב) מסביר את הקשר בין פרק הבו לה' בני אלים והתפילה כך: "שהוא רמז לאבות וגבורות וקדושת השם, כדאמרינן בראש השנה (דף לב ע"א), מנין שאומרים אבות ת"ל הָבוּ לַה' בְּנֵי אֵלִים וכו' (תהילים כט, א)". רש"י מסביר שמבחינה טכנית, הקשר בין התפילה לפרק זה מצומצם לשלוש הברכות הראשונות, ברכות שמוגדרות כשבח. המספר י"ח נלקח מן הפרק, אף על פי שהפרק מקביל רק לחלק הראשון של תפילת הי"ח.

נדמה לי שכך יש להבין את הדבר. ברור שאין התפילה מעמד שבעיקרו שבח. פרק זה בתהילים מהווה בסיס ומקור רק לברכות הראשונות, שבהן אדם מקיים את הדין שיש להקדים שבח לבקשה. העיקר בתפילה הוא הבקשה. ואם כך – מדוע פירטו חז"ל את הבקשות ומדוע הם דורשים מאתנו לפרט את הבקשות במקום לסמוך על הקב"ה שיעשה את הטוב בעניין, לפי הבנתו ולפי חסדו? לפי דעה זו בגמרא התשובה היא שאין הכי נמי – מבחינת העבודה אין צורך (ואולי לא ראוי) לבוא לפניו ברשימה מפורטת. הריבוי בא לבטא בצורה שלמה יותר את השבח. בנוגע לשבח אפשר להגיד שכל המרבה הרי זה משובח. השבח מתעצם מן הריבוי הכמותי.[5] אם כן, מאחר שמצאנו י"ח ביטויי שבח בפרק הנזכר שבספר תהילים, אמרו חז"ל שכנגדם יאריכו בתפילה, ועל ידי הבקשות יהיה גם קיום של שבח כראוי. תוכן הברכות

5 יש בחז"ל הסתייגות מסוימת מריבוי שבח, ויש גם פוסקים שמיישמים הסתייגות זאת להלכה. ההסתייגות מסתמכת על הסיפור הידוע (ברכות לג ע"ב) על רבי חנינא, שמחה נגד המאריך בתוארי שבח לא־ל, באומרו, "סיימתינהו לכולהו שבחי דמרך?" אך אין זה אומר שריבוי שבח אינו שבח טוב יותר, אלא שאין היתר להאריך יתר על המידה.

האמצעיות אינו שבח, אך ברור שעל ידי הפניית בקשותינו למלך אנו מוסיפים שבח. יש צורך להאריך ולפרט בתפילה כדי להעצים את השבח שמקורו בברכות הראשונות.

אם כן, הגמרא מציעה שהמבנה של שמונה עשרה ברכות שבתפילה מבטא את היותה עבודת המלך. שני קוטבי התפילה הם מלך מצד אחד, מרומם ונשגב, ואדם־עבד מצד שני, שפל, נצרך, ומתבטל. אך דווקא נקודה זאת מחזקת את הצורך להפיל תחנונים לאחר התפילה – לא כעבד המשרת את אדונו, אלא כמי ששופך שיח, כעני כי יעטוף. התחנונים הם דווקא **אחרי** התפילה, אחרי סיום המסגרת של העבודה והשירות, כשמורידים את הכיסוי הפורמלי, ושוטחים מה שבלב האדם. לשון הגמרא – "כי הוה מסיים צלותיה" – כשהיה גומר תפילתו. גמרת את פרק החובות – ניתן לך הזדמנות להביע מה שבלבך, גם אם אין זה מקיים את עבודת המלך.

ברם, יש לשים לב שהמקום לאמירת התחנונים, לאחר סיום התפילה, מחובר בכל זאת למסגרת התפילה. הגמרא מדגישה שהתחנונים הם לפני שאדם פוסע את שלוש הפסיעות לאחור. יתר על כן, כל זמן שלא פסע לאחור, הוא יכול לחזור למקום שטעה ואינו צריך לחזור על כל התפילה במקרה של טעות. איך נגדיר את המקום הזה, מצד אחד אחרי התפילה ומחוץ למסגרתה, ומצד שני בתוך התפילה ולפני סיומה? התשובה עולה מעצמה. מהי המשמעות של פסיעת שלוש פסיעות אחורה בסוף התפילה? ברור שזהו מעשה של עזיבה, של הסתלקות מלפני המלך. בסוף תפילתו האדם נפרד מהנוכחות לפני המלך. כלומר – התפילה היא העמידה לפני המלך. אין התפילה רק שיגור דברים לה', תקשורת בין האדם ליושב במרום. כשאדם

עומד להתפלל הוא נכנס ועומד לפני המלך. וכך כותב הרמב"ם (פ"ד מהלכות תפילה הט"ז): "כיצד היא הכוונה, שיפנה את לבו מכל המחשבות ויראה את עצמו כאילו הוא עומד לפני השכינה".

הנקודה הזאת בולטת עוד יותר בהלכות שקיבץ הרמב"ם בפרק ה: "שמונה דברים צריך המתפלל להזהר בהן ולעשותן, ואם היה דחוק או נאנס או שעבר ולא עשה אותן אין מעכבים". הרמב"ם מונה שורה של הלכות, שאכן אינן מעכבות בדיעבד את התפילה, וכולן סובבות את הנקודה הזאת, שהמתפלל עומד לפני המלך. לפעמים הדברים מפורשים יותר, כדוגמת הראשון ברשימה – העמידה, ועוד יותר בשלישי, תיקון הגוף. כותב הרמב"ם (ה"ד): "תקון הגוף כיצד, כשהוא עומד בתפילה צריך לכוון את רגליו זו בצד זו, ונותן עיניו למטה כאילו הוא מביט לארץ, ויהיה לבו פנוי למעלה כאילו הוא עומד בשמים, ומניח ידיו על לבו כפותין, הימנית על השמאלית, ועומד כעבד לפני רבו באימה ויראה ופחד". לפעמים הדברים רמוזים, כדוגמת הרביעי ברשימה, תיקון המלבושים – ההגדרה למלבוש ראוי לתפילה היא "כדרך אנשי המקום לעמוד בפני הגדולים" (פ"ה ה"ה). על הפסיעות לאחור כותב הרמב"ם (שם ה"י-י"א): "כשגומר התפילה כורע ופוסע שלש פסיעות לאחוריו וכשהוא כורע נותן שלום משמאל עצמו ואח"כ מימין עצמו ואחר כך מגביה ראשו מן הכריעה... ולמה נותן שלום לשמאלו תחילה? מפני ששמאלו הוא ימין שכנגד פניו, כלומר כשהוא עומד לפני המלך נותן שלום לימין המלך ואחר כך לשמאל המלך, וקבעו שיפטר מן התפילה כמו שנפטרין מלפני המלך".

וכך, אלוקי נצור נאמרת לאחר שסיים תפילתו ולפני שנפטר מלפני המלך. התפילה הסתיימה, ועדיין המתפלל עומד לפני ה'. כיוון שביסודה התפילה אינה רק תקשורת אלא עבודה, מובן שהיא מתבצעת

בנוכחות המלך כשהמתפלל עומד לשרת לפניו. אך בגמר התפילה־העבודה, אין אנו מגורשים מלפניו, ואין אנו ממהרים להיפטר ולצאת. ניתנת לעובד הזדמנות לשפוך שיח, לפרוס מה שעל לבו, להתחנן ולבקש על נפשו, והוא עודנו עומד לפני ה׳.[6] מצד אחד הסתיימה התפילה־עבודה, אך בכל זאת, יכול העובד להישאר עומד לפני השכינה, לפני ולפנים, לפני שומע תפילה עדיו כל בשר יבואו. דווקא הנוכחות לפני השכינה פותחת את שפתיו ואת לבו של האדם – ה׳ שפתי תפתח. מתוך העבודה הקבועה יכול האדם לעלות ולהקריב קרבן נוסף, את נפשו היחידה.

וכיוון שכן, כיוון שהגיע האדם לעבודה מתוך הקרבת עצמו, ולשאיפה לדבקות בשכינה, איך לא יפנה למקום קיום הדבקות ולמוקד הדבקות – שיבנה בית המקדש במהרה בימינו ותן חלקנו בתורתך.

וערבה לה׳ מנחת יהודה וירושלים
כימי עולם וכשנים קדמוניות.
יהיו לרצון אמרי פי והגיון לבי לפניך ה׳ צורי וגואלי
אמן ואמן.

6 בראשית יח, כב – אברהם מנצל את ההזדמנות שהוא עודנו עומד לפני ה׳ כדי להתחנן על נפשות אנשי סדום.